KB232096

통일독일의 정치적 쟁점

Political Controversies in Unified Germany

KO Sangtu

ORUEM Publishing House
Seoul, Korea
2007

통일독일의 정치적 쟁점

고상두 지음

서문

대개 서문은 별로 읽지 않는 것 같다. 하지만 서문이 책머리에 있다는 것은 중요하다는 것을 의미한다. 마르크스주의자들의 글을 읽으면, 자본론 서문을 자주 인용하는 것을 보게 된다. 글로 남을 이해시키고 설득하는 직업을 가진 나는, 서문까지 인용되는 마르크스를 아주 높이 평가한다.

이 책은 내 생애 첫 저서이다. 약 10년 전에 박사학위논문을 독일에서 출판한 적은 있지만, 우리말 책은 처음이다. 그동안 단행본을 내지 않은 이유가 있다. 첫째, 논문이 단행본과 거의 동일하게 인정받는 양적 평가체제에서 합리적인 선택을 하며 살아왔다. 둘째, 논문집이나 공저 단행본에 글이 실릴 경우에는 다른 저자의 글이라도 읽힐 것이라는 생각에 마음이 편했다.

학위를 받고 열 번 이상의 여름을 보낸 지금, 나의 학자적 역할이 변화하였다. 업적의 양적 지상주의로부터 비교적 자유로워졌고, 학문적 책임을 당당하게 떠맡아야 하는 중견학자가 되었다. 학문을 통한 대중과의 의사소통에도 관심을 갖게 되었다. 지금까지는 학계의 논의구조 속에서 다른 학자와 의사소통하기 위해 논문을 쓰는 데에 주력하여 왔다. 이젠 대중과의 대화매체인 단행본을 쓰는 노력도 하려고 한다.

오늘날이 인문학의 위기라고 한다. 이러한 위기는 어디에서 왔는가? 인문학이 고담준론(高談峻論)을 즐기고, 대중과의 대화에 무관심하였기 때문이다. 이것은 사회과학도 마찬가지이다. 나는 움베르토 에코를 존경한다. 그는 저명한 기호학자이면서 『장미의 이름』이라는 소설을 썼고, 『논문작성법』도 썼다. 그는 교양을 갈망하는 대중과 글쓰기를 배우려는 학생들의 욕구를 헤아렸다. 나는 앞으로 정치소설까지 쓰지는 않더라도 시민과 학생을 염두에 둔 글쓰기도 해보려고 한다. 물론 논문도 열심히 쓸 것이다. 연구와 저술과 교육은 삼위일체라고 생각한다.

이 책은 그동안 발표한 논문을 모아 정리한 것이다. 무엇보다도 단독저서를 출판해보는 경험을 가지고 싶었다. 또한 여기저기 흩어져 있는 나의 논문들은 세월이 지나면서 나 자신도 찾기 어려워지고 있다. 예전에 썼던 논문을 다시 다듬으면서 새롭게 공부도 되었다.

이 책은 세 개의 부로 나누어져 있다. 통일, 시민사회, 동맹은 독일사회에서 가장 중요한 논쟁점이다. 통일논쟁에서는 분단을 극복하고 통일을 이룩한 독일의 저력을 살펴보고 통일 이후 동서독의 통합을 위한 노력들을 다루었다. 시민사회논쟁에서는 서독의 신사회운동과 동독 반체제그룹의 활동을 살펴봄으로써, 시민사회가 정치구조를 어떻게 변화시켰는지를 알아보았다. 동맹논쟁에서는 탈냉전 이후 통일독일과 미국의 동맹관계의 변화를 검토하고, 방위비분담 문제를 살펴보았다.

이 책은 독일에 보답하는 의미도 있다. 젊은 시절 독일에서 유학하면서 많은 혜택을 입었다. 학비가 무료였고, 학생으로서 지불하는 공공임대주택의 임대료와 국민의료보험료가 공짜나 다름없었다. 독일에서 얻은 가장 값진 경험은 통일 전후 5년씩 베를린 장벽 인근에서 살았다는 것이다. 그 귀한 경험은 한반도 통일에 대한 통찰력을 갖게 해주었다. 그러므로 이 기회에 한국사회에 독일정치에 관한 논의를 활성화하고자 한다.

인생은 빚이다. 인간은 주위 사람의 도움으로 살아간다. 나에게 학문적으로나 인간적으로 가장 많은 감화를 주신 안병영 교수님에게 이 책을 바친다. 나는 안 교수님을 스승으로 대했고, 안 교수님은 나를 친구처럼 대했다. 고맙다는 말이 새삼스런 내 아내 김은숙과 사랑스런 딸 유미에게도 고마운 마음을 전한다. 그리고 지난 2년간 연구조교를 하면서 어떤 일이든 척척 도와준 지역학 석사 4학기 이슬기에게 감사한다. 마지막으로 책 발간과정에서 장인정신을 보여준 오름 출판사에 신뢰와 감사를 표한다.

2007년 9월
늘 학문적 영감을 주는 연세동산에서
고 상 두

차례

2부 시민사회논쟁

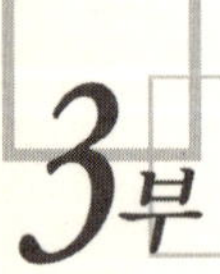

3부 동맹논쟁

1부

통일논쟁

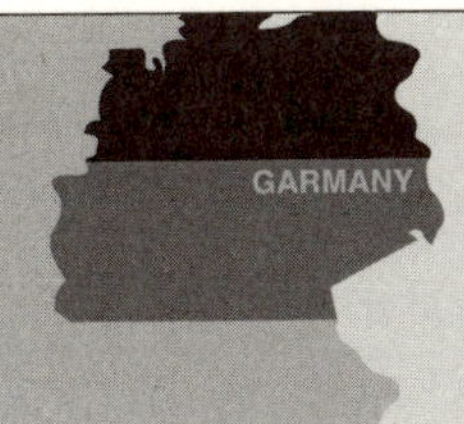

제1장

동서독과 남북한의 정상회담 비교

I. 서론

국민의 정부가 추진한 대북 포용정책은 1970~80년대 서독의 동방정책과 비교되고 있다. 김대중 대통령은 2000년 3월 9일 베를린자유대학에서 행한 연설에서 동방정책과 포용정책의 유사성을 다음의 네 가지 점에서 지적하였다. 첫째, 체제적 측면에서 동방정책 추진 당시의 서독과 같이 이제 한국은 민주주의와 시장경제를 성공적으로 이룩하여 북한에 대한 체제의 우월성을 확고히 하였다는 것이다. 둘째, 전략적 측면에서 당시의 서독정부와 같이 "접근을 통한 변화"라는 목표를 설정하고 화해와 협력의 정책을 추진하고 있다는 것이다. 셋째, 외교적 측면에서 당시의 서독과 같이 오늘날 한국은 대북 정책에 대한 주변 국가의 지지를 확보하였다는 것이다. 넷째, 시간적 측면에서, 당시의 서독정부처럼 한국 정부는 포용정책이 성과를 이루기 위해서는 오랜 시간과 인내가 필요하다는 것을 잘 인식하고 있다는 것이다.[1)]

서독정부는 동방정책을 실시한 지 1년 만에 동서독 정상회담을 성사시켰고, 20년 만에 통일을 이룩하였다. 한국정부는 대북 포용정책을 시작한지 2년 만에 남북한 정상회담을 성공시켰고, 이것은 통일을 한 단계 앞당기는 데에 크게 기여한 것으로 평가되고 있다. 급작스럽게 성사된 남북정상회담을 성공적으로 마치게 되면서, 남북정상회담이 성사될 수 있게 된 원인에 대한 많은 논의가 생겨났다. 이러한 의문에 대한 답을 구하기 위하여 이 글에서는 독일에서 수차례 성사된 동서독 정상회담의 배경에 대하여 살펴보고 상호 비교하고자 한다.

동서독관계의 전문가인 브룬스는 과거 양독 간의 특징을 협력(cooperation), 대결(confrontation), 경쟁(competition)의 3C로 요약하였다. 협력이란 양독이 정치적으로 대화를 지속하고, 경제적 분야에서 협상을 통해 각종 협정을 체결하는 관계이며, 대결이란 동서독이 교류와 협력을 하면서도 이념적으로 서로 용납하지 못하고, 군사적인 측면에서 군비경쟁을 하는 관계이고, 경쟁이란 양독이 자신의 체제가 상대편에 비해 우월하다는 신념하에 자기체제의 우수성을 과시하기 위하여 노력하는 관계인 것이다. 이와 같이 정치와 경제 분야에서 협력하고, 이념과 군사 분야에서 대결하고, 체제 분야에서 경쟁한다는 세 가지 특징을 가졌던 동서독 관계는 "적대적 협력관계" 였다고 규정지을 수 있을 것이다.

적대적 협력관계란 양측 모두 어느 한편의 도움 없이는 발생된 문제를 해결할 수 없는 상황에 직면할 때 형성되는 관계로서, 협력을 통하여 생기는 협력이익을 보다 많이 양보할 의사를 가진 강자의 적극적인 자세에 의해서 협력이 가능한 관계이다. 다시 말하자면, 적대적 협력관계란 당사국 간의 이익이 상호간에 완전히 상충되는 구조에서 발생한다. 이러한 이유에서 적대관계에 있는 국가 간의 협력 가능성은 양국 최고 지도자의 인식과 결단에 의해 크게 좌우된다. 따라서 남북한의 화해와 협력의 가능성을 평가하고 전망하기 위하여 동서독과 남북한의 정상회

1) Kim Dae-Jung, "Lehren aus der deutschen Wiedervereinigung und Fragen auf der koreanischen Halbinsel," *Rede des Präsidenten der Republik Korea Kim Dae-Jung*, 2000. 3. 9, pp.5-6.

담을 비교하여 살펴보는 것은 매우 중요한 의미를 가진다.

이 글의 구성은 다음과 같다. 먼저 분단기간 동안 양독 간에 개최된 동서독 정상회담의 전개 과정을 살펴본다. 그리고 선별된 정상회담의 사례에 대하여 그것이 성사된 원인을 내부적 요인과 외부적 요인으로 나누어 분석한다. 마찬가지 방법으로 남북정상회담의 성사 원인을 알아보고, 두 사례를 서로 비교하도록 한다.

II. 동서독 정상회담의 현황

동서독 간의 정치협력은 여러 가지 수준에서 이루어졌다. 그 중에서도 가장 상징적인 의미와 파급효과가 큰 것이 양독 간 정상회담이라고 할 수 있다. 동서독 정상회담은 〈표 1〉에서 볼 수 있는 바와 같이 모두 9차례 개최되었다. 그 중에서 6차례는 공식회담의 성격을 가지고 있고, 3차례는 비공식회담이다.

비공식회담은 80년대 초반 브레주네프 소련 공산당 서기장 사망 이후 그의 권력을 승계받은 노년의 안드로포프와 체르넨코가 공산당 서기장 취임 이후 각각 불과 1년 남짓 만에 사망한 결과 연속적으로 장례식이 치러짐에 따라 동서독 정상 간에 조문외교의 형태로 이루어졌다.

6차례의 공식회담의 경우 마지막 두 차례는 서독의 콜 수상과 동독의 모드로우 수상 간에 이루어졌는데, 이것은 베를린 장벽 붕괴 이후 독일 통일이 임박하게 되면서 이루어졌고, 적대적 협력관계라는 성격보다는 우호적 협력관계 속에서 진행되었다는 점에서 현재 남북한 간의 정치 협력과는 상이한 성격이다. 따라서 이 글의 분석에서 제외하도록 한다. 이에 따라 여기에서는 1970년의 서독 브란트 수상과 동독의 슈토프 수상, 1981년의 서독 슈미트 수상과 동독의 호네커 서기장, 1987년의 서독 콜 수상과 동독의 호네커 서기장 간의 정상회담 등 3차례의 공식회

〈표 1〉 동서독의 공식 및 비공식 정상회담

회담성격	일시	장소	회담대표	의제
공식회담	1970.3.19	에어푸르트(동독)	브란트 수상-슈토프 수상	양국관계 정상화
	1970.5.21	카셀(서독)	브란트 수상-슈토프 수상	양국관계 정상화
	1981.12.11-12.13	동베를린 근교(동독)	슈미트 수상-호네커 서기장	경제협력 등 양국관계 전반
	1987.9.7-9.11	본(서독)	콜 수상-호네커 서기장	동독인의 서독방문, 환경, 과학, 기술
	1989.12.19-12.20	드레스덴(동독)	콜 수상-모드로우 수상	대동독 경제지원 및 동독 개혁
	1990.1.16	본(서독)	콜 수상-모드로우 수상	대동독 경제지원 및 체제 개혁
비공식 회담	1982.11.14	모스크바(소련)	카스텐스 대통령-호네커 서기장	브레주네프 장례식
	1984.2.14	모스크바(소련)	콜 수상-호네커 서기장	안드로포프 장례식
	1985.3.12	모스크바(소련)	콜 수상-호네커 서기장	체르넨코 장례식

출처: 통일원, 『동서독 교류협력 사례집』(1993), 39쪽.

담을 분석대상으로 한다. 이 사례들은 분석에 필요한 적절한 시간적 격차를 가지며, 서로 다른 회담 당사자들 간에 이루어졌다는 점에서 비교연구에 적합하다고 생각되고, 이들 정상회담이 성사될 수 있게 만든 국내적 요인과 국제적 요인을 분석하는 것은 매우 흥미로울 것으로 보인다.

III. 동서독 정상회담의 배경과 성과

제2차 세계대전의 종결과 함께 패전국이 된 독일은 국제사회에서 제한된 행동반경을 가지게 되었다. 미국, 소련, 영국, 프랑스 등 4개 전승국은 독일이 더 이상 전쟁을 일으킬 수 없도록 독일을 분할 점령하는 방식으로 새로운 유럽의 평화질서를 구축하려고 하였다. 이러한 구상은 예기치 않은 냉전의 시작과 함께 독일 분단이라는 결과를 가져왔고, 독일은 패전국인 동시에 분단국이라는 이중적인 제약을 안게 되었다.[2)]

패전과 함께 분단에 직면하게 된 독일은 당시의 불투명한 국제정세 속에서 분단의 가능성을 극복하기 위하여 많은 노력을 하였다. 어떠한 방식으로 분단을 극복할 것인가에 대한 의견은 여러 가지로 다양하게 제시되었지만, 카이저는 서구와 동구가 상호 조응해 온 전통을 토대로 독일의 "가교론"을 주장하였고, 슈마허는 동서이념의 혼합형태인 "제3의 길"을 주장하였으며, 플라이더러는 "불개입론"을 주장하였다. 이러한 견해들은 1947년 동서냉전이 심화되고, 양극체제가 형성되면서 새로운 국제정세에 더 이상 적합하지 않게 되어 버렸다.

국제정세가 본격적인 냉전에 돌입하게 되면서 서독의 초대 수상인 아데나워가 추진한 외교정책은 "서구편입론"이었다. 1952년에 서방연합국인 미영불은 "독일조약"을 통하여 서독에게 주권을 돌려주는 대가로 서독과 베를린에 대한 전승국 지위를 계속 보유할 것임을 천명하였다. 1955년에 서독은 외교와 안보분야에서 전승국의 간섭을 받는것을 제외하곤 주권을 회복한 국가가 되었다. 소련의 위협이 증대되고 냉전이 심화되면서 서독은 1955년에 나토에 가입하게 되었고, 미소 양극체제가 유럽에 탄생시킨 블록대결의 첨병이 되었다. 동서독의 분단선은 유럽의 분단선이 되었고, 독일의 통일은 동서대립의 극복을 통해서만이 가능하게 되었다.

아데나워가 외교정책의 차원에서 중점을 두었던 것은 국제사회에서 독일이 짊어졌던 두 가지 짐, 즉 패전국과 분단국이라는 두 가지 제약

---

2) 고상두, "분단국의 외교정책," 김달중(편), 『한국의 외교정책』 (서울: 오름, 1998), 148쪽.

중에서 우선 패전국의 지위를 극복하는 것이었다. 이러한 외교목표를 가진 아데나워는 분단극복이라는 국민의 여망을 무시하고 또한 야당인 사민당의 반대를 무릅쓰면서 서유럽으로의 통합에 적극 참여하였다. 즉 그는 독일통일과 유럽통합이라는 두 가지 과제 중에서 유럽통합에 우선순위를 두었던 것이다.[3)]

사실상 미국은 이미 냉전의 시작과 함께 서독을 서방의 일원으로 받아들일 자세가 되어있었으나, 제2차 대전의 희생자였던 주변국가들은 소극적이었다. 그러므로 독일은 이들 국가에 대한 외교적 노력을 집중하였다. 특히 전쟁의 최대 희생국이었던 프랑스와의 화해를 적극 시도하였다.

이러한 노력은 1950년 프랑스의 외무장관이었던 슈만이 서독의 석탄과 철강 생산의 투명성을 확보하여 무기생산을 효율적으로 통제할 목적으로 서유럽 국가 간의 경제공동체를 창설하자고 제안했을 때, 독일이 이를 즉각 수용함으로써 결실을 보기 시작하였다. 1952년에 독일과 함께 프랑스의 주도하에 유럽석탄철강공동체가 결성되었고, 이와 함께 독일산업의 해체작업은 중단되었으며, 서독은 전후 경제부흥을 위한 초석을 마련할 수 있었다.

통일문제에 있어서 아데나워 정권은 독일 통일을 달성하기 위한 방안으로서 "힘의 정치"를 추구하였다. 여기서 힘이란 군사력이 아니라 경제력을 의미하는 것이었다. 그는 동독을 소련의 위성정권으로 보았고, 독일의 통일은 소련의 양보를 통해서만이 가능하다고 생각하였다. 그리하여 서독은 정치적, 경제적 우월성과 영향력으로 소련을 서독 편으로 끌어들이고 동독을 고립시켜야 한다고 보았다. 그렇게 되면 소련으로서는 서독과의 관계단절을 불사하면서 동독을 수호하는 것보다 서독에게 유리하도록 독일문제를 해결하는 방향으로 행동할 것이라고 생

3) Karlheinz Nickauβ, *Kontroverse Deutschlandpolitik: Die Politische Auseinandersetzung in der BRD über den Grundlagenvertrag mit der DDR* (Frankfurt a. M., 1997), pp.38-40.

각한 것이다.[4]

아데나워의 "힘의 정치" 내지 "견인론"에 대하여 당시 사민당 당수인 슈마허는 원칙적으로 동의하는 입장이었다. 그러나 아데나워가 독일통일은 종주국인 소련이 감당하기 어려울 정도로 동독이 체제 안정성을 상실하게 될 때 가능하게 된다는 식의 냉전적 사고를 바탕으로 하고 있었던 반면에, 슈마허는 사민주의적 국가의 건설을 통하여 동독이 수용할 수 있는 통일국가 모델을 제시한다는 점에서 서로 다른 실행방식을 택하였던 것이다. 아데나워는 자신의 방식에 따라 동독과 수교한 나라와는 외교관계를 갖지 않겠다는 "할슈타인 독트린"을 선언하여 동독을 사회주의 진영 이외의 국가들로부터 고립시키고자 노력하였다. 동시에 1955년에 소련과 국교 정상화를 하여 외교관계를 복원하고 경제적 협력관계를 강화하였다. 이런 점에서 할슈타인 독트린은 소련을 예외로 한 외교원칙이었던 것이다.

아데나워 정부가 힘의 정치에 기대를 걸었던 이유는 국제정치에 대한 그의 인식과 전망에 따른 것인데, 그는 냉전 상황이 그리 오래 지속되지 않을 것으로 간주하였고, 소련이 경제적 어려움을 겪게 되어 세계지배를 조만간 포기하게 될 것이라고 보았던 것이다.[5]

서독과 마찬가지로 동독 또한 외교정책의 실행에 있어서 상당한 정도의 주권제약을 받고 있었다. 소련의 위성국가로서 서독보다 더 큰 제한을 받고 있었다고 할 수 있다. 어쨌든 동독도 서독과 마찬가지로 통일을 지향하는 정책을 추진하였다. 그러나 1954년 제4차 당 대회에서 동독 공산당은 사회주의 기반건설을 주창하면서 독일통일은 뒷전으로 밀

---

4) Bernd Feuerbach, "Die Diskussion über Phasen und Probleme der Deutschlandpolitik 1945-1990," in Ingrun Drechsler (Hg.), *Gertrennte Vergangenheit, gemeinsame Zukunft* (München: dtv, 1997), p.20.

5) H.-P. Schwarz, "Die Deutschlandpolitischen Vorstellungen Konrad Adenauers," 1955-58, in H.-P. Schwarz (Hg.), *Entspannung und Wiedervereinigung* (Stuttgart, 1979), pp.18-22.

려나기 시작하였다. 즉 동독은 먼저 사회주의를 성공적으로 건설한 이후 통일을 이룩하겠다는 것이었다.

이후 동독의 국가목표는 국제사회에서 국가로서 인정을 받고, 사회주의 국가건설에 박차를 가하는 것이었다. 이에 따라 동독의 울브리히트 공산당 서기장은 국가연합 형태의 "독일국가연합"을 제의하였다. 국가연합의 창설을 위하여 양독 당국 간에 정치협상이 진행되어야 할 것이고, 이를 통하여 동독은 일종의 국가로서 인정받을 수 있을 것이라고 생각하였던 것이다.[6] 이러한 제안은 서독에 의해 거부되었다.

1958년 제5차 당 대회에서 동독 공산당은 "사회주의적 통일"을 국가목표로 내세움으로써 한층 더 통일유보론을 강조하였다. 이러한 동독의 궤도수정을 결정적으로 강화시킨 사건이 서독에서 발생하였다. 1959년 서독 사민당은 고데스베르크 강령을 통하여 사회주의적 이념과 결별하였고, 이듬해 사민당은 여당의 유럽통합과 나토동맹 정책을 지지한다고 선언하였던 것이다. 이에 따라 동독 정부는 독일통일을 위한 서독 내의 연합세력을 상실하게 된 셈이고, 통일의 현실적 가능성을 포기할 수밖에 없게 된 것이다.

1. 브란트와 슈토프의 정상회담

1962년 쿠바 위기 이후 미소 간에 긴장완화가 이루어지게 되면서 서독의 외교정책에 변화가 생기기 시작하였다. 1963년 서독의 슈뢰더 외무장관은 "변화의 정치"라는 이름하에 동구국가들에 대하여 조심스런 동방정책을 추진하기 시작하였고, 폴란드, 루마니아, 헝가리에 무역대표부를 설치하였다. 이러한 조치는 1964년 불가리아, 그리고 1967년 체코슬로바키아로 확대되었다. 사민당의 정치가 에곤 바는 그 유명한 투

---

6) *Neues Deutschland*, 1956. 12. 31.

칭에서의 연설에서 "접근을 통한 변화"를 주장하며 동구국가, 소련, 동독과의 화해 협력의 필요성을 역설하였다. 같은 맥락에서 당시 베를린 시장이었던 사민당의 브란트는 동독과 통행협정을 체결하여 동서 베를린 간의 통행을 크게 개선하였다. 이러한 사민당의 정책노선은 자민당의 세력으로부터도 부분적으로 지지를 받았다.

이러한 시대적 배경에서 1966년에 출범한 기민당과 사민당의 대연정 내각은 그전까지의 외교정책과 성격을 달리하였다. 동서긴장 완화라는 새로운 국제정세 속에서 아데나워가 추진하였던 힘의 정치는 더 이상 적합하지 않게 된 것이다. 사민당은 기민당과의 연정하에, 브란트가 외무장관직을 맡으면서 서독 정부의 외교정책을 책임지게 되었고, 소련, 폴란드, 체코와의 화해협력을 서독 외교의 중점과제로 삼았다.

1969년 자민당과 함께 집권하게 된 사민당은 신동방정책을 추진하였다. 이 정책은 서독의 수상청에 의해 주도적으로 추진되었는데, 신동방정책이 그 이전의 동방정책과 구별되는 획기적인 차이는 브란트 수상이 주창한 "2개 국가론"이었다. 이에 의하면 독일 땅에는 두 개의 국가가 존재하며, 이들 국가는 서로 외국이 아닌 특수관계를 가진 국가라는 것이다. 브란트의 2개 국가론과 함께 서독은 할슈타인 독트린을 폐기하였으며, 동독과 거의 모든 영역에서 교류협정을 체결함으로써 민족의 분단상황을 극복하고자 하였다. 즉 두 개의 국가를 인정하는 대신에 민족의 동질성을 증대하여 민족통일을 먼저한 후에 국가통일을 이룩한다는 것이다. 이것은 동독이 동서독 간의 관계를 자유화하는 만큼 동독의 국제적 위상확대를 돕겠다는 것이며, 동독이 국경을 개방하는 만큼 동서독 간의 경계를 국경으로 인정하겠다는 것이다.

동독의 경우 울브리히트는 1955년 이후 통일을 유보하면서, 동독이 국제법상의 국가로 인정받을 수 있도록 노력하였고, 이러한 외교노선은 소련으로부터 적극적인 지지를 받았다. 하지만 동독과 소련 간의 이해일치는 50년대 후반기에 종말을 고하기 시작하였다. 그 이유는 동구진영의 종주국으로서 소련의 패권적 지위가 약화되기 시작하였기 때문이다. 1956년 제20차 전당대회에서 스탈린이 격하되고, 그 여파로 폴란드와 헝가리에서 노동자 항거가 발생하면서, 소련의 지배체제에 금이 가기 시작하였다. 또한 쿠바 위기 이후 소련은 미국과의 대결을 회피하고 긴장완화를 추구하기 시작하였다.

소련의 위상과 외교정책적 변화에 따라 종주국에 대한 믿음을 상실하게 된 동독정부는 체제유지를 위한 자구책에 부심하게 되었다. 울브리히트 공산당 서기장은 소련이 서독과 접근하는 것에 대하여 불만을 표시하면서, 사회주의 체제 강화와 경제안정만이 동독체제를 장기적으로 유지하는 길이라고 주장하였다. 그는 2개 민족론을 내세우면서, 동독지역에는 사회주의라는 역사적으로 진보된 체제를 건설하는 진보적 민족이 있으며, 이 민족은 전체 독일민족의 미래를 위해 앞장서는 역사적 사명을 수행하고 있다고 주장하였다.[7)]

이러한 이념에 의거해 동독정부는 할슈타인 독트린에 대항하여 바르샤바 조약기구 국가들은 동독이 서독에 의해 국가로 인정받기 전에는 서독과 외교관계를 맺어서는 안 된다는 내용의 "울브리히트 독트린"을 제시하였다. 그러나 1967년에 루마니아가 서독과 외교관계를 체결함으로써 울브리히트 독트린은 심각한 도전에 직면하였고, 동독과 루마니아 간에는 외교마찰이 벌어졌다. 하지만 동독은 서독과의 대결구도를 수정하지 않았다. 서독의 키징어 수상이 사상 처음으로 동독과의 화해협력과 당국간 협상을 제안하였으나, 동독은 국제법상의 국가승인을 선결조건으로 내세우며 거부하였다. 브란트의 신동방정책에 대해서도 동독은 소련과 달리 부정적인 자세를 취하였다.

1970년 3월과 5월 두 차례에 걸친 동서독 정상회담은 양독에 통일의 분위기를 다시 고조시켰다. 하지만 이 회담에서 합의된 사항은 없었고, 양측은 자신들의 입장을 담은 성명을 서로 교환하였다. 브란트는 신동

---

7) G. Zieger, *Die Haltung von SED und DDR zur Einheit Deutschlands 1949-1987* (Köln, 1988), p.23.

방정책을 기조로 하는 20개 조항을 제시하였다. 1항~19항은 양독 간의 관계개선과 협력을 그 내용으로 하는 것이었고, 20항은 양독의 유엔동시가입 조항이었다. 이것은 양독이 유엔에 동시가입하기 위해서는 상호간에 화해와 협력이 선결되어야 한다는 브란트의 의지가 내포된 것이었다.

브란트-슈토프 정상회담 직후 서독 정부는 동독의 입장을 변화시키기 위하여 소련을 움직여야 할 필요가 있다고 느끼고 일련의 작업을 추진하였다. 그리하여 1970년에 브란트 정부는 폴란드와 소련에 대하여 무력사용 포기조약을 제안하여 체결하였다. 소련은 동독과는 사전 협의도 없이 서독과 그 조약을 체결함으로써 동독에 정치적 압력을 가하였다. 결국 1971년 8차 당 대회 직전에 울브리히트가 공산당 서기장에서 축출되고 호네커가 권력을 승계하게 되었다

동독 내의 권력변화와 함께 양독 간의 협상은 매우 순조롭게 진행되었다. 서독의 에곤 바는 브레주네프, 호네커와 연속적으로 비밀협상을 하였고, 1972년 10월 브레주네프와의 4시간에 걸친 협상결과 소련의 승인을 얻어내 11월에 동서독 간의 포괄적인 화해 협력을 약속한 동서독 기본조약을 체결할 수 있었다. 이것은 동서독 정상회담 이후 2년 반이 지난 시점이었다.

동서독 기본조약은 동독의 국제법적 승인을 전제하지 않은 국가 간 조약이다. 당시 국제사회는 기본조약을 분단조약 내지 평화조약의 대체물로 이해하였고, 독일의 분단이 고착화되는 것으로 평가하였다. 그러나 서독의 정부와 헌법재판소는 국제사회의 견해와 달리하였다. 독일문제는 법적으로 여전히 해결되지 않은 상태로 남아있다는 입장이었다. 동베를린에는 대사관이 설치된 것이 아니라 상주 대표부가 설치되었고, 이 기관은 외무부 산하가 아니라 수상청 산하 기관이었다.

동서독 기본조약은 동서독 관계를 획기적으로 개선하였고, 분단상황을 어느 정도 극복하는 데에 기여하였다. 친인척 상호방문이 가능하게 되었고, 국경도시 주민들 간에 왕래가 이루어졌으며, 서독의 특파원이 동베를린에 상주할 수 있게 되었다.

2. 슈미트와 호네커의 정상회담

동독 간첩 기욤사건으로 브란트가 수상직을 사임하면서 양독 간의 관계는 냉각되었다. 그리고 새로이 수상직에 오른 슈미트는 동독에 대하여 소극적인 관계를 유지하였다. 이러한 노선변화는 첫째, 석유파동으로 인한 국내 경제위기와 둘째, 대소관계에 중점을 두었던 신 정부의 외교정책 때문이었다.

반면에 동독정부는 서독에 대하여 상대적으로 적극적인 정책을 취하였다. 동독은 소련의 지배체제에 다시 적극적으로 편입함으로써 소련의 지지하에 대서독 정책을 추진할 수 있게 되었다. 1973년에 서독과 함께 유엔에 동시 가입한 동독은 국제사회로부터 국가 승인이라는 목표를 달성할 수 있게 되었고, 거의 모든 유엔 회원국과 외교관계를 수립하였다. 그러나 동독에게 있어 유감스러운 점이 있다면 서독으로부터 국가로 인정받지 못하고, 외교관계를 체결하지 못한 것이었다.

동독이 추진한 정책은 서독과의 협력을 위한 여러 협정을 체결함으로써 경제적 이익을 획득한다는 것이었다. 1974년에 의료협정과 송금협정, 1975년에 베를린과 마리엔보른 간의 고속도로 개보수 협정, 1976년에 우편 통신협정과 국경지역의 갈탄 공동채굴협정, 1978년에 베를린-함부르크 고속도로 건설협정, 1979년에 검역협정 등을 체결하였다.

비록 1974년에서 1979년까지 동서독 간에 기본조약의 후속조치로 일련의 협정이 체결되었지만, 슈미트 정부는 처음부터 호네커 정권을 별로 중시하지 않았고, 자신의 동독관계 특별보좌관에게 협상 권한을 거의 위임하였으며, 양독 간의 협력문제를 소련과의 협상을 통하여 해결하고자 하였다. 1979년에 이르러 미소 간에 신냉전이 시작되면서 서독 정부는 브란트의 신동방정책을 새로이 전개하고자 했을 뿐만 아니라, 새로운 국제정세 속에서 수정 보완해야 할 필요를 느끼게 되었다.

그리하여 1981년 12월에 슈미트와 호네커 간 정상회담이 동베를린 근교에 있는 베어벨린제에서 개최되었다. 이 회담에서 호네커는 동독의 위상제고에 최대의 관심을 가졌고, 서독과 정상회담을 개최함으로써 동독이 주권국가임을 강조하고자 하였다. 이 회담에서는 독일문제가 서독과 소련이 아니라 양독 당사자에 의해 해결되어야 한다는 합의를 도출한 것 이외에는 획기적인 진전이 없었다.

브란트와 슈토프의 정상회담이 미소 간의 긴장완화 속에서 진행된 것이라면, 슈미트와 호네커의 정상회담은 미소 간의 새로운 대결구도 때문에 이루어 진 셈이다.

3. 콜과 호네커의 정상회담

1982년에 재집권한 기민당의 콜 수상은 헌법 서문에 명시된 정신에 따라 독일통일을 독일민족의 자유로운 의사결정에 따라 실현할 것임을 천명하였다. 이에 따라 그는 자유란 통일을 위한 전제조건이지, 결코 통일을 위해 치러야할 대가가 아니며, 서독 정부의 최우선 과제는 모든 독일민족에게 자유를 부여하는 것이라는 점을 명확히 밝혔다. 콜 정부는 이전까지 추진된 사민당 정부의 대동독 정책을 지속할 것임을 공표하였다. 그러나 콜 정부하의 동서독 관계는 미소 간의 계속적인 대결로 인하여 지지부진한 실정이었다.

동서독 간에 관계개선이 진일보하게 된 계기가 된 것은 1983년 서독 민간은행 컨소시엄이 동독에 10억 마르크의 차관을 제공하는 데 필요한 국가보증을 서독정부가 떠맡은 것이다. 그 이후 동서독 간에는 국제적 신냉전 분위기 속에서도 실질적인 협력관계가 증진되었다. 동독정부는 서독의 경제지원에 대한 답례로 국경지대에 설치하였던 자동발사기를 일부 철거하였다. 그리고 서독지역에 미국이 중거리 핵미사일을 배치함으로써 미소 간의 관계가 급랭하였지만 동독은 미사일 배치에 대한 비난을 삼갔다. 동서독은 양독 관계가 국제정세에 의해 악영향을 받지 않도록 상호 노력하였다. 1984년 동독은 국경지대의 자동발사기를 완전 철수하였고, 같은 해에 약 4만 명의 동독 주민에게 서독으로 이주할 수 있도록 허가하였다. 서독은 또다시 9.5억 마르크의 상업차관에 대한 국가보증을 떠맡음으로써 동독에 보답하였다.

신냉전 상황에서의 동서독 밀월관계는 서방진영과 동구진영 양측으로부터 비판받았다. 미국, 프랑스, 영국의 언론들은 동서독 관계가 서방진영의 이익에 반하는 방향으로 발전하고 있다고 보도하였다. 이태리의 안드레오티 외무장관은 범게르만주의를 경계해야 한다면서, 유럽을 위해서는 두 개의 독일이 존재하는 것이 바람직하다고 말하였다. 보다 신랄한 비판은 소련으로부터 나왔다. 소련은 동독에 정치적 압력을 행사하여 1984년 가을로 예정된 호네커 공산당 서기장의 서독 방문을 취소시켰다.

동서독 간의 관계발전에 획기적인 계기가 된 것은 1985년 3월 12일이었다. 소련의 체르넨코 공산당 서기장의 장례식에서 서독의 콜 수상과 동독의 호네커 서기장은 장시간 회담을 하였고, 이날 고르바초프가 소련의 공산당 서기장이 된 것이다. 미소 간에 긴장완화가 급속히 재개되면서 동서독의 관계개선은 순조롭게 증진되었다. 1986년 9월에 서독의 자루이스와 동독의 아이젠슈타트가 도시 간 자매결연을 맺은 것을 시작으로 수십 개의 도시들이 뒤를 이었다. 1987년에는 연 500만 명의 동독 주민이 서독을 방문하였다.

이러한 배경하에 1987년 9월 동독의 호네커 서기장은 서독의 본을 방문하였다. 역사상 처음으로 동서독 정상회담이 서독의 수도에서 개최되었다. 동독의 국기가 게양되고 동독의 국가가 연주되는 등 호네커의 서독방문은 의전상 일반적인 국빈방문의 형태로 이루어졌으며, 국제적으로 동독의 위상을 한 단계 높이는 기회가 되었다.

콜은 비록 양국 간에 본질적인 문제에 있어서 대립이 있더라도 전체 독일 민족의 이익을 위하여 실질적인 협력을 아끼지 않아야 한다고 하였다. 같은 맥락에서 호네커는 사회주의와 자본주의가 비록 물과 불의 관계라고 하더라도 협력을 할 필요가 있다고 강조하면서, "평화와 협력의 관계를 지속하게 되면 양독 국경은 서로를 단절하는 경계가 아니라 서로를 이웃으로 연결하는 경계가 된다" 고 말하였다.[8]

정상회담의 영향으로 1988년 7월에 양독 간에 전기공급에 관한 협정이 체결되었고, 1988/89년에 약 100건의 문화교류가 있었다.

IV. 남북한 정상회담의 배경과 성과

남북정상회담은 분단 55년 만에 처음으로 남북한의 최고 통치자가 직접 만나 상호 입장과 생각을 교환하였다는 역사적 의의를 가지고 있다. 상호불신과 적대 속에서도 남북한은 1970년대 초부터 국제적 긴장완화에 부응하여 화해협력을 시도하여 왔다. 1972년에 7 · 4 공동성명과 1992년에 남북기본합의서가 발표되었다. 비록 무산되기는 하였지만, 김영삼 대통령과 김일성 주석 간의 정상회담도 시도되었다.

사회주의권의 붕괴와 경제난으로 체제유지에 어려움을 겪게 된 북한은 그동안 미국과의 관계개선을 통한 생존전략을 추진하여 왔고, 한반도 문제 해결에서 남한정부를 배제하는 통미봉남 정책을 취하였다. 그런데 북한이 남북정상회담에 호응하고 나선 진정한 배경과 의도는 무엇인지를 한반도 내부적 요인과 외부적 요인으로 나누어 살펴본다.

먼저 내부적 요인으로서 북한의 태도 변화이다. 김일성 사망 이후 수년 간의 권력 공고화 과정을 거치면서 김정일은 일련의 내부정리 작업을 완결하였고, 외부로 눈길을 돌릴 수 있는 자신감과 여유를 찾았다고 할 수 있다. 반면에 경제는 회복세로 돌아서고 있다는 평가에도 불구하고 여전히 어려운 상황에 있었다. 조기붕괴론과 달리 북한은 체제유지의 성공과 함께 강성대국을 주창하였다. 그러나 사상과 군사부문에서

---

8) *Neues Deutschand*, 1987. 9. 11.

의 자신감과 달리 북한은 점증하는 경제안보의 중요성을 너무나도 잘 알고 있었던 것이다.

경제난 극복을 위한 외부지원을 필요로 하는 북한이 남북정상회담에 호응한 것은 실용주의적 사고로의 전환으로 보인다. 물론 북한의 적극적 호응은 그동안 대북 지원성 경제교류 협력정책을 추진해 온 남한 포용정책의 결과이다. 따라서 남북정상회담의 두 번째 내부적 요인은 김대중 정부의 대북 정책이라고 할 수 있다. 특히 김대중 대통령은 베를린에서 북한의 경제회복을 지원할 의사가 있음을 천명하였다. 이것은 식량이나 비료지원과 같은 일회적 지원이 아닌 사회간접자본 등 북한 경제구조 개선을 위한 대규모 지원이라는 점에서 북한의 관심을 끌었을 것으로 보인다.[9)]

제한적이나마 개방을 통하여 경제난을 극복하려는 북한으로서는 전기, 도로, 항만 등의 사회기반시설의 개선이 절실하였을 것이다. 물론 북한의 인프라구조 개선사업은 남한으로서도 남북경협의 장애요인으로 지적되어 온 낮은 수익성과 높은 투자리스크를 제거하는 데에 도움이 되는 것이다. 그동안 남북한 경제교류는 해상운송의 고비용과 북한의 열악한 사회간접자본에 따른 비용부담이 높았다.[10)]

이러한 이유에서 김대중 대통령은 "남북경제공동체 건설"을 주창하면서, 그동안 민간차원에서 진행되어 왔던 경협을 한 차원 높은 수준으로 발전시킬 것을 제의하였고, 북한의 기반시설 확충과 투자환경 개선을 위한 당국차원의 협의와 협력이 필요하다는 사실을 밝혔다.[11)]

남북정상회담의 외부적 요인으로서 국제적 환경을 살펴보면 크게 미국과 중국과의 관계가 중요하게 다루어질 수 있다. 첫째, 북한은 남한을

---

9) 박건영, "정상회담과 햇볕정책," 『정상회담과 남북한 관계』 (경남대 극동문제연구소, 통일전략포럼 보고서, 2000-2), 22쪽.
10) 임강택, "정상회담과 남북경제공동체," 『정상회담과 남북한 관계』 (경남대 극동문제연구소, 통일전략포럼 보고서, 2000-2), 44쪽.
11) 통일부, 『남북경제공동체 건설 관련 해설자료』 (2000. 1. 5), 3쪽.

배제하고 미국과의 접촉과 관계개선을 통하여 체제유지와 경제회복을 위한 지원을 얻겠다는 통미봉남 정책을 추진하였다. 그러나 이러한 정책은 기대이하의 성과를 가져왔다. 1994년에 어렵사리 타결된 제네바 합의는 그 해 미국 총선에서 공화당이 양원의 과반수를 차지하는 승리를 함으로써 제대로 이행되지 못하였다. 공화당의 시각에서 볼 때, 제네바 합의란 북한의 잘못된 행위에 상을 주는 것이며, 핵무기 개발위협에 미국이 갈취 당하는 격이라는 것이다.[12)]

이에 따라 경수로 공사와 중유공급이 지연되었고, 북한에 대한 경제제재 완화조치와 불량국가 해제조치 또한 이루어지지 않았다. 더구나 공화당의 요구에 의해 클린턴 정부가 작성한 페리 보고서는 북한의 시각에서 볼 때, 핵과 미사일 개발을 막기 위해서 미국이 군사적 조치까지 감행할 생각을 하고 있는 대북 압살정책으로 평가되고 있었다. 그리고 2000년 11월 미국의 대선에서 공화당 후보가 당선이 될 경우 미국정치의 보수화 가능성이 현실화될 것이므로, 이러한 상황을 대비하여 북한은 미리 남한과의 협력 가능성을 열어두기 위해서 남북정상회담을 수용했을 것으로 보인다.

중국은 남북한이 정상회담 개최를 합의한 직후 공식적으로 환영과 지지의 입장을 표명하였으며, 남북정상회담과 관련하여 일정한 역할을 하였다고 볼 수 있다. 김정일이 정상회담 직전 북경을 전격 방문한 사실이 이를 말해준다. 중국은 북한의 식량난을 덜어주기 위하여 그동안 곡물을 무상 내지는 우호가격으로 공급하였다. 그러나 중국의 북한에 대한 경제지원은 제한적일 수밖에 없다. 중국은 북한의 경제회복이 두 가지 방식에 의해 가능하다고 보는데, 하나는 중국식 개혁 개방이며, 다른 하나는 적극적인 경제지원 의사를 표명하고 있는 남한의 도움을 받는

---

12) Donald P. Gregg, "Two Years of the Sunshine Policy and its Future Prospects," *The South-North Relations and the Dismantling of the Cold War Structure* (International Conference in Commemoration of the Two Years of the Kim Dae-Jung Government, 2000. 2. 25), p.25.

길이라는 것이다.

남북정상회담은 5개항에 달하는 남북공동선언을 이끌어내었다. 동서독 제1차 정상회담이 별다른 합의 없이 끝난 것에 비하면 성공적이라고 평가할 수 있다. 제1항에서 "나라의 통일문제를 그 주인인 우리 민족끼리 서로 힘을 합쳐 자주적으로 해결"하기로 합의함으로써 한반도 문제 해결의 자주적 원칙을 확인하였다. 자주의 원칙이 남한식의 "남북당사자 원칙"을 의미하는지 아니면 북한식의 "외세배격"을 의미하는지는 확실치 않다. 그러나 북한이 미군철수, 국가보안법 철폐, 통일애국단체 인사의 활동보장 등을 요구하지 않는 것을 볼 때, 북한의 기본노선에 변화가 있는 것은 아닌지 궁금증을 자아내고 있다.[13)]

공동선언 제2항에서 남과 북은 "통일을 위한 남측의 연합제안과 북측의 낮은 단계의 연방제안이 서로 공통성을 갖고 있다"고 인정했다. 남북한 통일방안의 공통성을 인정한 것은 남한이 흡수통일을 북한이 무력통일을 포기한다는 의미를 함축하고 있다. 이것은 북한으로서는 당장 실현 가능성이 없는 합의통일을 내세움으로써 상호공존을 통한 체제유지 전략을 시도하고 있다고 볼 수 있다. 제1항과 제2항에서 각각 통일의 원칙과 방안을 언급함으로써 남북정상회담은 통일회담이었다고 할 수 있다.

이밖에 남북현안문제인 이산가족 상봉과 비전향장기수 북송문제의 조속한 해결(제3항), 남북 교류협력의 활성화(제4항), 합의사항 실천을 위한 당국간 대화(제5항)를 약속하였다. 이 중에서 이산가족 문제는 남한정부가 국민으로부터 대북 정책의 지지를 얻을 수 있는 명분이 되고, 비전향장기수 문제는 북한정부가 주민의 지지를 받을 수 있다는 점에서 상호주의적 관점에서 해결할 수 있는 것이며, 이 두 가지 문제가 함께 해결된다면 남북 상호간에 신뢰를 쌓을 수 있는 계기가 될 수 있을 것이다.[14)]

---

13) 고유환, "남북정상회담과 북한의 국내정치" (한국정치학회 워크숍 논문, 2000. 7. 7), 3쪽.

V. 결론

동서독 정상회담이 개최된 국제적 배경은 세 가지의 서로 다른 국제정세에 의한 것이다. 첫째, 60년대는 동서대결 국면이 긴장완화의 국면으로 변모하였다. 둘째, 70년대 말 동서진영은 신냉전이라는 대결국면으로 선회하였고, 셋째, 80년대 중반 고르바초프의 등장과 함께 동서간의 긴장완화가 재개되었다. 따라서 양독은 상호간의 관계발전에 있어서 세차례에 걸쳐서 국제정세에 적응해야 하였다. 이 중에서 가장 어려웠던 시기는 첫 번째 단계였다. 왜냐하면 독일의 분단은 냉전의 산물이었기 때문이다.[15)]

60년대에 미소 간의 긴장완화에도 불구하고 서독의 기민당 정부는 동독에 대하여 대결정책을 추진하여 국제정세에 적응하지 못하였고, 결국 새로이 집권하게 된 사민당이 신동방정책으로 화해정책을 추진하였다. 동독의 경우 대결정책을 포기하지 않았으나 국제적 환경변화에 의하여 1970년에 브란트와의 정상회담에 응하게 되었다.

70년대 중반에 접어들어 서독은 소련과의 협상을 통하여 독일문제를 해결하려고 노력하였고, 동독은 서독과의 협상을 추진하였다. 70년대 말 신냉전이 시작되면서 소련과의 협상이 수월하지 않게 되자 서독정부는 동독과의 직접 대화를 시도하게 되었고, 그에 따라 1981년에 슈미트와 호네커 간에 정상회담이 이루어졌다.

신냉전이 지속되는 국제환경 속에서도 서독정부는 종래의 화해정책을 계승하여 추진하였고, 동독에게 경제적 지원을 제공하는 조건으로 동독의 협력을 유도하였다. 이러한 양독관계는 동서 양진영으로부터

---

14) 이철기, "남북정상회담의 성과와 향후과제," 『남북정상회담과 평화 · 통일, 그리고 시민운동의 역할』 (참여사회연구소, 경실련 통일협회 심포지엄, 2000. 6. 20), 6쪽.

15) Werner Link, "Die neue Ostpolitik - Zur Deutschlandpolitik seit den 60er Jahre," in Ingrun Drechsler(Hg.), *Getrennte Vergangenheit, gemeinsame Zukunft* (München, 1997), p.57.

〈표 2〉 동서독 정상회담의 배경

	내부적 배경	외부적 배경
브란트-슈토프 회담	서독의 화해정책 동독의 대결정책	미 · 소 간의 긴장완화
슈미트-호네커 회담	서독의 화해정책 동독의 화해정책	미 · 소 간의 신냉전
콜-호네커 회담	서독의 화해정책 동독의 화해정책	미 · 소 간의 긴장완화

우려가 섞인 비판을 받았다. 그러나 1985년 동서 간의 긴장완화가 재개되면서 1987년 콜과 호네커 간의 정상회담이 성사되었다.

이처럼 브란트-슈토프 회담은 내부적 상황이 어려움에도 불구하고 국제적으로 긍정적인 환경에 의해 성사되었고, 슈미트-호네커 회담은 국제적 외부환경이 여의치 않았기 때문에 독일문제를 당사자간에 해결하고자 하는 의도에서 성사되었고, 마지막으로 콜-호네커 회담은 내 · 외부적으로 긍정적인 배경에 의하여 가능하게 된 것이다. 따라서 첫 번째 정상회담은 외부적 요인에 의하여, 그리고 두 번째 정상회담은 내부적 요인에 의하여, 마지막으로 세 번째 정상회담은 내 · 외부적 요인에 의하여 성사되었다고 할 수 있다.

다시 말하자면 서독의 동방정책은 1960년대 중반 이후 모든 정권에서 지속적으로 추진되었으며, 초기에는 국제적 환경의 도움 때문에 정상회담이 성사되었으나, 동독의 호응 속에 역동성을 얻게 되면서 70년대 말 이후에는 국제정세의 악화에도 불구하고 정상회담이 성사될 수 있었으며, 이러한 토대 위에서 80년대 중반 이후 동서 간 긴장완화가 재개되면서 정상회담은 훨씬 수월하게 이루어질 수 있었다.

한반도의 경우 국민의 정부는 출범과 동시에 지속적으로 대북 포용정책을 추진하였고, 그 결과 남북정상회담을 성사시킬 수 있었다. 하지만 이것은 남한이 적극적인 화해정책을 편 데 비하여 북한은 소극적인 자세를 보이는 상태에서 이루어진 것이다. 북한이 적극적인 화해정책

〈표 3〉 남북정상회담의 배경

	내부적 배경	외부적 배경
김대중–김정일 회담	남한의 화해정책 북한의 대결정책	미국에 대한 실망 중국의 권유

으로 전환하지 않았음에도 불구하고 분단 이후 최초의 정상회담에 호응하게 된 것은 국제적 영향요인에 의한 것으로 보인다. 무엇보다도 북한은 미국에 대하여 실망하였고, 중국의 지원이 북한의 회생에 제한적인 효과를 가져올 수밖에 없다는 것을 인식한 것으로 보인다.

6 · 15 남북한 정상회담의 가장 큰 의미는 한반도 문제가 당사자 원칙에 의해 해결될 수 있는 기반을 마련하였다는 점이다. 북한이 남한을 배제하고 미국과 접촉을 추구하던 정책에서 후퇴하여 남한의 자본을 활용하여 어려운 경제문제를 해결하고자 하는 태도변화는 남북한 관계의 활성화와 통일에 매우 바람직하게 작용할 수도 있을 것이다.

그동안 남북관계가 교착되면 남한 정부는 주변국을 활용하여 문제를 해결하고자 하였다. 그러나 주변 강대국의 대한반도 정책은 현상유지라는 개념에 기초하고 있으며, 이것은 우리에게 분단의 지속을 의미하는 것이다. 그러므로 주변국들은 남북한 관계의 활성화는 지지할지언정, 통일에는 반대할 가능성이 높다. 이와 같이 한반도 문제해결에서 주변국의 용도가 제한적이기 때문에, 남북한이 본격적으로 직접적인 접촉과 협력을 하는 단계로 접어들 수 있는 계기가 된 6 · 15 정상회담은 남북한 관계발전에 획기적인 전환점을 마련하였다고 할 것이다.

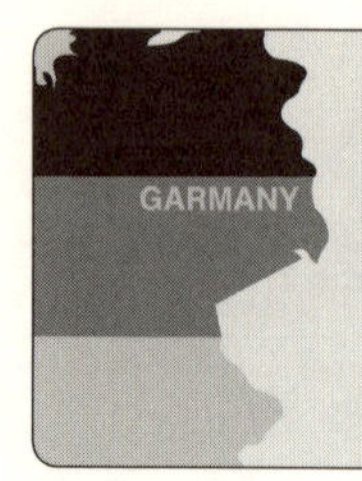

제2장

동서독 교역의 촉진요인과 장애요인

I. 서론

일반적으로 적대적 관계에 있는 국가라도 서로 전쟁상태에 있지 않는 한 경제교역은 하기 마련이다. 냉전시대에 미국과 소련이, 분단상황에서 서독과 동독이 그러하였다.

남북한은 한국전쟁과 함께 일체의 교역을 중단하였으며, 탈냉전이 도래하고 1988년 "7 · 7 특별선언" 이후 대북한 경제개방조치를 취하면서 남북한 경제교역이 시작되었다. 89년과 90년에 총교역 규모 2천만 달러 이하의 시험적인 단계를 거친 후 지속적으로 증가한 남북교역은 1997년에 3억 달러를 돌파하였다. 이로써 한국은 일본과 중국 다음으로 북한의 세 번째 교역 대상국으로 부상하였다.

남북교역이 항상 증대되어 온 것은 아니다. 1996년 강릉 잠수함 침투사건으로 남한이 대북 강경책을 취함으로써 남북교역이 위축되었고, 98년에는 IMF 사태의 어려운 경제상황에 의해 야기된 내수경기 부진으로 또다시 남북교역이 위축되었다.[1)]

하지만 남북교역은 김대중 정부의 등장과 함께 시행된 포용정책에 힘입어 크게 증가하였다.[2] 이러한 배경에서 분단후 통일까지 40년 동안 진행되어 온 동서독 간 경제교역의 성공적인 경험을 분석하여 한반도에의 시사점을 찾는 작업은 시의 적절하고도 중요한 일이라 하겠다.

분단국가에서의 상호교역은 경제적 성격뿐만이 아니라 정치적, 안보적 성격을 강하게 띠고 있다. 남북한 간의 경제교역에서 남한과 북한은 각각 정치·안보적 이유로 경제교류를 제한하는 행태를 자주 표출하여 왔다. 국민의 정부가 출범한 이후 한국은 북한과의 경제교역을 적극적으로 확대하고자 하는 강한 의지를 보이고 있지만, 아직도 내외부적인 반대에 부닥치고 있으며, 상황의 변화에 따라 대북 교역 활성화 정책노선이 후퇴하게 될 가능성을 전혀 배제할 수 없다.

이러한 점에서 동서독 간의 40년 경제교역을 분석하여, 분단국 경제교역이 국가안보에 얼마만큼의 위험성을 내포하고 있는가? 혹은 분단의 극복에 얼마나 기여할 수 있는가? 라는 시각에서 평가해 보는 것은 대북 포용정책의 지속성 여부와 한반도 통일을 전망하는 데에 많은 도움이 될 것으로 보인다.

세계 경제에서 나타나는 교역 현상 중에서 내독 교역만큼이나 독특한 특징을 많이 가지고 있는 경우는 드물 것이다. 내독 교역은 자본주의와 사회주의라는 두 개의 다른 체제 간에 이루어졌다. 내독 교역의 당사자가 동독에서는 국가기관이고, 서독에서는 일반기업이었다. 교역방식에 있어서 서독과 동독은 고도의 공업화 수준에 도달한 국가이면서도 서로간의 교역에 있어서 전근대적인 물물교환 방식을 따랐다. 이러한 각종 제약조건에도 불구하고 내독 교역은 꾸준히 증가하는 추세를 보여왔다. 하지만 동서독 간의 교역량 증가 현상은 점증적 변화가 아니라, 단계적 변화의 양상을 보였다. 그러므로 이 글은 통일이 되기 전까지의

---

1) 통일부, 『98 통일백서』 (서울: 통일부 통일정책실, 1999), 70쪽.
2) 통일부, 『남북교류협력 및 인도적 사업 동향』 제98호(1999), 44쪽.

내독 교역이 변화 발전된 양상을 단계별로 구분하여 살펴보고, 어떠한 촉진요인과 장애요인이 내독 교역의 각 단계에 영향을 주었는지를 분석하고자 한다.

넓은 의미에서의 내독 교역은 동서독 간의 물품거래뿐만 아니라 용역거래, 자본거래 등을 포함한다. 하지만 그러한 분류는 경제교역이라는 개념보다는 오히려 경제교류협력이라는 개념에 더 근접한다. 이 글에서는 좁은 의미에서의 내독 교역에 해당하는 물품거래만을 다룬다. 동서독 간의 경제교류에서 물품거래가 차지하는 비중이 압도적이기 때문에, 이를 통하여 양독 간의 경제교류 및 협력관계의 본질을 충분히 알아볼 수 있을 것이다.

독일이 통일된 이후 한국에서 수행되어 온 동서독 관계연구는 주로 통일과 통일후 야기된 문제를 분석하는 것에 치중되어 전개되어 왔다. 그동안 통일 이후의 관점에서 과거 동서독 간의 경제교류 문제를 다룬 논문으로서 고일동의 "내독경제관계 발전의 기본요소와 남북한 경협의 추진방향"(통일문제연구, 1993), 김영윤의 "통일전 동서독의 경제교류: 내독교역이 남북한 교류 · 협력에 주는 시사점"(통일연구논총, 1995), 박광작의 "구 동서독의 경제협력과 한국에 대한 시사점" (통일경제, 1996) 등이 있다.

이들 논문들은 대체로 경제적 시각에서 구 동서독 간의 경제협력 문제를 충실히 분석하고 한반도에서의 시사점을 찾고자 하였다. 하지만 현재 대북 경제교류 활성화의 토대가 되고 있는 포용정책의 지속성 여부는 오히려 정치, 안보적 관점에서 평가되어야 한다고 본다. 과거 동서독 간의 경제교역 문제를 경제적 차원뿐만 아니라 정치와 안보적 차원까지 확대된 시각에서 분석하고자 하는 것이 이 글의 목적이다.

II. 동서독 교역의 발전과정

내독 교역의 기원은 이차대전 후 전승국에 의해 네 개로 분할된 점령지역 간의 물품거래에서 시작되었다. 점령지역 간의 교역은 분할 점령된 독일 전역을 하나의 단일 경제단위로 인정한 포츠담 조약 제14조에 근거하였다.[3] 이와 같이 동서독은 2차대전 후 4강에 의해 분할 점령되었으면서도 단일경제권으로 간주됨으로써, 두 지역 간의 경제교류가 계속 유지될 수 있었던 것이다.[4]

따라서 내독 교역은 독일이 두 개의 국가로 분단되기 이전부터 시작되었고, 또한 분단 상황에서도 지속적으로 유지됨으로써, 독일이 경제적으로는 항상 통일된 모습을 가지고 있었다는 점을 보여준 가장 대표적인 사례이다. 이러한 점에서 내독 교역은 동서독 간의 관계에서 아주 독특한 성격을 가지면서, 양독관계에서 가장 오래되고 안정된 요소로 자리잡았다.

전승국에 의해 독일이 분할 통치되던 기간에 미국, 영국, 프랑스 점령당국들은 각기 소련과 점령지 물품교역에 관한 협정을 체결하였는데, 그것들은 주로 양자적 협정이었다. 이러한 체결방식은 서방 점령당국 간의 정책혼선을 야기하고 협상력을 약화시키는 결과를 초래하였다. 1947년 11월 서방 강대국들은 공동으로 소련과 교역협정을 체결하였다. 소위 베를린 협정으로 불리는 이 조약에 의해 4개 지역으로 분단되었던 독일이 사실상 2개 지역으로 분단된 셈이 되었다.[5]

1949년에 서독과 동독이 독자적인 정치체제로 출범하게 되면서, 내

---

3) Joachim Nawrocki, *Die Beziehungen zwischen den beiden Staaten in Deutschland* (Berlin: Verlag Gebr. Holzapfel, 1988), p.15.

4) 양호민 외, 『남과북 어떻게 하나가 되나. 한반도 통일의 현실과 전망』 (서울: 나남, 1992), 106쪽.

5) Suk Bum Yoon, "East and West German Economic Relations: A Korean Perspective," in Dalchoong Kim et al.(ed.), *East-West Relations and Divided Nation Problems in the Gorbachev Era* (Seoul: Yonsei University, 1988), pp.326-7.

독 교역 또한 새로운 법적인 틀을 필요로 하게 되었고, 이에 따라 1952년 9월에 제2차 베를린 협정이 체결되었다. 베를린 협정은 양독 간의 경제교역에 관한 제반 규정을 명시하였고, 분단으로 인하여 독일 영토에 정치적으로는 서독, 동독, 베를린이라는 세 개의 단위가 분리 생성되었다는 사실을 인정하면서도, 경제적으로는 서독 마르크와 동독 마르크가 각각 통용되는 두 개의 통화지역이 생겨났다는 점을 강조하여 조약의 당사자를 국호대신에 통화지역으로 표현하였다.[6] 이러한 점에서 베를린 협정은 냉전이 야기한 정치적 분단상황을 승인하지 않으려는 서독의 시각이 강하게 반영된 조약이었다.

베를린 협정에 의해 서독은 전 독일을 두 가지 화폐가 사용되고 있는 하나의 경제단위로 간주하고, 내독 교역을 국제 교역이 아닌 국내 교역으로 취급하였다. 그리하여 동독으로부터의 반입품에 대해서 관세를 부과하지 않았고, 부가가치세를 우대수준에서 적용하였다.[7] 동독이 이러한 내용을 받아들이고 서독과 협정을 체결한 것은 양독 간의 경제 교역에 따른 경제적 이익이 상당했기 때문이다.

동서독 교역을 법적으로 규정한 베를린 협정에 따르면, 내독 교역의 방식은 다음과 같이 크게 네 가지의 특징을 가지고 있는 것으로 나타난다.[8]

첫째, 이 교역은 양자적 교역으로서 동서독 간에만 적용되고, 교역 상품은 원칙적으로 독일을 원산지로 하는 것이어야 한다. 외국산 제품의

---

6) Detlef Kühn, "Agreement and Implementation between East and West Germany," in Dalchoong Kim et al.(ed.), *East-West Relations and Divided Nation Problems in the Gorbachev Era* (Seoul: Yonsei Univ., 1988), p.312.

7) Maria Haendcke-Hoppe-Arndt, "Interzonenhandel/Innerdeutscher Handel," in Deutsche Bundestag (Hg.), *Deutschlandpolitik, innerdeutsche Beziehungen und internationale Rahmenbedingungen* (Frankfurt a. M.: Nomos Verlag, 1995), p.1547.

8) Franz-Lothar Altmann, "The Framework for Inner-German Trade and Travel," in Dalchoong Kim et al.(ed.), *Divided Nations and East-West Relations on the Threshold of the 1990s* (Seoul: Yonsei Univ., 1990), pp.207-8.

교역은 특별히 동서독 간의 합의를 거치도록 하였다.

둘째, 대금결제는 현금으로 하는 것이 아니라 양국 중앙은행에 의한 양자간 청산방식으로 수행된다. 이를 위해 중앙은행은 각각 상대방을 위한 청산구좌를 설정해 놓고 물품거래에 따른 입출금을 정산하였다.

셋째, 청산구좌는 인위적인 청산용 화폐, 소위 "청산단위(VE: Verrechnungseinheit)"로 운영되는데, 결산 후 실제 지불할 필요가 생길 경우에 1 VE (청산단위)는 1 DM (서독 마르크)라는 환율이 적용되었다.

넷째, 동서독은 가능한 한 서로가 지불해야 하는 금액이 균형을 이루도록 최대한 노력하면서도 단기적으로 생겨나는 불균형을 해결하기 위한 방편으로 청산용 융자제도인 스윙을 마련하였다. 이에 따라 동독은 융자 한도 내에서 무이자로 초과 수입할 수 있게 되었다.[9]

〈표 1〉은 1949년 분단에서 1989년 통일까지 40년 동안 동서독 간 교역의 추이를 보여 주고 있다. 분단 기간 동안 동서독 간의 교역은 꾸준히 증가하였음을 알 수 있고, 좀더 구체적으로 살피면 "S형 증가곡선"을 그리면서, 초기 답보단계, 중기 진전단계, 말기 정체단계라는 크게 세 가지로 뚜렷이 구분되는 변화를 보이고 있다.

초기 답보단계는 1949년 동서독 단독정부가 출범한 이후 1969년 동방정책이 실시되기 전까지의 기간이다. 독일이 전승국의 점령통치를 받는 동안, 점령지역 간의 경제교류는 주로 소련이 물품반입에 대하여 강력한 통제정책을 취함으로써 공식적인 교류가 미미하였다. 당시 경제교류는 원칙적으로 금지되었고 예외적으로 허가되었다.[10] 1949년 전승국이 행사하였던 경제교역에 관한 권한이 신생 동서독 정부에게 위임되고 나서, 그 이듬해인 1950년에 전년 대비 거의 2배에 달하는 교역이 이루어졌다. 하지만 그 후의 기간 동안 양독 간의 교역은 대체로 답

9) 한국 통일원, 『동서독 교류협력 사례집』 (서울, 1993), 373-4쪽.
10) 김영윤, "통일전 동서독의 경제교류: 내독교역이 남북한 교류 · 협력에 주는 시사점," 『통일연구논총』 제4권 2호 (1995), 279쪽.

〈표 1〉 서독의 대동독 물자교역 1949~1989

(단위: 억 마르크)

	총교역량	반출	반입	교역수지
1949	4.3	2.2	2.1	+ 0.1
1950	8.0	3.9	4.1	− 0.2
1955	11.5	5.6	5.9	− 0.3
1960	20.8	9.6	11.2	− 1.6
1961	18.1	8.7	9.4	− 0.7
1962	17.6	8.5	9.1	− 0.6
1963	18.8	8.6	10.2	− 1.6
1964	21.8	11.5	10.3	+ 1.2
1965	24.7	12.1	12.6	− 0.5
1966	29.6	13.4	16.2	− 2.8
1967	27.4	12.6	14.8	− 2.2
1968	28.6	14.4	14.2	+ 0.2
1969	29.3	16.6	22.7	− 6.1
1970	44.1	24.1	20.0	+ 4.1
1975	72.6	39.2	33.4	+ 5.8
1980	108.7	52.9	55.8	− 2.9
1981	116.3	55.8	60.5	− 4.7
1982	130.2	63.8	66.4	− 2.6
1983	138.3	69.5	68.8	+ 0.7
1984	141.5	64.1	77.4	− 13.3
1985	155.4	79.0	76.4	+ 2.6
1986	142.9	74.5	68.4	+ 6.1
1987	140.5	74.0	66.5	+ 7.5
1988	140.2	72.3	67.9	+ 4.4
1989	153.0	81.0	72.0	+ 9.0

출처: Statistisches Bundesamt, *Statistisches Jahrbuch 1990 für Bundesrepublik Deutschland* (Wiesbaden, 1990), p. 323.

보적 양상을 보였다. 그리하여 1960년대에는 10년 간에 걸쳐 내독 교역량이 20억 마르크 선에서 머물렀다. 이 기간 중에 동서독 간의 물자교역은 대체로 비슷한 물량이 반입 · 반출되어, 양국의 교역수지가 균형을 이루었다.

중기 진전단계는 1970년 동방정책의 실시와 함께 44억 마르크로 급증하기 시작한 내독 교역이 155.4억 마르크라는 사상 최고의 수준에 도달하게 되는 1985년까지의 기간이다. 약 15년의 기간 동안 교역량은 530% 증가하였다. 교역량의 증가와 함께 동서독 간의 교역수지의 규모도 함께 커졌으며 흑자와 적자가 번갈아 나타나는 현상을 보였다. 그리하여 70년에서 75년까지 서독은 연간 약 4~5억 마르크의 교역흑자를 보았고, 84년에는 동독이 무려 13억 마르크의 교역흑자를 보았다.

말기 정체단계는 1986년 이후 내독 교역이 침체하기 시작하여 1989년 통일이 될 때까지의 기간이다. 이 기간 동안 양독 교역량은 1985년의 최고수준을 다시 회복하지 못하였다. 말기 정체단계에서는 다른 단계와 달리 서독의 지속적인 교역흑자가 두드러지게 나타나고 있다. 이 기간동안 동독은 늘 적자를 면치 못하였으며, 4년이라는 짧은 기간에 동독은 총 27억 마르크의 교역적자를 기록하였다.

III. 동서독 교역의 촉진요인

1. 정치적 측면

동독과 서독은 둘다 내독 교역이 중요한 정치적 기능을 발휘하고 있다는 점을 인정하였다. 서독의 경우 내독 교역은 통일정책의 주요 요소였다. 1965년 에르하르트 수상은 내독 교역이란 물품거래만을 의미하는 단순한 비즈니스가 아니라, 동서독에 떨어져 살고 있는 주민들을 실감나게 결합하는 역할을 한다고 주장하였다.[11] 그의 교량역할론에 의하면 내독 교역은 서독과 서베를린 간의 통행을 보장하고, 동독과 서독을 하나로 묶는 기능을 한다는 것이다.

그가 주장한 교량역할론은 동방 정책의 시작과 함께 본격적으로 구현되었다. 서독이 동독과의 교역확대 정책을 추진하게 되면서, 양독 간에 일종의 교역레짐이 형성되었다. 무엇보다도 서독은 동독에 대한 신용 제공 수준을 높였다. 1968년에 2억 마르크에 불과하였던 스윙 한도액은 이후 지속적으로 증대되어, 1976년에는 8억 5천만 마르크 수준으로 높아졌다. 또한 서독 정부는 기업의 플랜트 수출을 지원하기 위하여 국가 보증과 재정 지원의 업무를 담당할 산업시설금융지원회사(GEFI)를 신설하였다. 그 이후 교역을 촉진하는 각종 제도적 장치의 도움으로 서독의 대동독 수출은 급증하게 되었다.[12]

동방정책 이전까지 서독의 대동독 정책은 "1민족 1국가" 원칙에 입각하여 동독을 국가로 인정하지 않았고, 동독을 국가로 인정하여 외교관계를 수립하는 그 어떤 나라와도 국교를 맺지 않는다는 할슈타인 원칙을 외교노선으로 채택하고 있었다. 그러나 브란트 수상의 동방정책은 그동안 동독이 주장해 온 "1민족 2국가" 원칙을 서독이 수용하는 것이었다. 서독은 그때까지 고집하여 온 단독 대표권을 포기하고, 1972년에 동독과 기본조약을 체결하여 동독을 국가로 인정하였고, 이듬해 유엔 동시 가입을 실현하였다.

하지만 이것으로 동독과 서독 사이에 통일을 바라보는 시각이 완전히 일치하게 된 것은 아니다. 서독의 동방정책은 평화공존 이념하에 동독 정부의 실체를 인정하고, 독일 민족에게 두 개의 국가가 있다는 사실을 승인하였지만, 동독에 대한 국제법상의 불승인 입장을 견지하고, 양

---

11) Haendcke-Hoppe-Arndt(1995), p.1549.

12) Karl C. Thalheim, *Die wirtschaftliche Entwicklung der beiden Staaten in Deutschland* (Berlin: Landeszentrale für politische Bildungsarbeit 1988), p.121.

독 간의 관계를 특수관계로 규정하였다. 서독에게 있어서 동독이 비록 자국은 아니지만 그렇다고 해서 외국도 아니라는 사실은 내독 교역에 대한 서독의 입장에서 가장 잘 나타나고 있다. 서독은 기본조약에서 내독 교역은 기존의 베를린 협정에 따른다고 명시함으로써 양독 간 교역은 국제 교역이 아니며, 따라서 동서독 간의 국경은 관세법이 적용되는 국제법상의 경계선과 다르다는 사실을 천명하였다.[13)]

동독의 "1민족 2국가론"은 서독의 해석과 달리 동서독을 국제법적인 국가로 간주하고 서독을 외국으로 간주하였다. 동독은 1971년 동독사회주의통일당 제8차 전당대회에서 동독과 서독은 물과 불의 관계로서 통일이 불가능하다는 점을 주장하였고, 1974년의 개정 헌법에서 민족 국가나 통일이라는 용어를 삭제하였다. 1976년 제9차 전당대회에서는 당 강령에서 통독조항을 삭제하면서 동독의 "사회주의 민족"을 서독의 "자본주의 민족"과 차별화 하는 2민족 2국가론을 주장하기도 하였다.

이러한 맥락에서 동독은 서독과의 거래를 외국과의 교역으로 간주하면서, 통계상으로 서독과의 교역량을 대외 무역으로 계산하였다. 동독은 서독이 양독 간의 교역 관계를 국내법적 관계로 규정하는 점에 대하여 비판하면서, 분단 이전 시대에서 연유된 내독 교역의 법적 지위를 새로운 시대 상황에 맞추어 국제적 교역으로 재정립하자고 주장하였으나 서독의 반대에 부딪쳤다. 그리하여 동독은 내독 교역의 특수성을 부인하면서도 이 특수성을 인정하지 않으면 내독 교역으로부터 얻게 되는 경제적 혜택을 상실한다는 딜레마 때문에, 기본조약에 명시된 내독 교역의 특수성을 사실상 인정하는 상반된 태도를 취할 수밖에 없었다.

서독이 동독을 국가로 인정하게 되면서, 서독 내부에서는 분단이 고착화되는 것이 아니냐는 우려가 제기되었다. 그러나 동방정책은 정치적 분단을 인정하였지만, 반면에 내독 교역을 활성화시킴으로써 경제

13) 박광작, "구 동서독의 경제협력과 한국에 대한 시사점,"『통일경제』1996년 12월호, 56쪽.

적 통일성을 확인하고 촉진하는 성과를 거두었다. 이러한 점에서 브란트의 동방정책은 '선 민족통일 후 국가통일'이라는 의미를 지닌 고차원적인 통일정책이라고 할 수 있다.[14)]

2. 경제적 측면

서독이 내독 교역의 정치적 이익에 관심이 많았다면, 동독은 상대적으로 경제적 이익을 중시하였다. 이차대전 이전에 서독 지역은 주로 원자재를 공급하고 동독 지역은 완제품을 생산하는 상호 보완적 경제 관계에 있었다. 이러한 이유에서 이차대전 이전까지 이들 지역 간의 물품 거래는 매우 활발하였고, 1936년 당시 총교역량이 86억 마르크에 달하였다. 그러나 전쟁이 끝난 직후인 1946년 양 지역 간의 교역은 2% 수준으로 감소하여 1.8억 마르크밖에 되지 못하였다. 전후 경제복구를 위해 생산을 다시 가동해야 했던 동독으로서는 서독으로부터의 원자재 공급이 긴요한 문제였다. 또한 동독은 소련에게 전쟁 배상금조로 많은 생산설비를 빼앗겼다. 이러한 이유로 내독 교역은 서독보다 동독에게 더 큰 경제적 중요성을 가지고 시작되었다.

냉전기간 동안 동독에게 있어서 서독은 소련 다음으로 중요한 제2의 교역 상대국이었다. 동독 당국의 공식 발표에 의하면 서독과의 교역이 동독의 대외교역에서 차지하는 비중은 평균 7~8%였다. 그러나 통일 이후 밝혀진 사실에 의하면 그 통계는 과거 동독정부가 서독에 대한 경제적 의존도를 실제보다 낮게 보이게 하기 위하여 조작되었다는 것이다. 새로이 수정되어 발표된 통계에 의하면 1985년에서 1989년의 기간에 동독의 대외교역에서 서독이 차지하는 비율은 약 20%였다.[15)]

---

14) 황병덕, 『동서독간 정치통합연구』 (서울: 민족통일연구원, 1996), 10쪽.
15) *Statistisches Jahrbuch der DDR* (1990), p.277.

동독은 내독 교역으로 인하여 구 동구 사회주의 국가 중에서 유일하게 이원적 서방 교역을 수행할 수 있었다. 즉 동독은 서방(OECD 회원국)으로부터의 수입물량의 약 60%에 달하는 서독의 상품에 대해서는 경화를 지불할 필요가 없이 자국의 상품으로 결제할 수 있는 특수한 지위를 가진 것이다. 이러한 교역 채널 덕분에 동독은 80년대 초에 외환위기에 처한 동구 사회주의 국가 중에서 가장 빨리 경제 안정을 되찾을 수 있었던 것이다.[16)]

동독에 비해 서독에게 내독 교역은 상대적으로 낮은 비중을 가지고 있었다. 서독의 총교역에서 동독과의 교역이 차지하는 비율은 2% 이하로서 매우 낮은 수준이었다. 동독은 서독의 15번째 교역 상대국으로서 핀란드와 유고슬라비아 정도의 비중을 가졌다. 총량적인 관점에서 볼 때 동독과의 교역은 서독에게 미미한 것이지만, 서독의 개별 기업의 관점에서 볼 때, 내독 교역은 커다란 의미를 가지고 있었다. 왜냐하면 80년대 동독과의 교역량 중에서 80%가 중소기업에 의해 수행되었고, 7,000여 개의 기업이 동독 교역에 전적으로 의존하고 있었기 때문이다.[17)]

〈표 2〉에서 내독 교역의 구조를 살펴보게 되면 서독이 동독으로부터 반입하는 상품 중에서 자본재가 차지하는 비율은 약 11~15%에 불과하다. 이에 비해 동독이 서독의 기계 및 전자산업 등으로부터 반입하는 자본재의 비율은 60년대 초반의 17%에서 꾸준히 증가하여 1980년대 후반에는 38%에 달해 총 반입량의 1/3을 넘어섰다. 이러한 사실은 서독이 사실상 동독에게 제1의 기술이전 국가로서의 역할을 하였다는 점을 알 수 있게 한다.[18)]

---

16) Hanns-Dieter Jacobsen, "Aktueller Stand der Entwicklungsmöglichkeiten des Ost-West-Handels," in Ostkolleg der BPB (Hg.), *Rat für gegenseitige Wirtschaftshilfe* (Köln, 1987), p.130.

17) Fritz Homann, "Zur Zukunft des innerdeutschen Handels," *Deutschland-Archiv*, Nr. 10 (1986), p.1089.

〈표 2〉 내독 교역의 구조

(단위 %)

	서독의 수출품				서독의 수입품			
	원자재	자본재	소비재	식료품	원자재	자본재	소비재	식료품
1961~65	57	17	7	19	51	11	22	16
1971~75	54	24	10	12	38	11	31	20
1981~85	58	19	9	14	56	11	23	10
1986	49	28	12	11	48	14	27	10
1987	45	36	9	9	48	15	27	10
1988	44	37	10	8	50	14	25	10
1989	45	38	8	3	52	15	23	9

출처: Statistisches Bundesamt, *Warenverkehr mit der DDR*(Wiesbaden, 1990), p. 793.

3. 안보적 측면

브란트 수상이 동서독 교역에 획기적인 계기로 작용한 동방정책을 추진하게 된 것은 일차적으로 안보적 이유 때문이었다. 분단 이후 아데나워 수상의 대동독 강경정책은 60년대 동서진영 간의 긴장완화와 평화공존의 분위기에 더 이상 적합하지 않게 되었다. 1963년 케네디 대통령은 사회주의권과의 평화공존을 추구하는 전략을 공표하고 군비경쟁을 중단하는 정책적 전환을 시도하였고, 존슨과 닉슨 대통령도 동구권과의 화해를 추구해 나갔다. 이에 호응하여 브레주네프 소련 공산당 서기장도 데탕트 정책을 모색하였는데, 중국과의 국경분쟁에 말려든 소련은 아시아 지역의 군사력 증강을 위하여 유럽 지역에서의 안보부담을 줄여야 하는 입장이었고, 1969년에 부다페스트에서 개최된 바르샤바 조약기구 회의에서 범유럽안보협력회의를 창설할 것을 나토에 제의

18) Michael Baumann, "Der innerdeutsche Handel: Grundlagen, Probleme, Perspektiven," *Deutschland Archiv(Sonderheft)* (1989), p.174.

하였다.[19)]

서방 연합국들이 할슈타인 원칙, 힘의 정치 등에 의해 대변되는 서독의 통일정책을 비판하고 정책노선을 수정할 것을 요구하는 분위기 속에서 1969년에 집권한 브란트 정부는 동방정책을 추진하기에 매우 유리한 국제적 여건을 맞이하고 있었다고 할 수 있다. 동방정책의 핵심적 내용은 과거 아데나워의 힘의 정치가 현상타파를 목표로 삼은 것과 달리 현상유지를 그 정책 목표로 하였다는 것이다. 물론 동방정책이 추구하는 현상유지란 분단의 고착화를 의미하는 것이 아니다. 통일이라는 거창한 구호를 앞세우기보다는 점진적으로 접근하는 "작은 걸음의 정치"를 구사하겠다는 것이며, 실현방안으로 제시된 것은 공산권 국가에 대하여 "접근을 통한 변화"를 초래하여 장기적으로 독일 통일에 유리한 여건을 조성하겠다는 분단 관리 정책이다.[20)]

즉 소련과 동독 같은 국가들은 정치적으로나 군사적으로 위협을 받지 않는 범위 내에서 개방정책을 추진할 수 있기 때문에, 그들의 영토를 존중하고 국내정치에 간섭하지 않음으로써 교류협력을 활성화할 수 있다는 것이다. 따라서 서독은 긴장완화와 평화유지를 근간으로 하는 현상유지 정책을 추진함으로써 동독을 개방시킬 수 있고, 정치와 경제적인 영향력으로 변화를 유도하여 궁극적으로 독일 분단현상의 타파를 이루어낼 수 있다고 본 것이다.

동방정책은 독일의 분단이 유럽의 분단에서 초래되었기 때문에 독일문제를 독일영토를 뛰어 넘어 생각해야 한다고 보고, 독일의 통일은 제1단계로서 유럽의 긴장완화와 평화유지를 통해 안정된 안보환경을 구축하고, 제2단계로서 유럽평화가 유지된 조건하에서 양독 간의 관계를 활성화시키고, 마지막 단계에서 동서독 주민들이 평화롭고 자유로이

19) 황병덕, "독일통일이 한반도 통일에 주는 시사점: 서독의 신동방정책을 중심으로" (아태평화재단 학술회의 논문집, 1999. 10. 18), 345-6쪽.
20) 고상두, "분단국 외교정책," 김달중(편), 『한국의 외교정책』 (서울: 오름, 1998), 151쪽.

왕래하고, 풍요로운 생활을 누리게 된다면 실질적인 통일이 이룩된 것이라고 보았다.

이러한 배경에서 서독은 동독과의 교역을 독일과 유럽의 평화에 긍정적으로 기여하는 요소로 인식하고 적극 추진하였다. 과거 야당시절 동방정책을 비판하며 위헌소송까지 제기하였던 기민당과 기사당은 1982년 집권 후에 사민당의 동방정책의 기본노선을 계승하였을 뿐만 아니라, 83년과 84년 두 차례에 걸쳐 기사당의 주도하에 동독에게 약 24억 마르크의 대규모 차관을 제공하였다. 대동독 차관제공은 국제적으로 동서진영 간에 신냉전 대결분위기가 고조되고, 동독이 외채위기에 직면하여 동서독 간에 긴장이 팽배해진 시점에서 이루어진 것으로써, 서독의 대규모 차관제공에 대하여 동독은 그 반대급부로 방문과 전화 및 서신 왕래에 대한 규제 및 제한 철폐, 국경선에 설치해 놓은 기관총과 지뢰의 제거 등 서독의 요구를 부분적으로 수용함으로써 동서냉전의 최전선인 독일에서 가장 긴장이 많이 완화되는 역설적인 양상이 나타났다.[21]

이러한 현상은 동독 또한 내독 교역의 안보적 의의를 긍정적으로 평가하였기 때문이었다. 호네커 공산당 서기장은 경제교역이 서독과의 갈등수준을 낮춤으로써 양 체제의 평화적인 공존을 보장하는 물질적인 토대 역할을 한다고 주장하였다.[22]

즉 경제교역은 자본주의 체제와 사회주의 체제 간의 군사적 경쟁을 경제적 경쟁으로 대체해 주며, 적대적인 국가로 하여금 상호 협력이 서로에게 이익을 준다는 점을 깨닫게 한다는 점에서 내독 교역은 평화 촉진 효과를 유발한다는 것이다.[23]

---

21) Karl Wilhelm Fricke, "Merkwürdige Schluβstrich-Diskussion," *Deutschland Archiv*, 28 Jg. (Feb. 1995), p.114.

22) *Neues Deutschland* (1987), 9. 10.

IV. 동서독 교역의 장애요인

1. 정치적 측면

서독은 정부 수립초기에 동독정부를 민주적 정통성이 없다는 이유로 법적인 인정을 하지 않았고, 스스로 유일한 합법정부임을 표방하였다. 그리하여 1961년 베를린 장벽이 세워질 때까지 10여 년의 기간 동안 동독 정부가 서독의 연방 대통령, 정부, 의회로 보낸 약 50여 건의 각서 및 전문에 대하여 단 2건에 대해서만 응답했다.[24]

이러한 서독의 자세는 내독 교역에서 그대로 드러나는데, 동독의 경우 내독 교역을 대외무역부가 전담한 반면에, 서독의 경우 내독 교역에 필요한 허가는 연방경제부 산하 연방산업청이 관장하였고, 동독과의 협상은 독일 상공회의소(DIHT) 산하 상공신탁관리처(TSI)에 위임되고 있었다.

이처럼 민간기구가 대동독 교역을 담당하게 된 이유는 1949년 내각 결정에 따라 서독 정부기관이 동독의 정부기관과 접촉하는 것이 금지되었기 때문이다. 동독과의 경제교역이 동독을 국가로 인정하게 되는 문제로 발전되어서는 안된다고 생각했던 서독정부는 동독과의 교역사업에 관련된 문제들을 서베를린에 소재하고 있던 상공신탁관리처에 일임하여, 동독의 대외무역부와 협상하도록 한 것이다. 하지만 얼마 지나지 않아서 내독 교역에 대한 국가적 차원의 전향적인 관리가 요구되었고, 1953년에 상공신탁관리처는 정부기관으로 개편되어 경제부 산하로

---

23) Jürgen Nitz, "Wirtschaftsbeziehungen DDR-BRD Bestimmungsfaktoren, Tendenzen, Probleme und Perspektiven," *Aus Politik und Zeitgeschichte*, B. 10, (1989), p.6.

24) Eckhard Jesse, *Die Demokratie der Bundesrepublik Deutschland* (Berlin: Colloquium Verlag, 1986), p.203.

편입되었다.

그 이후 상공신탁관리처는 연방정부 소속의 기관으로서 대동독 교역협상을 수행하였을 뿐만 아니라, 서독정부가 1974년 동베를린에 대표부를 설치할 때까지 가장 중요한 대동독 채널의 역할을 수행하였다. 서독 대표부가 설치된 이후에 상공신탁관리처는 교역과 관련된 본연의 업무에 전념하면서 서독 대표부를 업무적으로 보조하는 역할을 수행하게 되었다.[25]

이상에서 살펴본 바와 같이 서독이 동독을 국제법적으로 인정하지 않으려고 한 사실이 양독 간의 교역을 제약한 가장 중요하고 포괄적인 요인으로 작용하였지만, 두 번째로 서독이 내독 교역을 동독에 대한 정치적 압력수단으로 활용하고자 한 시도가 교역의 장애요인으로 작용하였고, 이것은 특히 교역 초기단계에서 자주 나타났다. 동독이 내독교역에 대한 경제적 의의를 크게 평가하고 있었기 때문에, 상대적으로 내독 교역의 단절에 따른 손실이 작은 서독은 동독에 대한 정치적 요구를 관철시키는 데 필요한 수단으로서 내독 관계를 활용하려고 했다.

가장 비근한 예로, 서독은 1960년에 동독이 서베를린의 출입을 통제하기 위하여 통행증을 도입하려고 했을 때, 내독 교역의 법적인 토대인 베를린 협정을 일방적으로 파기 통보하였다. 이러한 조치는 서독 내부에서도 비판되었고, 결국 정치권 내부의 반발에 굴복한 서독정부가 동독과 베를린협정 갱신 협상을 벌여 이듬해 1월부로 새로운 협정을 체결하게 되었다. 내독 교역을 정치적으로 무기화하는 조치는 별다른 성과를 가져다주지 못하면서, 양독 간의 교역 분위기를 악화시키는 요인으로 작용하였던 것이다.

---

25) Willi Keindienst, "Abwicklung und Praxis der Handelsbeziehungen zur DDR," in Erik Böttcher (Hg.), *Wirtschaftsbeziehungen mit dem Osten* (Stuttgart, 1971), p.66.

2. 경제적 측면

동서독은 두 나라 모두 천연자원이 빈약한 공업국이면서도 앞의 〈표 2〉가 보여주는 바와 같이 교역구조를 살펴보면 각기 반출물량의 절반 가량을 원자재로 반출하는 개도국 간의 교역과 유사한 형태를 보여 주었다. 그나마 서독의 경우에는 원자재 반출비중이 1960년대 초의 57%에서 점차 감소하여 89년에는 45%로 줄어들었으나, 동독의 경우에는 같은 기간동안 거의 변함없이 50%내외 수준에 머물렀다는 것을 알 수 있다.

이러한 현상은 동서독이 자신들의 경제 발전수준에 걸맞는 교역을 하지 못하였다는 것을 말해주고 있다. 즉 양국 모두 공업 완제품을 주로 생산하는 나라로서 서로 공산품을 교환 거래하는 것이 자신들의 생산능력에 합당한 교역임에도, 원자재 위주의 교환을 함으로써 내독 교역의 발전에 본질적인 장애를 초래한 것이다.

교역 구조 못지 않게 내독 교역에 대한 경제적 장애요인으로 작용한 것은 교역 방식이었다. 내독 교역은 바터무역과 같이 양자적 관계에 의해 청산되기 때문에 총교역의 수준은 반출능력이 낮은 쪽의 수준에 의해 좌우된다. 서독의 대동독 반출능력이 거의 무한하였던 반면에 동독은 여러 가지 요인에 의하여 대서독 반출에 한계를 보였다. 무엇보다도 동독 제품은 낮은 품질로 인하여 서독 시장의 까다로운 수요를 충족시키지 못하였다. 동독 제품의 경쟁력은 동독정부가 외채 위기를 극복하기 위하여 80년대 초에 실행한 산업투자 감축조치로 인하여 더욱 악화되었다. 1982년에서 1985년까지 동독의 연간 투자액은 1980년도 수준에도 못 미치는 형편이었다.[26]

지속적인 수출 경쟁력의 악화에 대한 대책으로 동독정부는 소련으로부터 저렴하게 수입한 석유를 가공하여 서독에 반출하는 정책을 전개

---

26) Baumann(1989), p.175.

하였다. 1, 2차에 걸친 석유파동으로 국제 석유가격이 폭등하게 되면서, 동독은 가격 경쟁력을 바탕으로 석유제품의 대서독 반출을 확대하였고, 약 70억 마르크의 부가 수익을 올릴 수 있었다. 1979년에 동독은 11.2억 마르크에 상당하는 석유제품을 반출하였고, 1984년에는 17.5억 마르크로 늘어났다. 이 금액은 그해 동독의 대서독 반출총액의 23%에 해당하는 것이었다. 하지만 이러한 반출 사업도 1986년 이후 국제석유가격이 폭락하기 시작하면서 어려움에 봉착하게 되었고, 그해 동독은 전년도와 거의 동일한 물량의 석유제품을 반출하고도 8.8억 마르크의 수익을 얻는데 그쳤다.[27)]

내독 교역을 제한한 세 번째 장애요인은 동서독이 각각 동서 양 진영에 경제적으로 보다 긴밀하게 통합되어 갔다는 사실이다. 냉전이 본격화되면서 동독 경제는 코메콘 경제에 편입되었고, 사회주의 국제분업이 심화됨에 따라 동독은 총 반출물량의 75%를 이 지역으로 수출하였다. 특히 동독의 완제품 생산은 소련 시장의 수요를 충족시키는 데 주력하였다.[28)]

서독은 유럽통합에 주도적으로 참여하게 되면서 법적으로 내독 교역의 특수관계를 주장하여 회원국으로부터 양독간의 물품거래가 유럽 공동 시장내의 교역에 준하는 것임을 인정받았다. 하지만 동독의 상품이 서독을 거쳐 자유로이 공동체 시장으로 진출할 지도 모른다는 회원국들의 우려 때문에 서독은 동독 상품에 대하여 일정수준의 반입규제 정책을 취해야 했다. 특히 농산물에 대해서는 쿼터 제한을 하였다. 그리하여 동독으로부터의 농산물 반입은 전체 반입물량의 약 10% 수준에 머물렀으며, 이들 물량은 거의 대부분 서베를린의 수요를 충당하는데 사용되었다.

---

27) Jochen Bethkenhagen, "Die Energiewirtschaft der UdSSR und ihre Verflechtung mit dem RGW," in Ostkolleg der BPB (Hg.), *Rat für gegenseitige Wirtschaftshilfe* (Bonn, 1987), pp.80-81.

28) Nitz(1989), p.13.

전후 서독과 동독은 각각 서구 경제권과 동구 경제권에 편입됨으로써 이차대전 전에 양 지역간에 유지되었던 상호 보완적 관계를 점차 극복하였고, 각자에게 결여된 생산능력을 동맹국에 의해 보완하게 되었다. 이처럼 두 개의 경제체제가 상호 독자적인 생산체계를 가지게 되면서 내독 교역의 경제적 필요성은 상대적으로 감소하게 되었다.

3. 안보적 측면

내독 교역이 시작된 초기에 서독은 냉전상황에서 대치하고 있는 동독과의 교역문제에 대하여 매우 신중하게 접근하였다. 왜냐하면 동독과의 경제교역이 동독 체제를 강화시키는 것이 되어서는 안되기 때문이었다. 아데나워 정권은 독일 통일을 달성하기 위한 정책의 일환으로서 "힘의 정치"를 실행하였다. 그는 동독을 소련의 위성 정권으로 보았고, 독일의 통일은 소련의 양보를 통해서만이 가능하다고 생각하였다. 그리하여 서독은 정치적, 경제적 우월성과 영향력으로 소련을 서독 편으로 끌어들이고 동독을 고립시켜야 한다고 보았다.[29)]

이러한 발상에서 에르하르트 수상은 동독이 서독으로부터 차관과 생산설비를 제공받으면 받을수록 서독의 영향력으로부터 자유로워지며, 그것은 통일로부터 멀어지는 정책이라고 주장하였다.[30)]

그의 주장은 독일 통일이란 동독이 체제 안정성을 상실함으로써 종주국인 소련이 감당하기 어려울 정도의 부담으로 작용하게 될 때 가능하게 된다는 냉전적 사고를 바탕으로 하고 있었다. 그러므로 내독 교역을 확대하는 것은 서독이 동독에게 경제적 도움을 주는 것이 되고, 동독

---

29) Bernd Feuerbach, "Die Diskussion über Phasen und Probleme der Deutschlandpolitik 1945-1990," in Ingrun Drechsler (Hg.), *Getrennte Vergangenheit, gemeinsame Zukunft* (München: dtv, 1997), p.20.

30) Haendcke-Hoppe-Arndt(1995), p.1549.

으로서는 사회주의 체제를 개혁하지 않고서도 오랫동안 유지할 수 있게 된다는 것이다.

이러한 우려는 동방정책과 함께 "작은 걸음의 정치"를 추진한 브란트 정권이 차관 공여를 통하여 동독과의 교역 확대를 본격화하기 시작한 70년대에 접어들어서도 계속 제기되었다. 당시 야당이던 기민당(CDU)은 서독이 경제적 지원을 제공하는 대신에 동독으로부터 일정한 대가를 얻어내는 상호주의를 주장하여 국민들로부터 커다란 호응을 얻었다.[31)]

하지만 1982년 집권에 성공한 헬무트 콜의 기민당은 그들이 비판해왔던 동방정책을 별다른 수정 없이 계속 이끌어 나갔다. 서독은 내독 교역을 통하여 동독 주민들의 생활 수준을 향상시키고 동서독 주민 간에 활발한 교류와 방문이 이루어질 수 있도록 하는 정책을 견지하였고, 동독은 서독으로부터 제공받는 차관으로 생산설비를 도입하여 동독의 경제를 현대화시킨다는 전략을 추진하였다. 동독의 현대화 계획은 당초의 의도와 달리 동독으로 하여금 1980년에 100억 달러에 달하는 순외채를 짊어지게 만들었다. 왜냐하면, 동독의 차관도입 정책이 곧바로 수출력 증대로 연결되지 않았고, 1970년대 초에 집권한 호네커 공산당 서기장은 동독 주민들의 생활수준을 높이기 위하여 소비재 공급의 개선에 주력하였기 때문이다.[32)]

외채위기에 직면한 동독은 내독 교역이 동독 경제를 서독에 종속시킬 위험성이 있다는 점을 우려하여, 서독에 대한 의존도를 줄이는 노력을 취했다. 이러한 정책노선에 따라 동독정부는 서독이 제공하는 스윙한도액을 점차 낮게 합의 설정하였다. 그리하여 1976~82년에 연간 8억

---

31) Armin Volze, "Geld und Politik in den innerdeutschen Beziehungen 1970-1989," *Deutschland Archiv* (März, 1990), p.382.

32) 한종수, "동독의 붕괴와 독일통일," 한독정치연구회 (편), 『현대정치이론과 체제변동』(서울: 전예원, 1997), 279쪽.

5천만 마르크로 설정되었던 스윙 한도액이 1983년의 7억 7천만 마르크와 1984년의 6억 9천만 마르크를 거쳐 1985년에는 6억 마르크로 낮추어졌다.[33] 동독 정부는 스윙 한도액을 낮추는 데에 그치지 않고, 70년대에 스윙을 한도액의 88%에서 94%까지 사용했던 것과는 대조적으로 80년대에는 스윙 한도액의 30% 정도만을 사용하였다.

동독이 내독 교역을 경제적 안보라는 이유에서 제한하였다면, 서독은 군사적 안보라는 이유에서 제한해야 했다. 서독으로서는 내독 교역을 통하여 군사적 이용이 가능한 과학기술이 이전되는 것을 방지해야 하는 과제를 안고 있었다. 이러한 문제는 서독이 독자적으로 판단하고 결정할 수 있는 문제가 아니라, 동맹국과의 합의와 공동보조를 취해야 하는 문제였다. 서방진영은 군사적으로 유용한 물품이 공산권으로 수출되는 것을 막기 위하여 1949년에 나토 내에 대공산권수출규제위원회(COCOM)를 설치하였다. 아이슬랜드를 제외한 모든 나토 회원국과 일본이 참여한 코콤은 초기 냉전시기와 데탕트 시기에는 별다른 마찰 없이 정책적 합의를 비교적 용이하게 도출해 내었다.

그러나 1970년대 말 유럽지역에서 중거리 핵미사일 배치를 둘러싼 미소 간의 갈등과 79년 소련의 아프가니스탄 침공으로 신냉전기가 도래하면서 서독의 동독 접근정책은 중대한 도전에 직면하였다. 독일은 정치 · 경제적 역량을 바탕으로 변함없이 내독 관계를 확대 발전시키려 했고, 이러한 노력은 동구진영을 다시 고립시켜 압박하고자 하는 미국의 정책과 마찰을 일으켰다. 결국 미국은 1984년과 1985년 두 차례에 걸쳐 코콤이 대공산권 수출품목의 리스트를 보다 엄격한 기준에 의해 재작성하는데 성공하였고, 이것은 서독의 대 동독교역을 제약하는 요인이 되었다.[34]

---

33) 김영윤(1995), 282쪽.

34) Hanns-Dieter Jacobsen, "Die amerikanischen Exportkontrollen als bündnispolitisches Problem," *Osteuropa Wirtschaft*, Nr. 3 (1986), p.190.

V. 결론 및 시사점

동서독 간의 경제 교역은 정치적 분단 이전의 시기에 시작하여 독일이 통일될 때까지 지속되었다. 내독 교역에 영향을 끼친 요인을 정치, 경제, 안보라는 3가지 측면으로 나누어 살펴보면, 그러한 요인들은 〈표 3〉에서 나타난 바와 같이 내독 교역의 변화단계에 따라 때로는 촉진요인으로 때로는 장애요인으로 작용하였다는 사실을 알 수 있다. 그리하여 동서독 교역은 전반적으로 꾸준한 발전을 하였지만, 정치, 경제, 안보 측면에서 교차적으로 발생하는 촉진 혹은 장애요인에 의해 영향을 받아 굴곡의 양상을 나타내게 되었다.

1949년 이후 양독 간의 경제 교역은 3가지의 발전 단계를 거쳤다. 초기 답보상태라고 할 수 있는 제1단계는 정치적 분단 이후 서독의 동방정책이 실행되기까지의 기간이며, 경제 교역은 완만한 증가세를 보였다. 이 기간의 장애요인은 정치 · 안보적 성격을 띤 요인들이었다. 첫째 서독은 동독을 법적으로 인정하지 않았고, 일체의 공식적인 접촉 및 교류를 회피하였다. 둘째 서독은 동독과의 교역을 활성화하는 것이 동독체제를 강화하여 통일을 지연하는 결과를 가져올 것이라고 보았다. 이러한 제약 요인에도 불구하고 양독간의 교역이 완만하게나마 증가한 이유는 동독이 내독 교역을 통한 경제적 이익을 기대하여 적극적인 자세를 취하였기 때문이었다. 이와 같이 초기 답보상태에서는 경제적 측면에서 촉진요인을 찾을 수 있고, 정치와 안보 측면은 장애요인으로 작

〈표 3〉 동서독 간 교역추이와 결정요인

	정치적 측면	경제적 측면	안보적 측면
초기 답보단계	X	O	X
중기 진전단계	O	O	O
말기 정체단계	O	O	X

O: 촉진요인, X: 장애요인

용하였다는 것을 알 수 있다.

제2단계는 브란트 수상이 동방정책과 함께 경제 교역의 확대 정책을 취한 시점부터 1985년까지의 시기로서, 내독 교역은 급속도로 활성화되었다. 서독은 동독을 비록 국제법적으로는 승인하지 않았지만 사실상의 국가로 인정하였고, 동독은 내독 교역이 계속 활성화되면 양독간의 관계가 국제법상의 주권국가 관계로 발전하게 될 것으로 기대하였다. 또한 서독은 동서진영 간의 긴장완화와 화해의 바탕 위에서 정치 및 경제적 역량을 발휘할 때에 동서독 간의 통일이 가능하다는 인식하에 내독 교역을 유럽과 독일에 평화를 구축하는 수단으로 적극 활용하고자 하였다. 또한 동독은 동독주민들의 생활수준을 증진시키지 않고서는 주민들의 지지를 획득할 수 없다는 인식하에 동방정책을 계기로 서독과의 교역관계를 개선하고자 하는 입장을 취하였다. 이와 같이 중기 진전단계에서는 정치, 경제, 안보 모든 측면에서 교역의 촉진요인이 생겨났다고 할 수 있다.

제3단계는 1985년 최고 교역수준을 달성한 이후 독일 통일까지의 시기에 해당하는 말기 정체단계로서, 이 시기에 내독 교역은 침체기에 접어들었다. 신냉전기를 맞이하여 서독은 미국의 대공산권 수출규제 강화 조치에 의해 동독과의 경제교류에 있어서 여러 가지 제약을 받았으며, 동독은 계속되는 상품의 국제경쟁력 약화로 서독 시장에의 진출에 어려움을 겪어, 1980년대 초 외채위기 이후 대 서독 교역적자가 누적되면서 서독에 대한 경제적 종속을 우려하게 되었다. 이와 같이 서독의 군사적 안보와 동독의 경제적 안보라는 요인이 중요한 장애요인으로 대두하였다. 말기 정체단계에서는 정치와 경제 측면에서 촉진요인이 나타난 반면 안보적 측면에서 장애요인이 대두하였다고 볼 수 있다.

40년 간의 동서독 교역에서 초기 답보단계에서는 정치와 안보 두 가지 측면에서 장애요인이 나타났고, 동방정책 이후의 중기 진전단계에서는 정치, 경제, 안보 모든 측면이 촉진요인으로 작용하였다는 것을 알 수 있다. 말기 답보단계에서는 안보측면에서 장애요인이 대두하면서 양독교역의 침체현상을 야기하였다. 동서독 교역의 발전과정과 그 영향 요인과의 관계를 독일통일이 이룩된 오늘의 시점에서 재조명하는 것은 오늘날의 남북한 교역에 많은 시사점을 제공할 것이다.

동서독 교역에서 가장 빈번한 장애요인으로 나타난 것은 안보적 측면이다. 따라서 북한과의 경제교역을 활성화하기 위한 정책을 추진함에 있어 안보적 차원에서의 교역촉진 요인을 개발하는 데에 유의해야 할 것이다. 안보측면은 대체로 정치측면과 결합하여 장애요인으로 작용하게 된다. 독일의 경우 초기 답보단계에서 그러한 현상이 나타났다. 그러나 말기 정체단계는 안보적 측면이 장애요인으로 작용하더라도, 정치적 측면은 촉진요인으로 작용할 수 있도록 상호 분리하는 것이 가능하다는 것을 경험적으로 보여주었다. 기타 동서독 교역과정에서 발견되는 몇 가지 시사점을 나열한다면 다음과 같다.

첫째, 남북한 교역으로 인하여 과학기술이 이전될 수 있고, 그에 따라 안보적 위험이 발생할 수 있다는 우려는 별다른 근거가 없다는 것이다. 서독과 군사적 대치상태에 있었던 동독은 자국의 군사력을 강화하는 데에 있어서, 서독과의 교역에서 간헐적으로 획득될 수 있는 과학기술에 의존한 것이 아니었다. 동독의 과학기술 수준이 낮았던 이유는 코콤의 수출통제로 인하여 서독으로부터의 기술이전이 제한되었기 때문이 아니라, 무엇보다도 과학기술의 도입과 활용을 저해하는 사회주의 계획경제의 체제 내적 결함 때문이었다.

둘째, 남북한 간의 경제교역은 북한의 체제를 강화시키고, 북한의 지도층이 체제를 개혁해야 할 필요성을 느끼지 않도록 한다는 주장 또한 그 근거가 희박하다. 국가가 무역을 독점하는 동독과 달리 서독의 교역 상대자는 일반 기업들이다. 이들 기업들은 철저하게 이윤을 추구하였지, 결코 동독을 위해 기업의 이익을 희생하지 않았다. 그리고 동독의 지도층이 개혁을 외면한 것은 서독으로부터 충분한 경제적 이익을 얻을 수 있었기 때문이 아니라, 섣부른 개혁으로 체제를 위태롭게 하고 싶지 않았기 때문이다. 그러므로 동독은 서독에 의해 교역이 단절되는 일이 발생하였다 해도 체제안보적 이유 때문에 결코 개혁정책을 추진하지 않았을 것이다.

셋째, 남한이 대북 교역을 정치 무기화하여 북한에 대한 압력수단으로 사용할 수 있다는 것은 무의미한 주장이다. 국가간의 분쟁을 해결하는 수단으로서 금수조치(Embargo)가 효과를 발휘한 사례는 매우 드물다. 지금까지 행해진 많은 수출규제 조치들은 당초 설정한 목표를 달성하기도 전에 해제되는 것이 다반사였고, 서독도 1960년에 정치적 요구를 관철하기 위한 방편으로 내독 교역의 법적 토대인 베를린 협정을 일방적으로 파기하였다가, 정치적 목적을 달성하지 못한 채, 새로운 협정 체결을 제안해야 했다.

이러한 시사점들을 고려해 볼 때, 정부는 대북 교역을 활성화하는데 따르는 갖가지 국내 비판과 우려를 불식하고, 보다 적극적인 자세를 취할 필요가 있다고 본다. 서독이 동독을 정치적으로 승인하였고, 교역을 통한 과학기술의 이전을 크게 우려하지 않고 과감하게 동독과의 교역을 활성화함으로써 결국 통일을 이룰 수 있었다. 한반도 상황에서 경제교역이 가져다 줄 정치 안보적 파급효과를 평가하고, 교역에 대하여 신중하게 접근하는 태도를 취해야 할 국가는 남북한 역학관계에서 우위적 위치를 점하고 있는 남한이 아닌 북한일 것이다. 대북 포용정책은 이제 남북한 관계에서 남한이 주도적인 정책을 추진하여 정치, 경제, 안보 모든 측면에서 교역의 촉진요인이 발생하도록 하는 계기가 되어야 할 것이다.

제3장 독일 통일과 과거 청산의 문제

I. 서론

동독이 붕괴하고 통일이 이루어진 후 독일은 구 동독이 저지른 독재의 과거를 청산하여야 하는 과제를 안게 되었다. 이로써 독일은 20세기 후반부에 두 번씩이나 과거 청산을 해야 하는 나라가 되었다. 동독이라는 거대한 감옥에 살던 국민들이 대탈주를 감행하였고, 자유를 염원하는 인간의 위대한 힘은 감옥의 벽과 쇠사슬을 단숨에 부수어 버렸다. 그 이후 독일에서는 그 잔재를 치우는 작업이 지속되었고, 이제 과거 청산이 어느 정도 일단락 되었다고 여겨지는 시점에서 이 글은 독일의 과거 청산 과정을 종합적으로 분석하여 보고자 한다.

과거 청산의 문제는 독일만의 문제가 아니다. 1980년대에 전지구적으로 일어난 민주화 물결에 의해 정치적 변화를 겪은 모든 나라에게 해당되는 문제인 것이다. 80년대의 시작과 함께 남미 국가들이 거의 해마다 민주화되었고, 86년에는 필리핀을 선두로 비록 지역적으로 제한되었지만 아시아가 민주화되었으며, 89년 이후에는 동구가 민주화되었다. 이 모든 나라들은 과거 청산이라는 과제를 안게 되었고, 여러 가지 유형의 과거 청산을 보여 주었다. 그리하여, 그동안 체계적인 "과거 청산 이론"이 만들어 질 수 있는 충분한 사례가 생겨났다.

이 글은 이러한 각국의 사례를 비교 분석하여 하나의 과거 청산 이론을 만드는 작업은 아니지만, 그러한 작업에 일조를 하기 위하여, 독일의 사례에서 나타난 과거 청산의 유형을 분석하고자 한다. 따라서 이 글의 의의는 과거 청산 이론을 체계적으로 형성하기 위하여 필요한 하나의 준비 작업을 하는 데에 있다.

독일의 과거 청산을 분석 대상으로 하여 여기에서 제기하는 문제는, "구 동독의 불법행위에 대하여 국민들은 어떠한 처벌을 요구하였는가?" 그리고 "실제로 어떻게 처벌되었는가?"이다. 이러한 방식의 문제 제기를 통하여 과거 청산에 관한 논의와 실태뿐만이 아니라, 국민들의 기대와 요구가 실제에 얼마나 반영이 되었는가를 알 수 있게 될 것이다.

이 글의 구성은 첫 번째로, 과거 청산이라는 개념이 가지고 있는 성격과 의미를 살펴본다. 두 번째로, 구 동독 정권의 불법 행위의 처벌을 둘러싸고 벌어진 논의를 크게 세 가지의 주장으로 나누어 살펴본다. 세 번째로, 통일 이후 지금까지의 처벌의 실태를 분석하고, 마지막 결론에서 독일의 과거 청산의 유형을 특징짓고, 과거 청산에 대한 국민의 요구와 실제와의 상관성을 알아보고, 한반도 통일 이후의 시사점을 찾아보기로 한다.

구 동독의 불법 행위는 크게 두 가지로 나누어 질 수 있다. 하나는 권력자와 그 하수인이 저지른 불법행위로서 소위 "정권 범죄"라고 불리어지는 것이고, 다른 하나는 일반 국민 중에서 슈타지(Stasi)라는 국가공안부에 협조하여 가족, 친구, 친척, 동료 등을 염탐한 행위이다. 통일 이후에 서독 정부가 접수한 슈타지 문서는 도합 178km에 달하는 방대한 규모로서 약 600만 명에 관한 조사 기록을 담고 있다.[1] 슈타지 문서

1) Joachim Gauck, *Das Erbe der Stasi-Akten* (Berlin, 1994), p.12.

와 관련된 과거 청산문제는 그 규모가 크고 중요한 문제이기 때문에 별도의 연구가 필요하다고 생각되어 분석 범위에서 제외하였다.

II. 과거 청산의 개념

과거 청산이라는 단어는 누구에 의해서 처음으로 사용되기 시작하였는지 정확하지는 않지만, 제2차 세계대전이 끝나고 몇 년 후에 생겨나서 점차적으로 일반에 의해 널리 사용되었다.[2)]

어쨌든 이 용어는 나치가 독일인과 유태인 그리고 전 인류에게 저지른 잘못을 해결하는 작업을 단적으로 표현하기 위해 생겨난 것이다.

과거 청산이라는 개념은 사실상 있을 수 없다. 왜냐하면, 과거는 청산될 수 없기 때문이다. 과거에 저질러진 일을 사후적으로 변경하거나 아니면 발생하지 않은 것으로 만들 수 없다. 따라서 엄밀히 말하자면, 과거의 역사는 청산될 수 없고, 규명될 수 있을 뿐이다. 그러므로 과거 청산보다는 진상 규명이라는 개념이 지난날의 잘못을 해결하는 데 있어서 더 정확한 개념이라고 할 수 있다.[3)]

개념의 부정확성에도 불구하고 과거 청산은 예나 지금이나 즐겨 사용되고 있는데, 그 이유는 인위적으로 만들어진 이 용어가 어두운 과거를 지우고 싶은 마음을 대변하고 있기 때문이다. 과거 청산이라는 작업을 통해서 역사의 짐을 내려놓을 수 있게 되고, 밝은 내일로의 발전을 할 수 있다고 생각하게 되는 것이다.

역사의 과거 청산과 관련하여 사용되는 다른 용어들도 개념상의 부

---

2) Eckhard Jesse, "Vergangenheitsbewältigung nach totalitärer Herrschaft," *German Review*, Special Issue (Fall 1994), p.163.

3) Hartmut Koschyk, "Ist die DDR-Vergangenheit bereits bewältigt?" *Politische Studien, Sonderheft* 10, 44 Jg, Dez. (1993), p.11.

정확성을 보이는데, 그 중의 하나가 "불법 국가"이다. 일반적으로 불법 행위란 실정법을 위반하는 행위이다. 그러나, 불법 국가란 국가가 실정법을 어기는 것이 아니라, 체제의 붕괴 이후 과거의 국가 행위가 불법행위로 판정받는 경우이다. 하지만, 불법국가로 판정할 수 있는 기준이 모호하기 때문에, 불법국가의 개념은 불명확하다. 따라서, 통일이전에는 불법국가라는 용어가 정치나 학문 분야에서 거의 사용되지 않다가, 통일 이후 나치 독일을 구 동독과 함께 묶어서 불법국가라고 부르게 된 것이다.

또 다른 예가 "구 동독"이라는 용어이다. 나치정권이나 바이마르 공화국과는 달리 동독의 경우에는 "구"라는 형용사를 붙이는 것이다. 과거 청산이라는 용어와 마찬가지로 이러한 것들은 결코 우연의 산물이 아니다.[4] 과거 역사의 해결을 둘러싼 이념과 입장의 대립이 이러한 용어 속에 스며 있다.

과거 청산의 목적에는 여러 가지가 있다. 첫째는 불법 행위의 책임을 규명하고 처벌하는 것이다. 나치 청산과 관련하여 6, 70년대에 서독이 보여준 것처럼, 청산되지 않은 채 묻혀 버린 과거는 결국 후세에 의해서 다시 역사 속에서 끄집어내어 지게 될 것이다. 둘째는 수십 년간의 독재는 국민들의 정치 행태에 커다란 영향을 끼쳤다. 과거 청산의 작업은 동독 국민들의 신민 의식을 극복하는 데 도움을 줄 것이다.[5] 셋째는 동서독의 양국민이 함께 과거 청산의 작업에 참여함으로써 상호 간의 이해를 돕고 사회적인 통합을 촉진할 수 있다.[6]

독일의 경우 지난날에 나치 정권의 과거를 청산하는 작업을 하여 많은 긍정적인 결과를 얻었지만, 부정적인 결과도 생겨났다. 그것은 독일 민족주의를 이데올로기로 한 나치 정권의 악행이 너무나 컸기 때문이

4) Friedrich Wolff, "Geschichtsbewältigung durch Strafrecht?" *Deutsche Richterzeitung*, 74. Jg., H.3 (März, 1996), p.89.

5) Hermann Weber, *Die DDR 1945-1990* (München, 1993), p.187.

6) Koschyk(1994), p.14.

다. 나치청산의 결과로 오늘날 독일에서 민족주의는 바람직하지 않은 것으로 인식되고 있다. 그리하여 종종 다른 나라에서는 아주 당연한 민족 감정이 독일에서는 비정상적인 것으로 받아들여지고 있다. 이러한 경험을 교훈으로 삼아 이제는 지나치지 않고 적절한 과거 청산을 하는 것이 필요하다는 주장이 제기된다.[7]

III. 과거 청산의 방식에 관한 논의

민주국가는 법치주의와 사회 정의를 실현하는 국가이다. 여기서 법치주의는 합법성을 그 기반으로 하고, 사회 정의는 정당성에 기초한다. 그리하여 국가는 합법성에 근거하여 법률로써 국민의 행위를 규정할 수 있고, 또한 정당성에 근거하여 특정한 법률을 만들고 집행하는 것이다. 따라서 법이란 사회 정의를 담고 있는 것이고, 때문에 법은 정당하고, 정의로운 것으로 받아들여 진다는 점에서 합법성은 정당성에 의해 뒷받침된다.[8]

사회 정의를 법에 담는다고 해서 법에 담겨 있는 것이 모든 사회 구성원들에게 정의로운 것은 아니다. 정의가 무엇인가에 대해서는 어느 사회에서나 논쟁의 여지가 있기 때문이다. 과거 동독의 법은 노동자 계급에 봉사한다는 당파성에 의해 정당화되었고, 체제 붕괴로 인하여 그 정당성을 상실하게 되었다. 그리하여 새로이 민주적인 문명국가의 시각에서 볼 때 마땅히 처벌받을 수밖에 없는 많은 행위가 그 동안 동독에서 국가와 인민의 이름으로 저질러진 것으로 평가받고 있는 것이다.

독일이 통일되고, 서독의 법이 동독 지역까지 확대 적용하게 되면서,

---

7) Jesse(1994), p.164.

8) Hermann Klenner, "Zur Gerechtigkeit des Rechtsstaates," *Berliner Debatte INITIAL*, H.4 (1996), p.7.

과거의 불법 행위에 대한 사법적인 처벌을 요구하는 목소리가 높아졌다. 그러나 그에 못지 않게 사법적인 처벌을 반대하는 주장도 제기 되었다. 이렇게 구 동독의 정권 범죄를 처벌하는 문제를 둘러싸고 벌어진 논쟁으로 독일의 여론은 분열되었다. 여기에서는 과거 청산의 방식에 관한 논의를 사법적 처벌을 요구하는 입장과 공개적인 국민 심판을 주장하는 입장 그리고 과거를 불문에 부치고 총사면을 해야 한다는 입장으로 분류하여, 그런 주장들의 근거를 살펴본다.

1. 사법적 처벌

피상적으로 보면 독일의 과거 청산은 통일을 이룩한 서독이 동독을 사법적으로 처단하는 것처럼 보이지만, 사실상 정권 범죄에 대한 처벌은 동독 지역의 독재 피해자와 시민 운동가에 의해서 더 강력히 요구되었다. 1989년에 장벽이 무너지고 나서 통일이 되기 전인 1990년에 동독은 공산당(SED)의 불법행위를 처벌하기 시작하였고, 공산당 서기장이었던 호네커도 체포하였다. 그러나 예상보다 빨리 진행된 통일로 인하여 동독의 주권을 이양 받은 서독으로서는 공산당 권력자들의 처단이 승자의 즐거움이 아니라, 동독 국민의 처벌 의지를 마무리 짓는 책임을 내포하는 무거운 짐이었다.[9)]

서독이 사법적인 처벌에 소극적인 이유에는 승자 재판을 한다는 비난을 피하려는 동기 이외에도 여러 가지가 있다. 첫째, 나치 정권에 대하여 충분한 과거 청산을 하지 못하였다는 의식이다. 그렇지 않아도 독일에서 사법부는 흑색 이념에 너그럽고 적색 이념에 엄격한 편파성을 가지고 있다고 비판받아 왔기 때문에, 동독에 대한 엄한 처벌은 그러한

---

9) Friedrich-Christian Schroeder, "Die Ahndung des SED-Unrechts durch den Rechtsstaat," *Aus Politik und Zeitgeschichte*, B.38 (1995), p.18.

비판을 강화시킬 것이라는 우려가 있다. 둘째, 서독은 분단 시대에 동독을 공식적으로 인정하고, 여러 분야에서 교류와 협력을 하여 왔다. 그리하여 정치가와 관료 그리고 기업인 간에 많은 교류와 친분을 가지고 있다. 셋째, 서독의 국민들은 독재의 직접적인 피해자가 아니며, 공산 권력자에 대하여 승자의 관용을 베풀 수 있는 입장이다.[10]

1990년 10월 3일부로 독일의 통일 조약이 발효되면서 서독의 법이 동독 지역에까지 확대 적용될 수 있게 되었다. 그러나 이 새로운 법에 따라 과거의 불법행위를 처벌할 수는 없다. 왜냐하면 독일 기본법 103조에 명시된 형사 불소급의 원칙에 따르면, 어떠한 행위라도 그 행위가 일어난 시점에—즉, 동독이 존재하고 있던 당시에—이미 그것을 처벌할 수 있는 근거가 있을 때에만 처벌이 가능하다.[11]

이에 따라 아무리 국민적인 비난을 받는 악행이라 할지라도 당시의 법에 처벌 규정이 있어야만 처벌이 가능한 것인데, 구 동독은 국가 권력이 국민들을 가능한 한 마음대로 다루기 위하여, 해당 법률의 처벌 규정을 애매 모호하게 만들었다. 그리하여 국민의 인권을 침해하는 행위에 대한 처벌 법이 아예 없거나, 국가 기관을 위해 많은 예외 규정을 만들었다. 그리하여 정권 범죄의 대부분은 명확한 처벌 근거가 없는 회색 지대에 있다는 것이다.

사법적 처리를 제한하는 또 다른 요인은 개인이 저지른 죄의 몫이 측정될 수 있어야 한다는 것이다. 그런데 동독 체제는 하나의 거대한 억압 구조를 이루었고, 국가 조직에 의해 불법행위가 저질러진 것이다. 독재 치하에서 대다수의 인간은 생존 때문에, 아니면 가족을 위하여 억압 구조에 적응하지 않을 수 없게 된다. 박해를 무릅쓰고 저항하는 인간은 늘 소수에 불과하다. 따라서 많은 경우에 자유를 박탈하고 억압을 실행한 사람은 위계적인 명령 구조 속에서 마치 하나의 기계 부품에 불과한 역

---

10) Albrecht(1995), p.17.

11) *Grundgesetz für die Bundesrepublik Deutschland* (Bonn, 1994), p.23.

할을 한 것과 다름이 없다.

이상과 같이 법치주의의 원칙들이 오히려 사법 처리를 제한하여, 사법적인 과거 청산이 한계에 부닥치게 되었다. 이러한 제약에도 불구하고 사법 처리를 주장하는 입장에서는 사법적 과거 청산이란 반드시 범죄자를 잡아내고 응분의 처벌을 하는 형사법적인 문제가 아니라, 통일 독일의 국민들에게 법치주의적인 원칙에 충실한 결과가 국민들의 요구나 기대에 부응하지 않을 수도 있다는 사실을 경험하게 하는 데에 있다고 말한다.

국민이 헌법을 이해하고 신뢰할 때에 국가는 존속할 수 있게 된다. 왜냐하면, 헌법에는 국가가 지향하는 가치와 이념 그리고 원칙들을 담고 있기 때문이다. 통일과 함께 민주 사회의 시민이 된 구 동독 국민들이 실망스러운 사법 처리의 결과에도 불구하고 법치주의를 인정하게 될 때에 그들은 헌법 애국주의를 배우게 되고 새로운 조국을 사랑하게 된다는 것이다.[12)]

2. 공개적 국민 심판

민주적인 법치국가는 독재 정권이 자행한 불법 행위를 국민들이 만족할 수 있을 만큼 처벌할 수 있는 수단을 갖고 있지 못하다는 사실이 구 동독의 반체제 인사들에게는 설득력 있게 받아들여지지 못하였다. 이것은 그들의 법감정을 해쳤다. 과거 정권의 불법 행위를 수십 년간 견디며 살아왔고, 이제 그 정권이 붕괴한 이후 그동안의 고통에 대한 보상으로 책임자에 대한 처벌을 기대하는 많은 사람들은 그들이 새로이 신뢰하는 법치국가가 사법적인 처벌을 하지 못한다는 사실을 감내하기

12) Eduard Lintner, "Politische Probleme bei der Bewältigung der Regierungs—und Vereinigungskriminalität," *Politische Studien*, H.324, 43. Jg. (Juli/Aug. 1992), p.10.

힘들다.

따라서 이들은 명확한 처벌 규정이 없어서 처벌되지 않는 불법 행위를 다른 방식에 의해 처벌해야 한다고 주장한다. 이러한 배경에서 법치국가적인 처벌을 둘러싸고 형법주의자와 국가법주의자 간에 논쟁이 벌어졌다.

형법주의자는 실정법에 처벌이 규정된 행위만이 처벌될 수 있다고 보며, 구 동독의 사법적 처리가 아주 제한된 범위 내에서 이루어 질 수 밖에 없다고 본다. 그 반면에 국가법주의자는 보다 광범위한 형사 처벌이 가능하다고 보는데, 그 이유는 구 동독의 권력자와 하수인들은 자연법적인 권리, 즉 인간의 존엄성과 기본권을 짓밟았다고 보기 때문이다. 이러한 권리들의 보장이 법률에 명시되어 있지 않더라도 그것을 유린하는 행위는 처벌을 받게 되는 것이다.[13)]

이와 같은 주장을 뒷받침하기 위해 인용되는 것이 동독의 헌법이 보장하고 있는 인격과 자유의 존엄성이다. 이 조항에 의하면 동독에서 권력자들의 불법행위는 헌법에 위반되고, 불법행위를 처벌하는 조항을 가지고 있지 않은 형법도 헌법에 위배되는 것이다. 그러므로 불법이 법이 되었던 것이다. 따라서 그러한 불법행위에 대해서 자연법을 적용하는 것은 전혀 임기응변이 아니라는 것이다.[14)]

구 동독의 시민 운동가였던 울만은 형법주의와 국가법주의 간의 딜레마를 극복하여, 정권 범죄를 처벌하기 위한 방안으로 공개적인 국민심판을 제안하였다. 이 기구는 준 사법적인 권한을 가지는 것으로서 과거의 불법행위에 대한 책임을 규명해 내고 처벌하는 기능을 가져야 한다는 것이다.[15)]

13) Lintner(1992), p.9.
14) Jesse(1994), p.167.
15) *Freitag*, 1993. 8. 20.

3. 총사면

총사면을 요구하는 입장은 구 동독에 대한 사법적 과거 청산이 정치적 재판의 성격을 띠고 있다고 비판한다. 정치 재판이란 사법적인 수단을 사용하여 정치적인 목적을 달성하는 것으로서, 체제의 적을 법률적으로 제거하는 것을 말한다.[16] 따라서 동독의 통치행위를 형법으로 처벌하려고 하는 것은 동서독이 아직 적과 동지의 개념으로 이해되고 있다는 것이다.

동독 공산당의 후계 정당인 민사당(PDS) 소속의 모드로우는 함께 체제 경쟁을 하였던 국가를 법으로 처단하는 것은 구 동독을 사후적으로 범죄시하는 것이라고 비판하였으며, "보복 재판"으로 인하여 독일의 통합이 중대한 장애를 겪고 있다고 말하였다. 그리하여 민사당은 "그 누구도 통일 이전에 동독에서 맡았던 정치적 혹은 사회적인 역할로 인하여 국가로부터 권리를 제한 당하지 않는다." 라는 조항을 헌법에 보충할 것을 의회에 제안하였다.[17]

사실상 동독의 정권 범죄는 체제 붕괴와 서독으로의 흡수 통일이라는 역사의 진전에 의해 그 처벌의 의미를 상실하였다. 이러한 이유에서 과거 청산은 정치적으로 이루어져야 한다고 주장된다. 그리고 처벌이라는 개념은 정치에 적합하지 않으며, 정치란 저질러진 잘못을 벌하는 것이 아니라, 그러한 잘못이 다시 되풀이되지 않도록 한다는 것이다.[18]

통일 직후에 국민의 다수는 사법 처리를 요구하였지만, 법치주의적인 한계에 부닥친 사법 처리에 실망을 하게 되었고, 또한 독일의 통합이 진행되면서 과거 청산 보다 더 중요한 문제가 생겨나게 되었다. 그것은

---

16) Uwe-Jens Heuer und Michael Schumann, "Das Dilemma der politischen Justiz," *Blätter für deutsche und internationale Politik*, H. 5 (1994), p.533.

17) Karl Wilhelm Fricke, "Merkwürdige Schlu*β*strich-Diskussion," *Deutschland Archiv*, 28. Jg. (Feb. 1995), p.113.

18) Wolff(1996), p.96.

주로 경제적인 것으로서 실업, 성장 등이 국민들의 주요 관심사가 된 것이다. 이러한 상황에서 국민들은 총사면에 대하여 점점 긍정적으로 바라보게 되었다. 사면에 대해 긍정적인 입장이 급속히 강화되는 시점이 1992년 전반기이다. 1992년 1월에 동독과 서독 지역 주민 중에서 각각 28%와 33%만이 과거 청산을 종결짓자고 하였으나, 그해 5월에는 그 수치가 각각 40%와 45%로 늘어났다.[19] 그리고 1995의 여론조사에서는 이미 동독 지역의 주민 조차도 과반수가 넘는 54%가 과거 청산을 끝맺는데 찬성하였다.[20]

IV. 과거 청산의 실태

1. 사법적 처리

독일의 과거 청산에 있어서 사법적인 주요 처벌 대상이 된 것은 정권 범죄와 통일 범죄이다. 정권 범죄란 당과 정부를 이끄는 권력자들이 직권으로 행한 불법행위이다. 통일 범죄란 통일과 관련하여 저질러진 불법행위로서 주로 경제적인 범죄이다. 여기에서 주로 다루게 될 정권 범죄는 권력자에 의해서 직접 실행되는 것이 아니라, 마치 마피아처럼 위계질서를 가진 조직을 통해서 이루어진다. 따라서 정권 범죄는 억압 구조의 중간적 단계에 속한 관료, 판검사, 경찰, 군인 등에 의해 함께 저질러진 것이다. 따라서 정권 범죄는 그 내용에 있어서는 "권력자 범죄"라는 개념에 더 가깝다고 할 수 있다.[21]

---

19) Matthias Jung, "Drei Jahre SED- und Stasi-Aufarbeitung," *Politische Studien*, H. 324, 43. Jg. (Juli/Aug. 1992), p.79.

20) *Spiegel*, No.27 (1995), p.49.

독일 형법에서는 범죄의 가담 정도에 따라 단독범, 공범, 종범, 교사범으로 나뉘어져 있다. 그리고 일 개인의 범행 가담도를 측정하기 곤란할 경우에는 범죄조직 가담죄로 처벌할 수 있도록 되어 있다. 그러나 동독 국가를 범죄조직으로 간주할 수는 없기 때문에, 독일 연방법원은 정권 범죄를 저지른 최고 권력자들을 처벌하기 위하여 "배후인물"이라는 처벌 개념을 고안하였다.[22)]

40여 년간의 정권 범죄를 처벌하는 데에 생기는 또 다른 장애 요인은 시효 문제이다. 특히 인간의 기본권을 침해한 중대한 범죄는 주로 동독 정부의 수립기에 이루어졌기 때문에 모두 시효가 지났다. 그러나 이 기간 동안에는 불법행위에 대한 사법적인 처벌이 장애받았기 때문에 시효가 정지된 것으로 보아야 한다는 시각에서 독일 연방 의회는 1993년에 "구 동독 공산당 정권하의 불법행위에 대한 시효 정지 법"을 통과시켰다. 이 법으로 정권 범죄는 1년 이하의 처벌을 받게 될 범죄는 1995년까지, 나머지 범죄는 1997년까지 형사 처벌을 할 수 있게 되었다.[23)]

1) 특별수사부의 설치

구 동독의 불법행위를 처벌하기 위하여 전국적으로 각 주에 "정권 범죄와 통일 범죄를 위한 특별수사부"를 설치하였다. 이것은 독일 헌법에 규정되어 있는 바와 같이 형사소추는 주 지방의 권한이기 때문이다. 베를린은 독일 통일의 현장일 뿐만 아니라, 과거 청산의 현장이 되었다. 왜냐하면, 중앙집권적이었던 구 동독의 수도인 동베를린에서 거의 모든 중요한 결정이 이루어졌고, 대부분의 정권 범죄가 여기서 저질러졌기 때문이다.[24)] 동베를린에는 당과 정부의 권력기구가 몰려 있었고, 슈

---

21) Manfred Kittlaus, "Regierungs-, Funktionärs- und Vereinigungskriminalität," *Politische Studien, Sonderheft* , 44. Jg. (Dez. 1993), p.39.

22) Schroeder(1995), p.27.

23) Wielenga(1995), p.68.

24) Kittlaus(1993), p.40.

타지와 같은 탄압기관, 대중조직의 중앙기구, 그리고 서독과의 경제 교역을 담당한 기관이 소재하고 있었다. 따라서 베를린은 정권 범죄와 통일 범죄의 현장이었다.

이러한 이유에서 베를린에 소재한 특별수사부는 "중앙 특별수사부"라는 명칭으로 전국적인 성격을 가지게 되었다. 그리하여 다른 주로부터 인원을 지원 받게 되었는데, 수사 경찰의 경우에는 210명을 지원 받아 최고 430명의 인원이 작업하였다(베를린 130명, 연방 40명, 다른 주, 170명). 그리고 검사의 경우는 60명을 지원 받아 총 80명이 수사를 담당하게 되었다.[25]

특별수사부가 담당한 정권 범죄는 크게 네 가지로 분류될 수 있다. 첫째는 내독 국경이나 베를린 장벽에서 동독을 탈주하려는 자에게 사격을 명령한 국가안보회의의 위원들, 둘째는 국경수비대 병사, 셋째는 법률을 왜곡 해석하여 사법 처리한 판·검사, 넷째는 선거 조작과 같이 체제 유지를 위해 행한 사소한 불법행위가 있다.[26] 이러한 불법행위의 사법 처리 중에서 여론의 관심을 가장 크게 끈 것이 동독 탈주자를 사살한 국경수비대 병사와 그것을 명령한 국가안보회의 위원에 대한 재판이었다.

2) 국경수비대 병사에 대한 재판

국경은 외부로부터의 안보 위협을 막기 위해 있다. 그러나 내독 국경선에서 동독의 국경수비대는 자국의 국민이 탈주하는 것을 방어하는 임무를 수행하였다. 서독 정부가 통일 이전에 동독에서 발생한 불법행위에 관한 자료를 수집하여 보관해 온 대표적인 기관으로서 잘쯔기터에 소재한 중앙기록보관소에 의하면 통일 이전까지 199명의 동독 탈주자가 국경이나 베를린 장벽에서 사살된 것으로 집계되었다. 그러나 베를린의 중앙 특별조사부에 의한 최근의 조사 결과에 의하면, 도합 584

---

25) Hans-Jürgen Grasemann, "Der Schieβbefehl – Kein Verbrechen ohne Schuld," *Politische Studien*, H. 324, 43. Jg. (Juli/Aug. 1992), p.29.

26) Fricke(1995), p.113.

명이 사살된 것으로 밝혀졌으며, 그 중에 369명은 정조준 사살되었다.[27]

마지막 희생자는 베를린 장벽이 무너지기 약 반 년 전에 서 베를린으로 탈주하려다 사살된 구에프로이라는 20세의 청년이었다. 1991년 9월에 이 사건에 관련된 4명의 국경수비대 병사가 국경법을 남용한 살인죄로 기소되어 재판을 받았다.

이 재판은 특별수사부가 정권 범죄에 대한 사법적 처벌의 가능성을 시험한 시범 재판이었다. 그러나 이들 병사들은 상부의 명령에 의해 탈주자를 사살한 것이었고, 이것을 뒷받침하는 것이 1974년에 국가안보회의에서 결의된 사살 명령서이다. 이 명령서에 의하면 동독 탈주자에 대해서는 가차없이 총기를 사용할 것을 국경수비대에게 지시하였다.[28]

따라서 수비대 병사는 상부의 명령을 따른 것에 불과하였다. 그리고 국경 탈주에 대하여 어떠한 대응 조치를 취하였는가에 따라 병사들은 처벌 내지는 포상을 받았다. 이러한 이유 때문에 사실상 병사는 가해자가 아니라 피해자라고 간주될 수 있는데, 그러나 피고 병사들이 정조준을 하여 사살하였다는 점에서 살인 의도가 있었음이 부분적으로 인정되어 유죄판결을 받았다. 그 대신에 집행유예를 선고 받았다.

이 재판은 동독 탈주자의 희생에 대한 책임을 단순히 명령을 수행한 병사에게 지우고, 사살 명령을 내린 권력자들은 왜 처벌하지 않느냐는 여론을 불러 일으켜, 결국 사살 명령서에 서명한 고위 권력자들에 대한 재판을 하게 되는 계기가 되었다.

3) 호네커 재판

1992년 11월에 베를린 주 검찰은 전 동독 공산당 서기장 호네커(80세), 전 국가공안부장 밀케(84세), 전 총리 슈토프(78세) 등 6명을 살인교사 혐의로 기소하였다. 이들은 모두 국경에서의 사살 명령을 결의한

27) Fricke(1995), p.113.

28) *Die Zeit*, 1992. 7. 31.

1974년의 국가안보회의에 참석한 사람들이었다.[29] 이로써 동독 공산 정권이 붕괴하고 나서 처음으로 공산당 서기장이었던 호네커를 기소하게 된 것이다. 그동안 그는 1989년 5월에 횡령혐의로 1990년 1월에 반역혐의로 구속되었으나, 그를 처벌하려는 시도들은 모두 여의치 않아서 중단되었다.[30] 호네커는 1991년 3월에 소련군의 도움으로 모스크바로 도주하였으나, 그해 12월에 구 소련이 붕괴하고 고르바초프가 실각한 후 러시아 정부가 모스크바를 떠날 것을 요청하자 모스크바 주재 칠레 대사관의 보호를 받고 있다가, 독일의 외교적 노력에 의해 이듬해인 1992년 7월에 독일로 강제 소환되어 동료들과 재판을 받게 되었다.[31]

이들 피고인들은 사살 명령이 불법적이라는 사실을 알고 있었다고 간주되었다. 그 증거로서 그들은 사살 명령을 구두로만 하달하였고, 국경에서 발생한 사살 사건들을 항상 극비에 부치고, 그 흔적을 없애고 관련 병사를 다른 근무지로 이동시켰다. 그리하여 사건이 서독의 잘쯔기터에 소재한 중앙기록보관소에 의해 파악되지 않도록 애썼다.[32]

국경에서의 사살에 대하여 국경수비대 병사보다 최고 권력자들이 더 큰 책임을 져야 하는 것은 당연한 일이다. 왜냐하면, 이들은 살벌한 국경을 평화롭게 만들 수 있는 권한을 가지고 있었기 때문이다. 비근한 예로 80년대 초에 서독이 수십억 마르크의 차관을 제공하는 대가로 동독 정부가 국경 지대에서 자동 발사 장치를 철수한 일이 있었다.[33]

호네커를 중심으로 한 동독 권력자들을 재판하는 데에 장애가 되는 것은 무엇보다도 피고인들의 나이와 건강이었다. 동구 사회주의 국가에서 전형적으로 나타나는 현상으로서 지배자가 권력의 정상에 오래 머무르는 "원로정치"의 결과, 늙고 병든 권력자들이 법정에 서게 된 것

29) *Die Zeit*, 1992. 7. 31.
30) Wolff(1996), p.93.
31) 황병덕, 『동서독간 정치통합연구』 (서울, 1996), 91쪽.
32) Grasemann(1992), p.33.
33) Fricke(1995), p.114.

이다. 호네커는 간암을 앓고 있었다. 따라서 이들의 공판은 아주 제한된 속도로 진행되었다. 결국 1993년 1월에 재판부는 피고인 호네커가 아직 계속 재판을 받을 수는 있지만, 최종 선고를 받기 전에 사망할 가능성이 크다는 이유로 재판의 중지를 선언하였다.[34)]

2. 정치적 처리

독일이 통일된지 만 1년이 지난 1991년 11월에 실시한 여론조사에 의하면, 그동안의 사법 처리에 대해 국민의 85%가 불만을 가지고 있는 것으로 나타났다. 법치주의 원칙에 의한 제한 때문에 동독의 불법행위에 대한 사법적인 처벌이 국민의 기대에 전혀 미치지 못하고 있는 데에 대해, 과거 청산이 다른 방식에 의해 보충되어야 한다는 필요성이 제기되었다. 이러한 이유에서 독일 연방하원은 과거 청산을 위한 특별조사위원회를 설치하였다.

1) 특별조사위원회의 설치

독일의 의회 규정 56조에 의하면 중대하고 복잡한 사건에 대하여 특별조사위원회를 구성할 수 있도록 되어 있다. 독일은 1992년 3월에 "구동독 공산당 독재의 역사와 결과에 관한 진상 규명"이란 명칭을 가진 특별조사위원회를 설치함으로써 독일 역사상 처음으로 의회가 과거 청산의 문제를 해결하는 데에 나서게 되었다.[35)]

특별조사위원회가 생겨나게 된 것은 과거 청산에 관한 논의에서 제기된 "공개적 국민 심판"이 실현되기에는 법적인 문제가 있다는 점에

---

34) *Die Zeit*, 1993. 1. 22.

35) Dirk Hansen, "Zur Arbeit der Enquete-Kommission `Aufarbeitung von Geschichte und Folgen der SED-Diktatur in Deutschland' des Deutschen Bundestages," *Deutsche Studien*, H.125, 22. Jg. (1995), p.71.

서, 처벌이 아닌 진상 규명이 목적인 "공개적 국민 심판"의 장을 마련해 보자는 데에 있다.[36)]

특별 조사를 실시하고자 하는 동기는 모든 정당에게 있었지만, 제일 먼저 제안을 한 정당은 사민당(SPD)이었다. 뒤이어 다른 정당들이 제안을 하였는데 제안취지에 있어서 거의 모두 대동소이하였다. 단지 민사당(PDS)만이 과거 청산과 함께 동독의 성과와 가치를 찾아내는 작업을 하여야 한다고 제안하였다. 그러나 결국 민사당을 제외한 모든 정당들이 특별조사위원회의 설치를 제안하는 공동 의안에 합의하게 되고, 그 위원회 명칭에 있어서도 중립적인 의미를 가진 진상 규명이라는 용어를 사용하였다.[37)]

이 위원회의 구성을 살펴보면, 각 정당을 대표하여 16명의 하원의원과, 동일한 수의 대리인이 참여한다. 그리고 각 정당에 의해 선출된 11명의 전문가들이 참여하는데 대부분이 역사가이다. 이렇게 해서 위원회는 모두 43명의 위원으로 구성된다.[38)] 의원과 전문가의 충원에 있어서 최대한 동서독 지역의 출신을 균형적으로 안배하고자 하였다.[39)]

특별조사위원회의 설치 목적은 결코 사법 처리를 대체하려는 것이 아니다. 또한 동독의 과거에 대하여 학문적으로 조사하기 위한 것도 아니며, 새로운 역사 교과서를 만들기 위한 것도 아니다. 이 위원회는 과거 청산을 위한 하나의 시도로서 설치되었고, 대화를 통하여 과거의 역사를 말하고, 경험하고, 이해하기 위하여 만들어졌다.[40)]

---

36) Friedrich-Christian Schroeder, "Die Enquetekommission des Deutschen Bundestages `Aufarbeitung von Geschichte und von Folgen der SED-Diktatur in Deutschland," *Politische Studien*, H.324, 43. Jg. (Juli/Aug. 1992), p.25.

37) Schroeder(1992), p.25.

38) Schroeder(1992), p.26.

39) Hansen(1995), p.73.

40) Hansen(1995), p.76.

2) 특별조사위원회의 과제와 업무

특별조사위원회의 첫 번째 회의에서 동독 시민운동가 출신으로서 위원장을 맡게 된 기민당의 에펠만은 위원회가 달성하여야 할 목표가 다시는 독재정권이 생겨나지 않도록 하는 것이며, 또 화해를 위한 진실을 밝혀내는 것이라고 말하였다. 그는 위원회가 정치적, 도덕적 의미에서 과거 청산 작업을 할 것임을 강조하였고, 이런 점에서 모든 정당으로부터 지지를 받았다.[41]

이러한 목표를 충실히 달성하기 위하여 특별조사위원회는 특이하게도 3개월간 비공개 회의를 통하여 정확한 과제 설정을 하였다. 그리하여 1992년 5월에 그 결과를 의회에 제출하여 수정 없이 압도적인 지지로 승인을 받았다.[42]

그리하여 업무를 종료하기까지 27개월간 모두 44차례의 공청회를 주로 구 동독 지역에서 개최하였다. 그리고 위원회는 37회의 전체회의와 헤아릴 수 없이 많은 소위원회 회의를 열었다. 총 327명의 학자와 증인이 과거 역사에 관한 발언을 하였고, 148명의 전문가로부터 소견서를 받았다. 경우에 따라서 똑같은 테마에 대하여 두 사람의 전문가에게 소견서를 요청하여 의도적으로 상반되는 의견을 받았다. 그리고 2개의 대형 연구과제를 발주하였다.[43]

일련의 공청회는 특별조사업무에 대한 일반의 관심을 끄는데 성공하였다. 공청회에서는 전현직 수상과 장관 그리고 동독 공산당의 정치국원과 같은 거물급 정치인이 출석하여 역사를 증언하였다. 때로는 슈타지 희생자와 그 가해자가 한자리에 앉아 과거의 사건을 증언하였다. 그

41) Rainer Eppelmann, "Anmerkungen zu Geschichte und Folgen der SED-Diktatur in Deutschland - Rückblick und Konsequenz," *German Studies Review* (Fall 1994), p.206.

42) Schroeder(1992), p.26.

43) Robert Grünbaum, "Aufarbeitung der SED-Diktatur. Die Enquete-Kommission des Deutschen Bundestages zwischen Politik und Wissenschaft," *Deutsche Studien*, H. 130, 28. Jg. (Juni 1996), p.112.

리고 전국적인 신문들이 공청회를 지속적으로 보도하였다.

3) 특별조사위원회의 성과와 의의

베를린 장벽이 무너진 후 5년이 지난 1994년에 역사적으로 중요한 날짜인 6월 17일, 특별조사위원회는 27개월 동안의 활동을 종결짓고 306쪽에 달하는 최종 보고서를 제출하였다. 이 보고서는 위원들의 전체 합의를 거쳐 작성이 되었다. 정당 간의 입장 차이가 있는 테마를 다룰 때에는 전문가들이 중간자적인 역할을 하였다. 최종 보고서와 함께 약 15,000쪽에 달하는 자료가 제출되었다. 여기에는 위원회의 회의 의사록, 공청회 기록, 전문가 소견서 등의 내용이 담겨 있다. 이 모든 성과가 18권의 시리즈로 발간되었다.[44]

이 위원회의 성과는 최종 보고서의 제출에 있는 것이 아니다. 과거 청산을 위한 위원회의 작업이 공청회 등을 통하여 진행되면서 국민들에게 민주주의를 배우는 학습 과정이 마련되었다는 데에 더욱 큰 의미가 있는 것이다. 여기에서는 정치와 학문이 함께 결합하여 과거 역사를 규명하였다.

특별조사위원회가 작업을 종결지은 것이 총사면의 계기로 작용하지 않았다. 오히려 정권 범죄에 대한 보다 철저한 처벌을 위한 뒷받침이 되었다.[45] 이것이 바로 위원회가 실현하고자 한 국민 심판의 개념이었다. 즉 위원회는 법치주의에 의해 제한받고 있는 사법부가 주어진 법의 테두리에서 최대한의 처벌을 할 수 있도록 기여하고자 한 것이다.

물론 특별조사 최종 보고서를 제출함으로써 의회의 과거 청산 작업이 끝난 것은 아니다. 또한 위원회는 작업 기간에 비해 너무 의욕적인 과제량을 설정하였기 때문에 충분한 진상 규명을 하지 못한 아쉬움을 가지고 있다. 이러한 배경에서 독일 하원은 1995년 6월에 "독일 통합

---

44) *Enquete-Kommission: Anträge Debatten Bericht* (Frankfurt a.M., 1995), p.779.
45) Eppelmann(1994), p.208.

과정에서 구 동독 공산당 독재의 잔재에 대한 극복" 이라는 명칭의 새로운 특별조사위원회를 구성하기로 결정하였다.[46]

V. 결론

구 동독의 정권 범죄를 처벌하는 문제를 둘러싸고 벌어진 논의에서 사법 처리, 국민 심판, 총사면이라는 세 가지의 방식이 제기되었다. 전반적으로 살펴볼 때, 통일 직후에는 국민의 다수가 사법 처리를 원하였다. 그러나 이러한 방식이 법치주의의 원칙에 의해 한계에 부닥치고 지지부진해짐으로써, 국민들의 실망이 증대하였다. 이러한 상황하에서 자연법에 의한 처벌을 바탕으로 하는 국민 심판 방식이 주장되었으나 국민 다수의 지지를 받지는 못하였고, 실행을 위한 법률적인 문제점도 안고 있었다. 그리하여 1992년 이후에는 총사면을 지지하는 국민들이 점차적으로 증가하여, 1995년에는 확연히 과반수를 넘어섰다.

이러한 논의와 독일에서 실제 진행된 과거 청산의 방식은 꽤 많은 차이를 보이고 있다. 독일의 과거 청산의 유형은 우선적으로 사법 처리의 방식을 취하였다. 그리고 법치주의의 제약에 의해 사법 처리가 불가능한 범위에 해당되는 부분은 변형된 국민 심판의 방식을 취하였다. 이것은 처벌적인 기능을 가지고 있지 않은 특별조사위원회가 담당하였다. 따라서 독일에서는 총사면이라는 방식은 배격되었다.

그렇지만 극히 제한된 정권 범죄가 처벌 가능한 행위로 입증될 수 있었고, 또한 그 중에서 소수의 사건에서 자유형이 선고되었고, 대다수의 사건에서는 유죄판결이 내려졌지만 모두 집행유예의 처분이 내려졌다. 게다가 1997년에 정권 범죄의 시효가 만료됨으로써, 이제 사실상 총사

46) Hansen(1995), p.121.

면의 효과가 생기게 된 것이다.

과거 청산의 문제는 가해자와 피해자의 입장에서 바라볼 수 있다. 피해자에 대한 복권과 보상이 잘 될수록, 가해자에 대한 처벌을 요구하는 목소리는 상대적으로 그리 크지 않게 된다. 독일 정부는 1991년에 "제1차 구동독 공산당 불법행위 청산법"을 통해 15억 마르크의 피해 보상금을 마련하였고, 그해 말에 보상 연금법을 통과시켰다. 그리고 특별조사위원회의 업무가 종료되고 나서 피해자의 보상을 위해 보다 많은 관심을 가지고 노력하고 있다.

마지막으로 독일의 과거 청산의 경험에서 한반도 통일 이후의 시사점을 찾아본다면, 우리의 경우에는 굳이 사법 처리가 필요하지 않으리라고 본다. 독일의 경우에는 과거 나치 독재 청산과의 형평성이란 차원에서 총사면이라는 방식을 채택하기가 곤란하였다. 반면에 향후 북한을 대화와 협상의 당사자로 대하고, 그 바탕에서 통일을 이룩하려는 우리로서는, 북한의 정권 담당자에 대한 사법 처리는 그들을 자극할 것이며, 통일과 그 이후의 시기에 상당한 걸림돌로 작용할 것이다. 따라서 북한 주민이 사법 처리를 강하게 요구하지 않도록 하기 위해서 피해자의 입장에서 과거 청산을 하는 대비가 미리 필요하다고 하겠다.

2부

시민사회논쟁

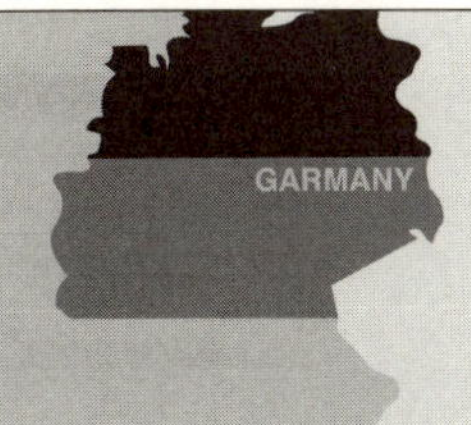

제4장

신 사회 운동과 운동정치의 형성

I. 서론

1970년대에 접어들면서 서구에서는 시민 운동, 환경 운동, 여성 운동, 반핵 평화 운동 등 다양한 형태의 새로운 운동이 나타났다. 이러한 신 사회 운동은 규모에 있어서 방대하고 빈도에 있어서 지속적으로 발생하여 세간의 이목을 집중시켰다. 그러나 막상 전세계적으로 신 사회 운동에 관한 연구가 본격적으로 시작된 1980년대 말 이후부터 신 사회 운동은 서서히 잠잠해지는 경향을 보이고 있다. 이러한 점에서 신 사회 운동 연구는 철학과 똑같은 운명을 가지고 있다. 미네르바의 올빼미는 해가 지고 나서야 하늘을 난다.

신 사회 운동이 초기의 동원력을 많이 상실하고, 차분한 단계로 접어들게 되면서 서구 사회는 다시 평온을 되찾은 것처럼 보인다. 그렇지만 이것이 시민의 참여와 지지가 일시적으로 위축되었기 때문인지, 아니면 운동이 본격적으로 퇴조의 길에 접어든 것인지 아직 불확실하다. 이러한 상황에서 신 사회 운동의 전망도 매우 불투명하다. 과거에 사회 운동이란 제도화에 의해 퇴조한다고 이해되었다. 사회 운동이 제도 속으로 통합되면 운동으로서의 급진성을 상실하고, 운동의 속성을 잃게 된다고 보았다.

이러한 점에서 '운동'과 '제도'는 사회 운동의 생성과 퇴조를 각각 대변하는 두 개의 개념으로 사용되어 왔다. 그러나 신 사회 운동은 과거의 사회 운동과 동일한 제도화 과정을 반복하지 않고 있기 때문에, 기존의 제도주의적인 이론을 신 사회 운동에 그대로 적용하는 것은 문제가 있다. 이러한 문제 제기하에 이 글은 신 사회 운동이, 그 쇠퇴의 원인과 양상에 있어서 과거의 사회 운동과 다른 모습을 보인다는 점을 밝히고자 한다.

이를 위해 무엇보다도 '운동'과 '제도'의 대립을 극복하려고 한다. 서로 배타적인 관계에 있는 이 두 개의 대립 개념은 상호 보완적인 인식 내용을 각각 가지고 있다. 따라서 운동과 제도라는 개념의 통합을 통하여, 양 개념이 가지고 있는 단편적인 인식 내용을 합쳐서 신 사회 운동을 새롭게 설명하고자 한다.

신 사회 운동은 서구, 한국, 제3세계에서 함께 나타나는 현상이다. 그러나 그 규모와 양상에 있어서 상당한 차이를 보이고 있다. 이 글은 서구에서의 현상을 분석의 대상으로 삼는다. 이러한 접근 방법이 다른 지역과 국가에서는 얼마만큼의 설명력을 가지는가 라는 문제는 이 글의 분석 범위를 넘어선다. 결론 부분에서 한국에서의 시사점을 제시함으로써, 분석의 확대 가능성을 모색하고자 한다.

II. 신 사회 운동의 개념

사회 운동이란 "사회의 지배적인 가치와 규범을 집단적으로 이탈하는 행위로서, 그 행위자는 기존의 사회를 변화시키는 것을 목적으로 한다."[1] 사회 운동은 집단 행위와 구별되는데, 사회 운동이 지속적으로 정치적인 영향력을 행사하는 포괄적인 과정이라면, 집단 행위란 사회운동 과정 중에서 가시화되는 부분을 의미한다. 즉 사회적 불만에 의해 갈등이 생겨나고 이것을 인식한 사람들이 이슈를 제기하여 함께 공동 행동을 보이는 것을 집단 행위라고 한다. 집단 행위의 개념이 생겨나게 된 것은 바로 사회 운동이란 개념이 경험적인 분석을 하기에는 너무나 포괄적인 개념이기 때문이다.[2]

1970년대에 접어들면서, 환경, 여성, 반핵 평화, 대안적 생활양식 등을 이슈로 하여 나타난 운동은 그 이전까지 노동 운동에 의해 대표되었던 사회 운동과 구별되어 신 사회 운동이라고 불린다. 얼핏 보기에 신 사회 운동은 다양한 이슈를 제기하는 각양각색의 운동이며, 동일한 정체성을 가지고 있지 못한 것처럼 보인다. 그리고 이들은 운동의 실행이라는 측면에서도 상호간에 긴밀한 연대성을 가지지 못하고 서로 느슨한 형태의 유대 관계를 유지하고 있다. 이런 점에서 신 사회 운동은 상호 연관성이 결여된 다양한 이슈 운동의 총합으로 이해될 수 있다.

그러므로 신 사회 운동이 하나의 독자적인 운동 형태로 인정받기 위해서는 최소한 다음의 두 가지 조건을 충족시켜야 할 것이다. 첫째, 신 사회 운동은 과거의 사회 운동과 구별되는 특성을 가진다는 점이고, 둘째, 신 사회 운동이라고 일컬어지는 모든 운동들은 공통적인 특성을 가지고 있다는 것이다.

첫 번째 조건과 관련하여 신 사회 운동은 무엇보다도 과거의 사회 운동과 시기적으로 구별된다. 신 사회 운동의 '신' 이라는 부가어는 최근에, 특히 1970년대 초 이후에 생성된 사회 운동을 가리키기 위해서 사용되고 있다. 이러한 구분은 신 사회 운동의 범주에 속하는 운동들의 생

---

1) Dieter Rucht , *Research on Social Movemants* (Frankfurt a. M., 1991), p.12.
2) Thomas Ohlemacher, "Kollektive Aktion statt soziale Bewegung?" *Berliner Debatte INITIAL* (1996), p.8.

성 시점이 동일하다는 데에서 찾고 있는 것이다.[3] 이러한 해석에 대한 반박으로 제기되는 것은 바로 신 사회 운동 중에서 여성 운동, 평화 운동은 1970년대 이전에 이미 존재하고 있었으며, 그것이 오늘날까지 계속적으로 발전되고, 확대되어 오고 있다는 것이다. 따라서 여성 운동과 평화 운동은 1970년대에 와서 새로운 단계로 접어들었다고 할 수 있을지는 몰라도, 최근에 발생한 운동이라고 볼 수는 없다는 것이다.[4]

신 사회 운동은 그 이전의 사회 운동과 단순히 시기적으로가 아니라, 시대적으로 구분된다. 시대의 변화는 사회 변혁에 의하여 초래되는 것이며, 그것은 사회 운동을 발생케 하는 토대로서의 사회의 근본적인 변동을 의미한다. 이처럼 시대성이라는 측면이 신 사회 운동의 생성 원인으로 고려되어야 하는 것이다.

신 사회 운동의 범주에 속하는 각종 운동들은 그것이 최근에 생성된 것이 아니라, 과거의 연속선상에서 변화 발전되었다고 하더라도, 과거와는 근본적으로 다른 사회적 맥락을 가지고 있다. 신 사회 운동이 생성하게 된 배경으로서의 현대 사회를 뚜렌느는 '프로그램화된 사회'로, 라쉬케는 '후기 산업 사회'로, 멜루치는 '정보사회'로, 히르쉬는 '포스트 포디즘 사회'로 규정하였다. 이처럼 비록 현대 사회가 다양한 개념에 의해 각양각색으로 설명되고 있지만, 분명한 것은 오늘의 사회는 과거와는 본질적으로 다른 새로운 사회라는 것이다.

그런데 신 사회 운동이 하나의 독자성을 가진 운동 양식으로 인정받기 위해서는 앞에서 지적한 두 번째의 조건도 충족시켜야 한다. 즉, 신 사회 운동이라 불리우는 운동들이 공통적으로 가지고 있는 특성이 무엇인가를 밝혀 내어야 하는 것이다.

정치는 사회 내에서 발생하는 이익의 갈등이 반영되는 영역이다. 그

---

3) Heinz Rothgang, "Zur Kritik der Bewegungswissenschaft. Einige methodologische Anmerkungen zum Begriff der Neuen Sozialen Bewegung," *Forschungsjournal NSB*, H. 2 (1989), p.84.

4) Ibid., p.84.

리고 사회 운동은 개별 집단이 자기 이익을 관철하기 위하여 정치 영역에 진입하는 노력이다. 이렇게 본다면 19세기와 20세기 전반의 정치는 경제적 모순의 반영이고, '지배 패러다임' 의 영역에 있었다. 그 당시의 사회 운동이란 경제 모순에 의해 형성된 계급 구조 속에서 정치적 자각 의식을 획득한 피착취 계급이 사회를 혁명적으로 변화시키고자 한 노력이다.[5]

계급투쟁의 성격을 띠었던 사회 운동은 1950년대 후반에 접어들면서 서구의 국가들이 복지사회를 지향하고, 광범위한 사회정책을 취하게 되면서 변화하게 되었다. 제2차 세계대전 이후에 높은 경제성장과 급속한 부의 확대가 가능하였고, 경제에 의해 뒷받침되는 사회 복지정책의 실행으로 계급 간의 분배는 조절 가능한 문제가 되었다. 이리하여 계급투쟁으로서의 사회 운동은 분배 투쟁으로 변화하였고, 정치는 '분배 패러다임' 의 영역으로 이동하여, 사회 전체가 동의할 수 있는 분배의 방식을 이끌어내는 노력으로 이해되었다.

1970년대에 접어들면서 성장주의는 인간 삶의 진보와 배치되기 시작하였고, 심지어는 인간의 삶을 파괴하고 있다는 인식이 확산되었다. 이에 따라 분배를 위한 파이를 크게 만들어야 한다는 성장주의가 비판을 받게 되었다. 환경, 평화, 여성 등의 문제가 국민의 삶에 결정적인 영향을 끼치는 이슈임에도 불구하고 국민들의 눈에는 국가가 그러한 문제를 근본적으로 해결할 수 있는 능력을 가지고 있지 못한 것으로 비친 것이다.

인간의 생존이 위협받는 상황에서 이데올로기적인 대립이 있을 수 없다. 계급 투쟁이나 분배 투쟁에서 중요하게 작용하였던 좌우 대립이 급격하게 감소하였다. 국민들은 사회 운동을 자신의 생존과 삶을 보호하기 위해 이데올로기를 초월하여 행사하는 집단적인 자위 노력으로

---

5) 이기호, "한국의 민주화 과정과 사회운동네트워크: 1987-1996," 연세대학교 대학원 박사학위논문 (1996), p.18.

간주하게 되었다. 그리하여 신 사회 운동은 주거, 환경, 교육, 성별에 따른 역할 등이 중시되는 '생활 패러다임'의 영역에서 발생하는 공통점을 가지게 되었다.

생활 세계라는 공통의 기반을 가지는 신 사회 운동은 그 조직과 운동의 방식에서 유사한 모습을 보이고 있다. 신 사회 운동의 주체는 후기 산업사회에서 생겨난 신 중산 계층이다. 이들은 1960~70년대에 정치 사회화된 젊고, 교육수준이 높으며, 3차 산업 부문에서 주로 사무직이나 전문직에 종사하는 사람들이다. 신 중산 계층은 과도한 물질문명의 폐해를 경험 내지 목격하였으며, 의사소통에 익숙한 지식인층이다.[6] 이러한 충원구조는 신 사회 운동이 탈 산업 사회로의 구조변화와 함께 생겨난 운동이라는 것을 잘 알 수 있게 한다.

신 중산 계층은 노동자 계급과는 다르게 조직되고 있다. 그들은 운동단체의 조직원으로 활동하는 것이 아니라, 회원으로서 혹은 회원은 아니지만 심정적으로 지지하는 동참자로 활동하고 있다. 단체에 비 고정적으로 소속되어 있는 이들은 운동단체의 재정에 도움을 주고 운동단체가 주최하는 각종 집회나 시위에 참여한다. 따라서 신 사회 운동은 조직적인 투쟁이라고 할 수는 없고, 시민들이 지속적이고 자발적으로 관심이슈에 대하여 집단의사를 표시하는 행위로 이해되어야 한다.[7] 이러한 행위 유형은 강력히 조직된 정당이나 이익단체에 의한 이익표출과 대중의 우발적인 소요 사이에 위치하는 중간적 형태라고 할 수 있다.[8]

---

6) K. W. Brand, "Kontinuität und Diskontinuität in den neuen sozialen Bewegungen," in R. Roth/D. Rucht, *Neue soziale Bewegungen in der Bundesrepublik Deutschland* (Bonn, 1987), p.42.

7) 신율, "정치문화와 사회운동," 한독정치연구회 엮음, 『현대정치이론과 체제변동』(서울: 전예원, 1996), 101-2쪽.

8) F. Nullmeier and J. Raschke, "Soziale Bewegungen," in S. v. Bandemer/G. Wewer (Hg.), *Regierungssystem und Regierugslehre* (1989), p.251.

III. 사회 운동에 대한 제도주의적 시각

사회 운동이란 국가의 영역 밖에서 국가의 정치적 결정에 영향을 끼치려는 의도적인 행위이다. 그런데 과연 국가라는 제도의 영역 밖에서 머무르고 있는 사회운동이 국가권력 내부에서 이루어지는 정치결정에 얼마만큼의 영향력을 발휘할 수 있을까 라는 의문이 생긴다.

사회 운동이 생겨나게 된 것은 19세기 초엽이었다. 1789년의 프랑스 대혁명에서 대중들은 역사상 최초로 개인의 사적인 영역을 뛰쳐나와 공공무대로 등장하여 자신들의 정치적인 주장을 제기하는 기회를 가졌다. 혁명이전의 절대국가에서 인간의 활동은 '국가'와 '개인'이라는 두 가지 영역에서만 가능하였고, 신민들은 국가에 철저히 봉사하는 대가로 개인의 영역에서 안전하게 생활할 수 있었다. 그러나 프랑스 대혁명을 통하여 대중들은 '사회'라는 새로운 영역으로 진입하여, 국가 권력에 도전하고 심지어 국왕을 처형하는 역사적 경험을 하게 된 것이다.

이처럼 인간이 '사회'를 발견하게 된 근대사회 이후, 사회 운동은 이상적인 정치 질서의 실현이라는 목표를 위해 기존의 정치 질서를 변경하려는 노력으로 나타났다. 따라서 사회 운동은 현존하는 정치 질서와 이것을 지탱하는 권력 구조에 대한 저항이었다. 이러한 역사적인 맥락에서 볼 때, 사회 운동은 그 본질에 있어서 저항운동이다.

그러나 근대 이후의 많은 사회 운동, 예를 들어 자유주의 운동, 노동운동, 사회주의 운동들이 그동안에 모두 정당 내지는 사회단체로 제도화되었다. 이것은 바로 모든 사회 운동이 그들의 운동 목표라고 할 수 있는 이상적인 정치 질서의 실현을 위해 스스로를 조직하여, 국가권력을 장악해야 할 필요성을 인식하고 실천하였다는 것이다.

하지만 그것은 동시에 사회 운동이 국가 영역 속으로 제도화됨으로써 권력에 대한 저항이라는 '운동'의 정체성을 상실하게 되는 것을 의미한다. 이와 같이 '운동'과 '제도 '의 딜레마는 모든 사회 운동이 안고 있는 문제이다. 그리고 이것과 관련하여 많은 사회 운동들이 운동으로 남을 것인가 그렇지 않으면, 제도 속으로 들어갈 것인가라는 전략적인 문제를 둘러싸고 많은 내부적인 갈등을 겪어야만 하였다.

1. 사회 운동의 전형적인 변화과정: '운동'에서 '제도'로

오스트리아의 여성 운동가이며 사회학자였던 마이레더는 사회 운동이 생성, 발전, 변화, 쇠퇴하는 과정을 유형화하여 사회 운동의 전형적인 변화과정을 그려내었다. 그에 의하면 사회 운동의 목적이란 특정 집단이 적대적인 주변 환경 속에서 근본적인 요구를 내세우고 관철시키는 것이다. 다시 말하자면 사회 운동은 현존하는 모든 것에 대한 투쟁이며 동시에 새로운 것을 위한 선전을 의미하는 것이다. 이러한 목적을 달성하기 위해 사회 운동은 네 가지의 전형적인 변화의 단계를 거치게 되는 데, 첫 번째가 이데올로기의 형성, 두 번째가 운동의 조직화, 세 번째가 독자적인 운동으로서의 확립, 그리고 네 번째가 권력획득이라는 단계이다.[9]

제일 먼저 사회 운동은 외부 환경적인 조건에 의해 생성된다. 운동의 발생을 요구하는 정치적 상황이 생겨나면 새로운 이념을 가진 지도자가 나타나게 되는 것이다. 지도자가 제시하는 이상적인 정치 질서를 신봉하는 추종자가 늘어나면서, 새로운 이념은 반드시 구현되어져야 할 정치 질서로 널리 선전된다. 이것이 바로 첫 번째 단계인 이데올로기의 형성 단계이며, 마이레더의 표현을 빌리자면 '영웅 시대'라고 할 수 있다. 이 단계에서는 변화에 대한 충동이 가장 크고, 또한 변화를 위한 행동 방침이 가장 명확한 시기이다.[10]

9) Wobbe Theresa, "Rosa Mayreder: Zum typischen Verlauf sozialer Bewegungen," *Forschungsjournal NSB*, H.2 (1993), p.100.

10) Ibid., p.101.

이와같이 이데올로기가 형성되는 단계가 지적인 능력을 요구한다면, 여기에 뒤따르는 두 번째 단계는 이데올로기를 현실에 적용시키는 작업을 하는 시기로서 뛰어난 조직 능력을 요구한다. 이 단계에서 집단 구성원은 긴밀하게 조직되고 규율에 의해 행동하도록 훈련된다. 왜냐하면 미헬스의 과두제의 철칙이 말해 주는 것처럼 그 어떤 사회 운동도 조직과 규율이 없이는 운동 목표를 달성할 수 없기 때문이다. 이와 함께 운동이 주장하는 요구가 현실성을 가지기 위해서 초기의 이데올로기는 변용될 필요성이 생긴다. 여기서 이데올로기와 현실정치 간에, 혹은 원칙과 타협 간에 갈등이 발생한다. 대체로 이데올로기에서 현실정치로 넘어가는 접점에서 사회 운동의 성격 변화가 일어나게 된다.[11)]

세 번째 단계에서는 이념적 갈등으로 인하여 조직 내부에 분파가 생기고 운동이 분열된다. 이러한 현상은 일반적으로 현실정치에서 운동이 어떠한 전략과 전술을 채택해야 하는가라는 문제를 둘러싸고 나타난다. 그리하여 이데올로기와 현실정치 중에서 어느 것을 더 중요시해야 하는가에 따라 다수파와 소수파라는 분파가 형성된다.

네 번째로 권력획득의 단계에 들어서게 되면, 한 분파가 외부적인 정치상황을 전술적으로 잘 활용하여 그들의 영향력을 증대하고 중요한 정치 세력으로 등장하게 된다. 이리하여 사회 운동은 하나의 정치권력이 되는 것이다. 출발 초기에 사회 운동의 바탕이 되었던 이데올로기는 이제 단지 하나의 구호에 불과하게 된다. 그리고 사회 운동은 새로이 획득한 권력을 정당화하면서 운동으로서의 속성을 상실하게 된다.[12)]

이상과 같이 마이레더가 정형화한 사회 운동의 변화과정은 파라독스한 귀결을 보여준다. 모든 사회 운동의 목표는 그들의 요구를 관철하기 위해 필요한 영향력을 획득하는 것이다. 그러나 운동이 최고로 발전하여 권력을 획득하게 되면, 운동은 종말을 고하게 되는 것이다. 현존하는

11) Ibid., p.101.
12) Ibid., p.102.

권력구조를 비판하고 새로운 정치질서를 실현하기 위해 발생하는 사회 운동은 이데올로기의 형성이라는 첫 번째 단계에서 현실을 변화시키고자 하는 이상이 가장 강렬하게 나타나며, 두 번째의 조직화 단계에서는 운동이 확산되고 조직된다. 운동 조직 내에 다수파와 소수파가 분리되는 세 번째의 단계에서는 근본주의와 현실정치라는 운동전략의 양자택일이 첨예화되고, 분파 간의 투쟁은 어느 한 분파가 권력을 획득하는 네 번째 단계에서 운동이 스스로 권력구조의 한 요소가 됨으로써 마무리 지어진다.

2. 운동과 제도의 개념적인 대립

지금까지 논의한 바와 같이 운동과 제도는 사회 운동의 변화과정에서 시작과 끝을 대변하는 개념으로 사용된다. 그리고 운동은 변화를, 제도는 안정을 의미하기 때문에, 이 두 가지 개념은 사회질서의 견고성을 재는 잣대의 양쪽 끝눈금에 해당하는 척도적 개념으로 사용되기도 한다.

역사적으로 사회 운동이 퇴조할 때마다 제도주의적인 논의는 더욱 활발히 전개되었다. 그 이유는 운동의 퇴조 원인을 해당 운동이 제도화된 데에서 찾으려고 하였기 때문이다.[13] 그리하여 지금까지의 사회 운동에 관한 인식은 사회 운동이 제도화되어 권력구조 속에 통합되면 최종적으로 사라진다는 내용을 담고 있다.

제도화의 문제점을 이론적으로 정립한 학자로서 베버(Max Weber)와 미헬스(Robert Michels)를 들 수 있다. 베버는 근대화를 합리성이 증대하는 과정으로 보았다. 근대화된 사회에서는 효율성이 인간의 사회적인 삶을 결정하게 된다. 효율성은 사회 행위를 결정하는 최고의 가치

---

13) Frank Nullmeier, "Bewegung in der Institutionalisierungsdebatte?" *Forschungsjournal NSB*, H.3-4 (1989), p.8.

가 되면서, 독자적인 잣대로서의 기능을 하게 된다. 그 결과 인간은 더 이상 독자적인 존재가 아니라, 독자성을 가지게 된 효율성이라는 가치에 의해 평가되는 종속적인 존재가 되어버리는 것이다.[14)]

베버에 의하면, 효율성을 증대시키기 위해서는 불가피하게 관료화가 이루어져야 한다. 베버의 사회학에서 근대 국가는 하나의 기업으로 파악된다. 그리하여 기업내부적 지배관계는 단순히 기업뿐만이 아니라 국가에서도 마찬가지로 나타난다고 본다. 따라서 합리성이 최고의 가치로 숭상되는 근대 사회에서 관료화는 사회 전반적인 현상이 되고, 정당을 비롯한 정치 집단에서도 예외 없이 나타난다는 것이다.[15)]

미헬스는 20세기 초반에 독일 사민당의 당내 민주주의를 연구한 결과 사민당이 독일 사회에서 가장 적극적으로 민주주의를 구현하고자 노력하는 정당임에도 불구하고, 당 내부적으로는 다른 정당과 마찬가지로 과두적인 모습을 하고 있다는 사실을 입증하였다. 정당의 목표는 권력의 획득에 있기 때문에, 대중적인 운동 조직에서 출발한 사민당도 권력획득의 가능성을 극대화하기 위해서 불가피하게 과두적으로 운영된다는 것이다.[16)]

그의 분석에 의하면 사민당에서 당지도부는 하부조직과 당원들에게 당명을 하달하고, 당원은 중앙당의 결정에 복종하고 있다. 당원이 다수이고 지도부를 선출하지만, 소수의 지도부에 의해 지배되는 이유는 선출된 지도부가 '조직' 이라는 지배수단을 가지고 있기 때문이다. 이렇게 조직이 소수에 의해 장악되는 것은 당의 효율적인 운영이라는 필요성에 의해 정당화된다.[17)]

---

14) Hans Fenske, "Politische Denken im 20. Jahrhundert," Hans Joachim Lieber (Hg.), *Politische Theorien von der Antike bis zur Gegenwart* (Bonn, 1991), p.702.

15) Max Weber, "Parlament und Regierung im neugeordneten Deutschland. Zur politischen Kritik des Beamtentums und Parteiwesens," in W J Mommsen (Hg.), *Max Weber Studienausgabe*, Bd. 15 (1991), p.221.

16) Robert Michels, *Zur Soziologie des Parteiwesens in der modernen Demokratie* (Stuttgart, 1989), p.369.

베버와 미헬스의 이론이 보여주는 것처럼 사회 운동도 하나의 조직으로서 제도화되면, 조직의 목표를 가장 잘 달성하기 위하여 관료화 내지 과두화되기 마련이다. 만약 이렇게 되지 못하고 조직이 효율성을 상실하게 된다면, 사회 운동은 본래의 목표를 달성하지 못한 채 동원자원의 고갈로 소멸하게 될 것이다. 따라서 제도주의적인 관점에서 볼 때, 운동은 제도화되면 운동의 속성을 상실하여 소멸하고, 만약 제도화되지 않으면 동원자원의 고갈로 소멸하게 된다. 그러기에, 사회 운동은 생겨나서 사라지는 반복적인 현상을 끊임없이 보여주고 있다.

IV. 신 사회 운동의 제도화 특성

과거의 사회 운동에서 나타난 전형적인 제도화 현상이 신 사회 운동에서는 나타나지 않고 있다. 신 사회 운동은 매우 낮은 제도화의 정도를 보여주고 있다. 급진적이고 대규모적인 성격에도 불구하고 시민, 환경, 여성, 평화 운동은 노동 운동과 비교하면 아주 분권적이고, 결코 치밀하게 조직되지 않은 운동이다.[18]

신 사회 운동이 보여주는 낮은 제도화는 앞장에서 논의한 제도주의적인 해석과는 달리 사회 운동이 정치제도 속에서 운동으로서의 속성을 상실하지 않을 수 있다는 점을 보여주고 있는 것이다. 이것은 베버나 미헬스의 이론을 반박하는 좋은 사례가 될 수 있다. 신 사회 운동이 보여주고 있는 낮은 제도화와 분권성은 모든 운동이 관료화와 과두제의 길을 걸어야 하는 것은 아니라는 것을 말해 주는 것이다.

---

17) Ibid., pp.370-371.

18) Nullmeier, op. cit., p.8.

1. 독자적인 운동 영역의 형성

다양한 이슈를 가지고 지속적으로 전개되고 있는 신 사회 운동은 서구의 정치에 상존하는 요소가 되었다. 신 사회 운동의 제도화란 전통적으로 이익표출과 이익결집이라는 기능을 전담해 온 정당이나 이익단체와는 별개의 독자적인 운동 영역이 형성된 것을 말한다.[19)]

제도주의는 기존의 제도에 대하여 비판적으로 저항하는 사회 운동이 제도에 편입될 때, 운동은 제도 속에서 소멸해 버린다고 봄으로써, 운동을 반제도로 파악하였다. 그러나 신 사회 운동은 독자성을 가진 운동 영역을 형성함으로써 종래의 정치제도의 영역을 확대시켰다. 이것은 신 사회 운동이 현대 정치에 기여한 중요한 업적이라고 할 수 있다.

신 사회 운동의 경우에 정치제도에 편입되어 소멸하지 않고 하나의 정치제도로서 확립될 수 있었던 것은 무엇보다도 먼저 시민 사회적인 맥락에서 설명할 수 있다. 신 사회 운동에서 다루어지는 문명의 위기, 환경의 위기, 평화의 위기, 성별에 따른 차별 등의 테마가 단순히 낭만적인 도시민의 관심 대상이 아니라, 모든 시민이 진지하게 생각하는 문제가 되어버린 것이다. 따라서 신 사회 운동은 사회문제에 대해 관심이 높아진 현대 사회의 시민이 사회 변혁을 목표로 하여 쏟는 지속적이고 의도적인 노력이라고 할 수 있다

하지만 신 사회 운동이 독자성을 가진 운동 영역으로 자리잡을 수 있게 된 원인은 시민 사회적 맥락보다는 정치적 기회구조의 변화에서 보다 뚜렷이 발견된다. 정치적 기회구조란 집단행위의 분출을 촉진하거나 장애하는 변수들의 총합으로서, 예를 들면 선거제도, 정당제도, 정치문화, 법적 규정, 국가의 억압 등이다. 즉, 기회구조라는 개념은 사회운동의 환경을 구성하는 실증적 변수이다.

---

19) Roland Roth, "Neue soziale Bewegungen als politische Institution - Anregungen für einen theoretischen Perspektivenwechsel," *Forschungsjournal NSB*, Sonderheft (Nov. 1989), p.33.

신 사회 운동이 독자적인 제도로 확립될 수 있게 된 것은 정치적 기회 구조의 세 가지 변화 때문이다.

첫째, 역설적으로 들릴지 모르겠지만, 독자적인 운동영역의 형성은 그동안 정당과 이익단체에 의한 정치가 이룩한 성공의 결과이다. 잘 짜여지고 발달된 대의기구에 의해 국민들의 의사는 적절하게 정치에 반영되었다. 그러나 타협과 합의의 정치 구조 속에서 배제된 테마들은 그동안 계속적으로 누적되어 왔다. 정당과 이익 단체에 의해 사회의 생산과 분배가 조절되는 정치구조는 언제나 효율성을 추구하게 되고, 이러한 과정에서 경제 성장의 사회적 비용, 환경적 비용, 분배 국가의 지배력 증대라는 새로운 문제들이 생겨났다.[20]

두 번째로 국가 내지는 의회에 준거한 정치 문화는 국가가 소유하고 있는 수단인 권력, 법, 예산에 의해 해결할 수 없는 문제에 대해서는 무기력하였다. 이에 비하여 신 사회 운동은 상호 연대, 자치 및 자조 등의 새로운 해결 수단을 개발하고 발전시켰다. 그 결과 신 사회 운동은 국가가 해결하지 못하는 사회문제를 자신의 고유한 수단으로 해결한다.[21]

세 번째로 그동안 국가가 시민들이 실천해야 할 정치 행위라는 짐을 지나치게 많이 덜어 주어 점점 많은 시민들이 정치적인 무력감을 느끼고 반발하는 데에 있다. 이러한 정서는 특히 국가의 정치적인 결정이 인간의 생존에 중요한 의미를 갖게 된 후기 산업사회에서 더욱 커졌다. 종래의 정치제도하에서 시민들이 할 수 있는 정치 행위란 직업 정치가로서 정치의 중심 무대에서 활동하는 것과 유권자나 당원으로서 정치의 주변 무대에서 활동하는 것이 고작이었다. 신 사회 운동은 '엘리트 지배 정치' (elite-directed politics)에서 활용되지 않은 시민의 소유 자원,

---

20) F. Neidhardt and D. Rucht, "The Analysis of Social Movements: The State of the Art and Some Perspectives for Further Research," D. Rucht (ed.), *Research in Social Movements: The State of the Art in Western Europe and the USA* (Frankfurt a. M., 1991), p.447.

21) Roth, op cit., p.36.

즉 여가, 재산, 전문성, 정보 등을 동원하고, 시민들이 자기 자원을 어떠한 용도로 사용할 것인가를 스스로 결정할 수 있도록 도와준다. 따라서 기존의 정치제도에서는 시민들이 소유한 자원의 일부분만이 정치 엘리트에 의해 사용되었다면, 운동 영역에서 시민은 자신이 소유하고 있는 자원을 스스로 사용하는 정치 행위를 함으로써, 직업 정치인과 유권자라는 두 가지의 극단적인 역할의 중간에 해당하는 정치 참여를 할 수 있게 된 것이다.[22]

정치적 기회 구조의 변화는 운동이 하나의 독자적인 영역이 될 수 있도록 하였다. 그러나 이것이 제도주의적인 관점에서 지적된 운동과 제도의 대립 문제를 완전히 해소한 것은 아니다. 운동이 독자적인 영역을 형성하여 제도화되었다는 사실이 완전히 입증되려면, 무엇보다도 운동 영역이 매우 안정적이어야 하며, 동시에 운동 영역이 국가나 시장이라 불리는 다른 영역과 동일한 위상을 획득하여야 한다.

2. 국가, 시장, 운동의 상호 관계

사회행위 이론에서 사회 운동을 설명하기 위하여 제기되는 가장 근본적인 물음은 왜 인간이 사회 운동과 같은 집단 행위에 가담하는 것인가이다. 사회 운동에 가담하는 인간은 어떠한 여건에 처해 있다고 보는가에 따라 사회행위 이론은 크게 두 가지로 나뉘어진다. 합리적 행위이론은 행위자가 혼자서 자의적인 선택을 해야 하는 상황 속에 있다고 보는 반면에, 이성적 행위이론은 행위자가 상호 이해를 해야 하는 상황 속에 있다고 본다.[23]

합리적 선택 이론은 죄수의 딜레마라는 상황을 상정한다. 다른 행위

22) Ibid., p.36.

23) Klaus Eder, "Die Institutionalisierung kollektiven Handelns," *Forschungsjournal NSB*, H. 2 (1994), p.41.

자가 어떠한 반응을 보일지 알 수 없는 불확실한 상황에서 모든 행위자는 자신의 이익이 극대화될 수 있는 합리적 선택을 하게 된다. 그러나 의사소통적 행위 이론에 따르면 사회 행위는 행위자 간의 의사소통이 잘 이루어지고 있는 상황에서 비로소 발생한다. 모든 행위자는 일련의 논의 과정을 통하여 집단적 합의를 만들어 내고, 여기에서 도출된 논리에 의해 자신들의 사회적 행위를 정당화시킨다.

이러한 두 가지 시각에서 볼 때 사회 행위의 발생과 성격을 규정하는 기제는 각각 다른 형태로 나타나게 되는데, 하나는 모든 행위자에게 이익이 될 수 있는 행위 전략을 마련해주는 기능을 가진 시장이고, 또 다른 하나는 행위자 모두가 상황 인식을 공유할 수 있도록 해주는 담론이다. 담론은 토론과 논의 등 의사소통적 행위를 가능케 하는 기능을 가지고 있다. 시장과 담론이라는 두 가지 기제 중에서 어느 것이 사회구성원의 집단 행위를 결정하는가에 따라 공적 영역은 세분된다.

시장에서 발생하는 사회 행위는 행위자가 물질적인 이익을 추구한 결과이다. 물질적인 이익이란 행위자 자신의 이득을 말하는 것이다. 시장 모델을 상정하는 합리적 선택이론은 집단 행위가 발생하기 위해서는 집단 간의 이질성이 필요불가결하며, 집단의 크기가 중요한 역할을 하며, 적극적인 행위자의 수가 일정한 규모를 넘어서야 한다고 본다.

이와 달리 담론이라는 기제에서는 정신적인 이익이 추구된다. 정신적인 이익이란 인간의 삶을 위한 도덕적인 가치를 지향하는 것을 말한다. 여기에서 행위자는 자신의 이득을 얻게 되는 것이 아니라, 자신의 도덕성이 구현되는 것을 느끼게 되고, 도덕의식의 성장을 이룩하게 되는 것이다. 의사소통적 행위 이론은 사회 행위가 발생하게 되는 가장 결정적인 변수를 공적인 담론의 크기라고 본다. 합리적 선택 이론이 집단 행위의 동기를 물질적인 이익에서 찾으며, 집단 행위에서 의사소통적인 성격을 도외시하는 반면에, 의사소통적 행위이론은 집단 행위의 동기를 규범과 가치에서 찾음으로써, 집단 행위가 이득을 극대화하기 위한 합리적인 선택이라는 면도 가지고 있다는 사실을 간과하고 있다. 이

〈표 1〉 공적 영역의 제도적인 질서

	국가 제도	시장 제도	운동 제도
주요 행위 이익	공공재	경제 이익	도덕과 가치
주요 행위자	정당	기업	운동 단체
행위 형태	투표	소비	운동
의사표현의 수단	표	돈	논리
제도적 논리	공평성	합리성	담론성

러한 상호비판은 바로 이들 이론이 설명하는 사회 행위가 제각기 다른 영역에서 발생하고 있기 때문에 생겨난다.

사회 구성원의 집단 행위를 규정하는 제도로서 제일 먼저 국가 영역이 형성되었다면, 여기에 시장 영역이 추가되었으며, 또다시 운동 영역에 의해 확대되었다. 운동이 국가와 시장이라는 영역 밖에서 하나의 제도적인 영역을 형성하여, 기존의 제도 질서를 확대한 결과, 후기 조합주의적인 사회가 생성 되었다.[24] 여기에서 운동은 더 이상 기존 제도의 주변 환경이 아니라, 제도 영역을 확대하고, 제도를 구성하는 하나의 요소가 된 것이다.

〈표 1〉에서 보는 바와 같이, 신 사회 운동이 하나의 독자적인 제도의 형태를 갖추면서, 운동 영역은 국가와 시장 영역과 동등한 위상을 갖게 되었다. 국가, 시장, 운동이 조화된 후기 조합주의적인 사회는 공평성과 합리성에 근거한 기존의 제도질서에 의사소통적인 성격을 가진 제도가 추가됨으로써 생성하게 된 것이다.

이와 같이 신 사회 운동은 현대 정치질서에 하나의 새로운 제도를 추가하였고, 이러한 형태의 제도화는 운동이 소멸하는 결과를 가져오게 한 것이 아니라, 오히려 운동을 안정시키고 강화시켰다. 그리고 운동이 안정된 제도로서 확립되고 국가와 시장에서와는 다른 논리에 의해서

24) Ibid., p.46.

움직여지게 되면서, 운동은 사회구조에 지속적인 역동성을 가져다주고 있다.

V. 운동정치의 형성과 현대 민주주의의 변화

신 사회 운동은 대규모적이고 급진적인 성격으로 말미암아 기존 질서에 혼란과 불안을 야기하는 것으로 이해되고, 기존 제도에 대한 하나의 도전으로 간주되었다. 오페는 제2차 세계대전 후에 안정된 자본주의가 확립되었지만, 그 후 신 사회 운동이 활성화되면서 기존의 정치제도가 급격한 변동을 겪게 되는 현상을 가리켜 '자본주의의 조직적인 붕괴' 라고 하였다.[25]

종종 과격한 형태를 띠기도 하는 신 사회 운동의 주체는 놀랍게도 평범한 일반시민이며, 이들이 운동을 통해 표출하고자 하는 것은 매우 일상적인 내용들이다. 특히 시민 운동의 경우에 시민들은 교통, 주거, 육아 등의 문제에 대하여 새로운 대안을 제시한다. 이러한 이슈는 생활영역의 내용에 해당하는 것이며, 시민들은 자신들의 욕구와 희망과 요구를 종래의 의사전달 체계가 아닌 새로운 체계를 통하여 표출하는 것이다. 이렇게 운동을 통해서 시민들의 의사가 전달되는 것이 정치체제 내에서 상설적으로 제도화될 때 이것을 운동정치라고 부른다.[26] 따라서 운동정치의 생성으로 인하여 기존의 의사전달 체계가 쇄신되고 확대되는 것이다.

---

25) Claus Offe, *Disorganized Capitalism* (Oxford, 1985), p.15.
26) Kallscheuer Otto, "Bewegungspolitik und Reform?—Reform der Bewegungspolitik!" *Forschungsjournal NSB*, H. 1 (1991), p.4.

1. 운동정치에 의한 정치과정의 변화

서구에서 의회라는 제도 정치권 밖에서 형성된 신 사회 운동이 의회 안으로 진출한 유일한 사례로서 녹색당을 들 수 있다. 여성 운동, 반핵 평화 운동 등을 대변한 다른 모든 정당들은 원내 진출에 실패하였다. 이것은 신 사회 운동을 지지하는 다수의 시민들이 유권자로서는 쉽사리 지지하지 않았다는 것을 말한다.[27] 신 중산 계층은 신 사회 운동에서 생성 발전된 정당을 불신하며, 이러한 이유에서 신 사회 운동은 정당으로의 변신에 성공하지 못하였다.

신 중산 계층은 자신의 이익과 욕구를 정당이나 이익단체라는 형태를 통하여 표출하려고 하기보다, 운동이라는 좀 더 직접적인 형태로 전달하고자 한다. 과거에는 정치라는 것이 내용적으로 정당정치와 압력정치를 의미하였다면 오늘날의 정치에는 운동정치가 추가된다. 운동이 정당이나 이익단체와 비슷한 수준으로 정치 제도화되면서 달톤이 '새로운 형태의 시민정치' 라고 규정한 운동정치는 현대 민주주의에서 중요한 의미를 가지게 되었다.[28]

잉글하트는 운동정치가 정착되는 현상을 '엘리트 지배정치' 에서 '엘리트 도전정치' 로의 변화라고 보았다.[29] 이러한 변화 속에서 과거에 정당이 독점하였던 정치 의사의 전달 기능이 분권화되었다. 이것은 하버마스에 의하면 정당과 이익단체, 관료 그리고 운동 간에 생겨난 '새로운 권력분립' 을 말하는 것이다.[30]

이와 같이 정당정치와 보완관계에 서게 된 운동정치는 시민들의 욕

---

27) Rolke Rothar, "Erinnerung an die Zukunft der Demokratie: 40 Jahre Bundesrepublik—40 Jahre Soziale Bewegungen," *Forschungsjournal NSB*, Sonderheft (Nov. 1989), pp.15-16.

28) Russel J. Dalton, *Citizen Politics in Western Democracies. Public Opinion and Political Parties in the United States, Great Britain, West Germany and France* (Chatham N. J., 1988), p.15.

29) Roland Inglehart, *Culture Shift in Advanced Industrial Society* (N.Y., 1988), p.25.

구가 분출될 수 있는 또 하나의 새로운 통로를 만들어 냄으로써, 정치를 보다 예측 가능한 것으로 만들었고, 국가는 여론을 수집하는 데에 있어서 부담이 경감되었다. 그 대신에 시민이 정치에 보다 광범위하게 참여하고 개입하게 됨으로써 국가가 사회를 통일적으로 운영하는 것이 매우 어려워졌다.[31]

2. 운동정치의 생성과 기능

운동정치라는 것이 생성하게 되는 기준으로서 두 가지를 들 수 있다.

첫째, 운동정치가 본격화되기 이전에는 시민들의 집단행위가 정당, 노조, 교회 등 기존의 사회단체에 의해 조직자원으로서 활용되고, 정치적 계산에 의해 활성화된다. 그러나 그러한 집단행위가 운동정치의 수준으로 발전하기 위해서는 그 저항 방법이나 이슈에 있어서 기존의 정치 및 사회 제도로부터 독자성을 획득하여야 한다. 그 결과 비로소 신사회 운동은 시민의 욕구를 대변하는 비판적 여론의 형성이라는 단순한 수준에서 운동정치의 수준으로 발전된다.[32]

둘째, 운동정치가 독자성을 지속적으로 유지할 수 있기 위해서는 운동 이슈가 세분화되고 확대되어야 한다. 그리하여 빈번하게 발생하는 이슈 운동들이 동일한 가치와 규범을 토대로 일종의 운동 네트워크를 형성하여야 한다.[33] 이러한 배경에서 생성되는 운동정치는 다양한 기능을 가지지만, 시민 개인의 정치행위와 관련하여 크게 세 가지를 들 수 있다.[34]

---

30) Jürgen Habermas, *Die Neue Unübersichtlichkeit. Kleine Politische Schrift V*, (Frankfurt a. M., 1985), pp.157-159.

31) Nullmeier, op. cit., p.12.

32) Roth, op. cit., p.35.

33) Eder, op. cit., p.45.

34) Roth, op. cit., pp.39-41.

1) 운동정치의 생성으로 인하여 시민들이 선택할 수 있는 정치행위의 종류가 늘어났다. 이전에 시민 개인이 선택할 수 있는 정치행위는 직업 정치인 내지는 유권자로서의 참여였지만, 오늘날 폭발적으로 증가한 사회 운동은 시민 개인으로 하여금 자신의 관심과 이해가 걸린 이슈를 선택하여, 적은 비용으로 정치에 참여할 수 있도록 하였다.
2) 생활정치의 영역에서는 자연, 성, 공간, 시간과 같이 시민 개인의 삶과 관련된 모든 이슈가 다루어진다. 따라서 좁은 의미에서의 정치 범주의 경계가 무너지면서, 정치 이슈에 있어서 정치와 비정치의 구분이 무의미해졌다. 이로써 모든 것이 정치에서 다룰 수 있는 대상이 되었고, 신 사회 운동은 일상생활의 정치화를 통하여 새로운 삶을 고양하는 데에 기여하였다.[35]
3) 운동정치는 기존의 제도를 비판하는 기능만을 가진 것이 아니라, 시민 개인이 요구하는 삶이 실현될 수 있도록 노력한다는 점에서 대안을 제시하는 기능을 가진다. 많은 경우에 시민들은 이미 새로운 가치와 욕구에 따른 삶의 방식을 실험하고, 전체 사회로 확대시키려고 한다. 이러한 점에서 운동정치는 구체적이고 실천적인 성격을 가지고 있다.

3. 운동정치의 제도적 효과

운동정치의 제도적 효과란 쉽게 측정될 수 없고, 원인 · 효과의 상관성을 명확하게 확인하기도 힘들다. 이러한 이유에서 운동정치의 제도화 효과를 정확히 계산해 내는 것보다는, 운동정치가 초래하게 되는 제도적인 효과를 여러 영역에서 살펴보는 것이 더욱 의미있는 일이다.

---

35) 김영래, "시민사회와 이익갈등 조절," 『한국정치동태론』 (서울: 오름, 1996), 344쪽.

운동정치는 정치체계를 현대화시킨다. 무엇보다도 운동정치는 대의민주주의적인 정치 과정에 직접 민주주의적인 요소를 가미한다. 그리하여 시민 개인은 자신들의 삶에 관한 모든 욕구를 직접 표출하고 또한 관철시킬 수 있게 되고, 정치 과정이 진정으로 민주화되는 것이다. 시민들은 의회를 통하여 문제를 해결하는 방식에 대해 의구심을 가지고, 가능한 의회 밖에서 운동정치를 통하여 사회 문제를 해결하고자 한다. 현대정치는 운동정치라고 하는 '야당보다 더 야당적인 요소'를 가지게 된 것이다.

정치체계의 또 다른 변화는 정당의 변화이다. 녹색당이 환경문제를 대변하고 있음에도 불구하고 환경 운동의 활성화가 거의 모든 정당들로 하여금 환경문제를 중요한 정책문제로 다루게 하는 것처럼, 운동정치의 활성화는 기존의 정당들로 하여금 운동 이슈를 최대한으로 그들의 정책에 반영하게 만든다. 이와 같이 운동정치는 의회 내의 정당이 개혁적이 되도록 한다.

운동정치는 경제에 중요한 영향을 끼친다. 대안 운동에서는 노동자 자주경영 기업에 의한 상품생산을 시도하고, 환경 운동은 기업이 환경친화적인 상품을 생산하도록 압력을 가한다. 또한 소비자 운동도 기업에 중요한 영향을 끼친다.

운동정치가 행정에 끼친 제도적 효과는 무엇보다도 지방자치단체에서 잘 나타난다. 시민들의 요구가 운동의 형태로 직접 표출되고 그것이 가장 잘 관철되는 행정수준은 주민의 가까이에서 봉사하는 지방자치단체이다. 따라서 운동정치는 정치권력의 지방분권을 요구하게 되며, 또한 지방자치단체의 수준에서 가장 활발한 운동정치가 이루어진다.

VI. 결론

과거의 사회 운동들은 제도주의적 관점에서 이해되었고, 운동과 제도라는 두 개념으로 사회 운동의 생성과 소멸이 설명되었다. 즉, 사회 운동은 생성하고 제도화되어 기존의 제도 속으로 편입하게 되면 운동으로서의 속성을 상실하고 소멸하게 된다고 본 것이다.

이 글에서는 신 사회 운동이 과거의 사회 운동과는 달리 매우 장기적으로 지속되고 있다는 점에 주목하고, 신 사회 운동이 어떻게 과거의 사회 운동과 구별되는 제도화 과정을 밟고 있는가를 분석하고자 하였다. 제도주의적 설명과는 달리 신 사회 운동은 스스로 독자적인 영역을 형성함으로써 제도화되었다. 다시 말하자면 신 사회 운동은 국가와 시장이라는 기존의 제도 속에 편입되어 그 구성요소가 되는 것이 아니라, 두 개의 영역 이외에 운동이라는 새로운 제도를 만들어 낸 것이다.

현대 정치에서 신 사회 운동의 범주에 속하는 다양한 운동들은 하나의 일상적인 현상이 되었다. 그리고 그 결과 운동이라는 영역이 형성되었고, 이 영역에서 이루어지는 이익의 표출과정으로서 운동정치는 기존의 정당정치나 압력정치에서는 결여된 중요한 기능들을 수행하게 된 것이다. 무엇보다도 시민들은 선거와 소비 이외에 운동이라는 방식으로도 자신의 의사를 표현할 수 있게 되었다.

운동정치로 인하여 현대 민주주의는 직접 민주주의적인 요소를 가지게 되었고, 권력은 보다 분권적이 되었고, 기존의 의회가 수용 전달하지 못하였던 주변적 이익을 대변할 수 있는 보다 야당적인 요소를 가지게 되었다. 신 사회 운동은 급진적인 운동으로 남아서 대의 민주주의를 위협하거나, 의회 민주주의라는 제도 속에 편입되어 소멸되어 버리지 않았다. 신 사회 운동은 독자적인 영역을 형성하여 그 틀 안에서 지속적으로 운동정치를 재생산해내고 있다.

오늘날 민주주의를 구성하는 중요한 요건으로서 시민사회의 성숙을 이야기한다. 시민사회란 국가로부터 독립적이고 자율적인 모든 영역을 포괄하는 개념이다.[36] 많은 나라에서 시민사회는 허약하다. 시민사회는 결코 단일적 통일체가 아니며, 다양하고 이질적인 이해관계를 갖는 구성원들을 포함하고 있다. 이들은 상호협조적이기도 하지만, 상호배타적인 갈등관계로 치닫기도 한다.[37] 따라서, 시민사회를 활성화하기 위해서는 토론과 합의가 이루어지는 공공영역이 신 사회 운동에 의해 강화되어야 할 것이다

현대 민주주의에 대해 신 사회 운동이 기여할 수 있는 또 다른 측면은 시민 사회의 자율성 회복이다. 자유주의 시대에는 시민사회의 확대가 최고의 가치였다. 그러나 현대사회에서 행정국가, 복지국가라는 개념이 말해주듯이 국가는 계속적으로 확대되어 왔다. 생활 이슈를 다루는 신 사회 운동이 운동정치로서 제도화되고, 국가의 기능을 대체할 수 있게 됨으로써, 그동안 국가가 시민의 일상생활에까지 개입하였던 많은 부분을 신 사회 운동이 자치라는 이름으로 되찾게 될 것이다.

한국은 장기간의 권위주의 체제를 극복하고, 민주화에 성공하였다. 이 과정에서 시민사회는 국가로부터 개인의 자유와 권리를 확보하면서 성장하였다. 그러나 한국의 민주주의가 장기적으로 공고화되기 위해서는 그동안 형성된 시민사회가 활성화되어야 한다. 여기에 신 사회 운동의 생성과 발전이 중요한 기여를 할 수 있을 것이다.

---

36) 이병화, "시민사회와 국제관계에 있어서 행위자문제," 『한국정치학회보』 29집 3호 (1995), 313쪽.

37) 김용철, "한국의 민주화 이행과 시민사회의 역동," 『한국정치동태론』 (서울: 오름, 1996), 320쪽.

GARMANY

제5장

동구 민주화 과정에서 시민사회의 역할

I. 서론

인류에게 있어서 동구의 변혁이 일어난 1989년은 프랑스 대혁명이 일어난 1789년과 동일한 역사적 무게를 가진다. 프랑스 대혁명이 인류사에 굵은 획을 긋고 그 이후의 200년 역사에 커다란 영향을 끼친 사건이었다면, 동구 사회주의의 몰락 또한 한 시대를 종결짓고 앞으로 최소한 200년의 역사를 규정지을 대사건이라고 할 수 있다.

동구 사회주의 체제의 붕괴 직후 그 원인에 관한 논의가 아주 활발히 진행되었다. 그러나 민주주의와 시장경제라는 새로운 체제를 건설해야 하는 긴급한 과제에 떠밀려 잠잠해져 버렸다. 이제 동구에서 변혁이 발생한지 거의 십수 년이 지나고 혁명의 열기가 식은 오늘의 시점에서 그 변혁의 사건을 보다 냉정하게 분석할 수 있을 것이다. 그리고 구 체제의 붕괴에 대한 정확한 원인 규명은 새로운 체제를 건설하는 데에 많은 도움을 줄 것이다.

동구의 사회주의 정권은 수십 년간 군과 경찰이라는 물리력에 의존하여 체제를 유지했었다. 1956년의 폴란드 및 헝가리 사태, 1968년의 체코 사태에서 그들은 체제 유지를 위해서는 어떠한 폭력도 불사한다는 것을 국제사회에 보여주었다. 그러나 1989년의 대변혁 기간에 이 지역에서는 루마니아를 제외한 모든 나라에서 평화혁명이 이루어졌다. 즉, 폭력 정권들은 한결같이 순순히 자신의 몰락을 감수하였다는 것이다.

이 글에서는 "왜 동구에서의 체제 붕괴가 평화적으로 진행되었는가?" 그리고 "그러한 과정에서 시민사회는 어떠한 역할을 하였는가?" 하는 문제를 살펴보고자 한다. 지금까지의 논의에 의하면 동구 시민사회와 체제 붕괴와의 상관성에 관한 유형으로 중유럽형과 발칸형이 있다. 전자는 전체주의 말기에 시민사회가 태동하기 시작하여 상대적으로 순탄한 민주 이행을 한 유형이며, 후자는 시민사회의 태동 없이 급작스런 정권 붕괴를 경험하였고, 시민사회의 조직화가 정권의 붕괴 이후에야 시작되었다는 것이다.

하지만 "중유럽 국가에서 시민사회의 형성이 성공적인 민주화의 원인이었다"는 학자들의 주장은 대체로 폴란드의 사례를 중심으로 동구의 민주화를 분석하고 그 과정에서 시민사회의 역할을 긍정적으로 평가한 것이다.[1] 그러나 폴란드, 체코슬로바키아, 헝가리, 동독, 불가리아 등의 국가들은 서로 상이한 시민사회적 경험을 하였고, 그럼에도 불구하고 매우 유사한 민주화 과정을 겪었다. 이러한 사실은 시민사회가 동구 민주화의 가장 중요한 변수가 아니라는 것을 암시한다.

따라서 이 글은 시민사회가 비교적 활발하였던 국가군으로 분류된 3국 즉 폴란드, 체코슬로바키아, 헝가리를 사례로 하여 동구 시민사회가 여러 가지 유형으로 존재하였고, 이러한 다양성과 관계없이 동시적으로 정권 붕괴가 일어났다는 사실을 밝히고자 한다.

---

1) 이규영, "국가와 시민사회의 상관성 현실사회주의 체제변혁과 폴란드 사례를 중심으로," 『한국정치학회보』 제28집, 2호 (1994); 임지현, "동유럽 현실사회주의의 체제변혁과 반전. 폴란드를 중심으로," 『동향과 전망』 겨울호 (1997).

이를 위해 이 글은 다음과 같이 구성된다. 첫째, 체제 변혁의 개념을 정의하고, 동구 사회주의 체제가 수십 년간 지속될 수 있었던 원인과 순식간에 붕괴되었던 원인을 살펴본다. 그리하여 체제 붕괴의 과정에서 시민사회는 어떠한 변수로 작용하였는지 알아본다. 둘째, 동구 3국의 민주화 과정을 살펴봄으로써 이들 국가의 정치 변동이 평화적으로 진행된 이유를 찾아낸다. 셋째, 이들 국가의 사례를 서로 비교하여, 각국의 민주화 과정에서 시민사회의 기여도를 알아본다.

II. 정치 이행의 개념과 모델

정치 변동은 정치 이행과 정치 변혁이라는 두 가지 개념을 포함하는 상위개념이다. 정치 이행이란 정권이 붕괴하기 시작하는 시점에서 자유선거가 실시되는 시점까지의 과정을 말한다.[2] 이 개념은 정권이 붕괴된 이후의 과정을 포함하지 않는다.

민주화는 제자리 걸음을 할 수 있고, 정치 세력 간의 결탁으로 발전할 수 있다. 정권의 붕괴는 새로운 독재를 야기하거나 아니면 원상 회복될 수도 있다. 따라서 안정된 민주주의는 정치적 이행이란 과정을 통과한 후 도달하게 될 수많은 목적지 중의 하나에 불과하다.[3]

이처럼 자유선거 이후의 다양한 정치 변동의 가능성을 포함하지 않는 개념으로서의 정치 이행과 달리 정치 변혁이란 구 체제가 붕괴하고 민주적 형태의 정치 체제가 공고화되어 체제의 변화가 완결되는 시점까지의 모든 과정을 말한다. 이러한 개념 정의에서 볼 때 이 글은 동구

---

2) G. O' Donnell and P. C. Schmitter, *Transition from Authoritarian Rule. Tentative Conclusions about Uncertain Democracies* (Baltimore, 1991), p.6.

3) Adam Przeworski, *Democracy and the Market: Political and Economic Reforms in Eastern Europe and Latin America*(Cambridge, 1991), pp.37-38.

사회의 민주화에서 정치 이행과정을 분석하는 것이며, 정치 변혁과정을 다루는 것은 아니다.

1. 체제 붕괴의 거시적 이론

"왜 동구 사회주의 체제가 붕괴하였는가?"라는 의문을 제기하기 위해서는 "왜 동구 사회주의 국가들이 그토록 오랜 기간 안정된 체제를 유지하였는가?"라는 정반대의 의문도 동시에 제기하여야 한다. 이러한 문제를 논의하기 위해서 먼저 동구 사회는 어떠한 체제인가라는 점을 밝혀야 한다. 독재체제에는 전체주의와 권위주의라는 두 가지 체제가 있다. 권위주의 체제에서 사회는 국가라는 영역을 침범하지 않는 조건하에서 자율성을 가질 수 있는 반면, 전체주의 체제에서는 국가에 의해 사회 영역이 조직되고 동원된다.

즉, 권위주의 체제에 사는 시민은 비교적 자유롭게 노조, 시민단체, 종교단체 등을 조직할 수 있다. 그러나 이것은 사회 단체들이 국가라는 영역에 있는 정치권력에 비판하거나 도전하지 않는 범위 내에서 허용되는 것이다. 이에 반해 전체주의 체제에서는 국가가 노조, 청년동맹, 여성동맹과 같은 각종 사회단체를 조직하고 인적 및 물적 지원을 하며 정치적으로 동원하는 것이다.

이러한 개념에서 본다면 동구 사회는 전체주의 체제이다. 프리드리히는 소련 및 동구 국가가 전체주의 체제를 유지하는 동안에는 붕괴하지 않는다고 보았고, "국가"가 근대화라는 목표를 달성하기 위하여 낙후된 "사회"를 통제하고 동원하는 방식의 스탈린식 사회주의 국가에서는 정권이 튼튼하게 유지된다고 보았다.[4)]

---

4) Carl J. Friedrich and Zbigniew Brzezinski, *Totalitarian Dictatorship and Autocracy* (Cambridge, 1956), p.9.

국가와 사회가 하나의 통일체가 되었던 사회주의 건설 초기의 동구는 이러한 전체주의 모델에 가까웠다. 그러한 동원 체제 덕분에 동구 사회주의 정권은 어려운 국내외 상황 속에서 효과적으로 국가 목표를 달성할 수 있었다. 그러나 근대화 과정을 거치면서 동구 사회는 분화 발전이라는 변동을 겪게 되었고 더 이상 전체주의 체제라고 단정지을 수 없을 정도로 급속하게 발달하였다.

국가가 사회에 대한 압도적 우위를 점차적으로 상실하면서도 동구에서 계속적으로 체제 안정이 유지될 수 있었던 이유에 대해서 구조주의 이론은 국가 조합주의와 국가 온정주의라는 두 가지 접근법을 가지고 설명하고 있다. 바이어는 동구에 다양한 사회이익이 존재한다고 보았다. 민주국가에서 각 사회 집단은 자신의 이익을 추구함에 있어서 동일한 기회를 보장받지만, 동구사회에서 사회 이익은 국가에서 정하는 우선순위를 가지고 있다. 그리하여 이익 구조와 이익의 전달체계가 수평적인 것이 아니라 수직적인 질서를 가지고 있다.

비록 사회 이익이 위계적인 구조를 가지고 있지만, 각 사회 집단은 협상과 타협에 의해 서로의 이익을 충족시킨다. 예를 들어, 국가계획위원회는 일방적으로 경제계획 목표를 설정하여 각 기업에 할당하는 것이 아니다. 먼저 기업은 손쉽게 달성할 수 있는 낮은 계획 목표를 상부에 보고하고, 국가계획위원회는 기업이 의도적으로 낮은 목표량을 제시했을 것으로 간주하고 계획 목표를 조금 올려 잡아 기업에게 목표를 조정해 줄 것을 통보한다. 이러한 절차는 최종 계획 목표가 결정될 때까지 반복되어서 결국 양자가 제시한 협상 초기값의 중간점이 해당 기업의 목표량이 되는 것이다.

이러한 사례가 보여주듯이 동구 사회에서는 상부 조직과 하부 조직 간에 이익이 수직적으로 전달되고 조정된다는 점에서는 비민주적이지만, 국가적 결정이 내려지기 전에 사회 주체 간에 협의가 이루어진다는 점에서 잠재적 다원주의가 존재한다고 할 수 있다. 잠재적 다원주의를 토대로 한 동구의 국가 조합주의 사회에서는 사회 집단 간에 이익추구

적 합의가 늘 이루어졌던 것이다.[5)]

같은 맥락에서 바이메는 동구 사회주의 체제가 장기간 유지될 수 있었던 것은 국가와 국민 간에 일종의 '사회계약'이 체결되어 있었기 때문이라고 보았다. 온정적 국가는 국민의 후생 복지를 책임지고, 이에 대한 반대급부로 국민은 적극적인 정치 저항을 유보하였다는 것이다.[6)]

이들 구조주의자들은 동구의 사회주의 체제가 붕괴한 이유를 다음과 같이 말한다. 잠재적으로 존재하였던 사회적 다원주의가 점차 표면으로 드러나게 되면서 국가 조합주의가 깨어져 버렸거나, 또는 지속되는 경제적 어려움으로 인하여 국가가 국민에게 더 이상 온정주의를 실현하지 못하게 되었기 때문이라는 것이다.

이와 달리 기능주의 이론은 체제의 붕괴를 근대화의 산물로 본다. 기능주의자들은 정치적 민주주의가 제대로 기능하기 위해선 비정치적 성격의 여건이 마련되어야 한다고 본다. 즉, 경제 발전, 문맹 퇴치, 대중매체의 보급 등 경제 · 사회 · 문화적 근대화가 일정한 수준에 도달하게 되면 민주주의가 기능을 할 수 있게 되고, 이 시점이 되면 '개발 독재'는 자신의 사명을 다하게 된다는 것이다. 근대화의 달성은 민주주의를 위한 환경 조성이 완료된다는 것을 의미한다. 동구 사회주의 체제는 낙후된 사회를 근대화하는 데 국가적 노력을 기울였고, 근대화된 사회가 민주주의의 실행을 요구하게 되면서 구 체제는 붕괴하게 되었다는 것이다.[7)]

---

5) József Bayer, "Vom latenten Pluralismus zur Demokratie," in R. Deppe, H. Duibel, U. Rödel (Hg.), *Umbruch in Osteuropa* (Frankfurt a. M., 1991), p.161.

6) K. von Beyme, *Reformpolitik und sozialer Wandel in der Sowjetunion* (1970-1988) (Baden-Baden, 1988), p.162.

7) K. von Beyme. "Politischer Systemwandel in Osteuropa-Übergang zur Demokratie?" in D. Geyer (Hg.), *Europäische Perspektiven der Perestroika* (Tübingen, 1991), pp.23-4.

2. 체제 붕괴의 미시적 분석이론

구조 · 기능주의의 문제점은 정치 이행을 단선적인 사회변동의 결과로 간주한다는 데에 있다. 한 사회에서 변동이 지속적으로 발생하여 일정한 정도를 넘어서게 되면 정치적 이행이 초래된다는 식의 설명은 미래의 변화를 어느 정도 예측할 수 있다는 것을 의미하는데, 실제에 있어서 동구의 평화 혁명은 돌발적이었고 그 누구도 예상하지 못했던 사건이었다.

이러한 사실은 동구의 변동을 거시적인 관점에서 설명하는 것이 한계가 있다는 것을 의미하고, 미시적인 관점에서 보완 설명하는 것이 필요하다는 것을 말해준다. 정치 변동을 추진하거나 저지하는 정치 행위자, 예를 들면 지식인, 일반대중, 시민사회, 외국세력, 권력 엘리트 등의 행위 유형에 관한 분석도 필요하다는 것이다.

체제의 붕괴에 있어서 민주적 정통성은 중요한 결정요인으로 작용한다. 그러나 독재정권이 민주적 정통성을 상실하게 되면 붕괴한다는 식의 설명은 그 독재정권이 상실할 수 있는 정통성을 가지고 있었다는 모순에 부딪치게 된다. 동구 국가는 민주적 정통성을 근거로 국민으로부터 지지를 획득하여 수십 년간 유지되어 온 체제가 아니다.

민주적 정통성의 결여는 체제 붕괴의 거시적 요인으로 작용한다. 다시 말하자면 동구 체제는 오래 전부터 붕괴할 가능성을 지니고 있었다는 것이다. 늘 붕괴할 소지를 가지고 있으면서도 붕괴되지 않았던 체제가 80년대 말에 정말로 붕괴하게 된 것은 미시적인 관점에서 설명되어야 한다.

정권에 대해 부정적인 시각을 가지고 있는 개인은 자신의 입장을 정치적 행동으로 표출하는 데 매우 조심스럽다. 그 까닭은 철저한 사회통제와 가혹한 처벌 때문이다. 체제가 잘못되었다고 인식하면서도 남보다 앞서 문제를 제기하고 대중을 동원하여 투쟁을 주도할 사람은 극소수이며, 체제의 개선보다 나의 목숨이 더 소중하다는 생각이 일반적이다.

〈그림 1〉 행위자의 관점에서 본 정치변동 모델

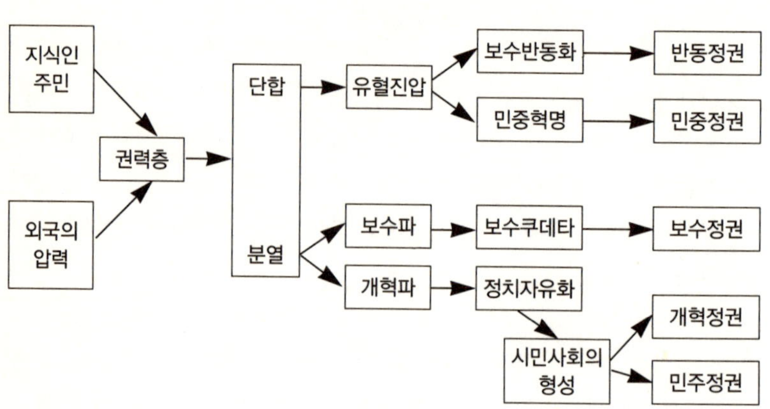

따라서 독재 치하에 사는 일반 대중 개인에게 정치적 항거를 기대하기는 매우 힘들다. 국민 개인의 입장에서는 반체제 단체를 지지함으로써 정치적 저항의사를 표시하는 것은 비교적 수월한 일이다. 민주적 정통성이 없이 동구 사회주의 체제가 장기적으로 유지될 수 있었던 것은 일당 독재와 국가 동원 사회라는 구조 속에서 국민이 선택하고 지지를 보낼 수 있는 정치적 대안이 없었기 때문이다.

〈그림 1〉은 동구 사회주의 체제의 변화를 정치 행위자 간의 상호 작용이라는 관점에서 바라본 것이다. 국가 정통성의 결여는 이 그림에서 나타나 있지 않지만 지식인의 이반과 주민의 반발을 초래하는 항시적 원인으로 작용한다. 국민의 저항은 권력층이 어떠한 반응을 보이는가에 따라 다양한 형태로 발전할 수 있다.[8)]

지배 엘리트의 분열 없이 민주화로의 전환은 생각하기 힘들다. 남미와 남유럽의 민주화 과정을 지배 엘리트의 행위에 분석의 초점을 맞춰

8) 고상두, 이기택, "북한의 변화 관리를 위한 통일안보전략," 『전략문제연구소 연구보고서』 (1997), 3쪽.

연구한 오도넬과 슈미터의 주장에 의하면 모든 민주화의 출발점은 권위주의 체제 내부의 심각한 분열, 주로 강경파와 온건파 간의 갈등에 있다는 것이다.[9]

권력층은 내부적으로 단합되어 있는 한, 시민사회로부터 어떠한 도전도 효과적으로 탄압하고 정권을 유지할 수 있다. 그들은 대규모 시위에 대하여 유혈진압을 불사하며, 이것이 성공하면 보수 반동 정권이, 실패하면 민중정권이 들어서게 된다. 루마니아에서 민중시위가 발생했을 때 권력층이 단합하여 유혈진압에 나선 경우가 유일한 사례이다. 나머지 동구 국가들의 경우에는 권력층이 단합하기보다는 보수파와 개혁파로 분열되는 현상을 보여주었다.

이 두 세력이 지향하는 목표는 정권의 계속적인 유지라는 점에서 일치하지만, 그 방법에 있어선 차이가 있다. 보수파가 강경책을 주장하는 반면에 개혁파는 정치적인 양보를 통하여 국민을 무마할 수 있다고 본다. 이들 간의 세력다툼에서 보수파가 승리하게 되면 보수정권이 들어서게 되고, 개혁파가 승리하게 되면 정치 자유화를 실시하게 된다. 개혁파의 자유화 정책은 국민을 무마하고 지지를 획득하여 정권을 계속 유지하기 위한 의도에서 나왔을 뿐이다. 그러나 위로부터의 자유화는 시민사회의 형성을 가능하게 함으로써, 정치적 대안이 조직될 수 있게 한다. 이제 국민들의 정권에 대한 저항이 더 이상 개인의 결단에 관한 문제가 아니라, 조직된 정치집단에 대한 지지라는 보다 손쉽고 안전한 방식에 의해 가능하게 되는 것이다.

시민사회의 급성장과 정치적 대안의 분출은 개혁파에게 자유선거를 실시하도록 강요한다. 구 체제의 개혁파 세력은 자신들이 패배하게 될 자유선거의 실시에 동의하게 되는데, 이것은 그들이 자유선거에서 시민 사회를 이길 수 있다고 판단하기 때문이다. 그 이유는 반체제라는 공동 목표하에 단합하였던 시민사회는 선거에서 분열상을 보이기 마련이

9) O' Donell and Schmitter(1991), p.19.

고, 개혁적 권력엘리트가 국민에게 자신들의 자유주의적 이미지를 잘 부각시킨다면 승산이 있기 때문이다.[10] 이 선거에서의 승패여부에 따라 개혁파가 이끄는 개혁정권 혹은 시민사회에 의한 민주정권이 들어서게 되는 것이다.

III. 동구의 민주화 이행과정

이상에서 살펴본 바와 같이 동구의 정치 이행과정을 이해하기 위해서는 거시적 변수인 사회 구조와 정치 기능뿐만이 아니라 미시적 변수인 정치 행위자도 함께 살펴보아야 한다. 그리고 시민사회의 형성과 활성화는 대체로 권력 엘리트의 분열과 정치 자유화 조치 이후에 본격적으로 나타난다는 것을 알 수 있다. 이러한 관점에서 동구의 체제 붕괴와 민주화의 과정을 시민사회의 생성과 활동을 중심으로 살펴보고자 한다.

1. 동구 시민사회의 유형

서구적 의미에서의 시민사회란 비국가 영역에 속하는 기구들, 예를 들어 언론, 노조, 교회와 같은 다양한 사회 조직들이 자율적으로 활동하는 영역이다.[11] 정치적 이행기에 동구에서 생성된 시민사회는 매우 동태적인 변화를 경험하였다. 그러므로 이들 시민사회는 여러 개의 발전 유형으로 구분되어져야 할 필요가 있다. 동구의 시민사회는 방어적, 저항적, 동원적, 제도적 시민사회라는 네 가지의 단계를 거쳐 발전하였다.

---

10) A. Arato, "Revolution, civil society und Demokratie," *Transit-Europäische Revue*, H. 1 (1990), p.118.

11) 강혜련, 『러시아의 민주화와 국가-노동관계』, 연세대학교 박사학위논문, 5쪽.

이러한 단계는 정권 담당자와 시민사회 간에 일어나는 작용과 반작용의 상호 관계 속에서 생성되었다.[12)]

사회를 변화시키려는 집단 행위로서의 시민운동은 권력에 대하여 어떠한 대응을 하는가에 따라 다양한 특징을 보이게 된다. 방어적 시민사회에서 시민운동은 공식적인 제도권 문화에서 동떨어져, 사적이고 은밀하게 조직되어 활동한다. 이러한 시민사회는 매우 약한 조직력을 보이지만 억압적 정권의 탄압을 피하는 데 매우 적합한 형태이다.

국내외적인 환경의 변화로 인하여 정치적 자유가 부분적으로 허용되면 사회 구석진 공간에 결성되어 있던 방어적 시민사회는 권력에 대하여 처음에는 간헐적인 저항을 하기 시작한다. 시민사회의 저항이 빈번해지면서 결정적 계기를 맞이하게 되면 저항적 시민사회는 대규모의 시위를 주도하게 되고, 이것은 동원적 시민사회로 발전하게 된다. 동원적 시민사회는 구체제의 붕괴가 초래되는 단계이다.

제도적 시민사회란 시민운동이 정당으로 발전하는 것을 말하며, 많은 운동단체들이 법적인 제약 때문에 정당으로 발전하지 못하거나, 혹은 제도권에 편입하기를 거부하고 계속 운동단체로 남고자 한다. 이러한 과정에서 운동세력 내에 갈등과 마찰이 생겨난다.[13)]

2. 시민운동의 생성과 정권의 대응

동구에서 시민운동의 발생 조건은 국가마다 서로 상이하다. 시민사회의 형성이 가장 빠른 나라는 폴란드였다. 폴란드에서 시민운동이 가장 활발했던 이유는 첫째, 1956년 6월 포즈난에서 발생한 노동자 항거

---

12) Marcia A. Weigle and Jim Butterfield, "Civil Society in Reforming Communist Regimes : The Logic of Emergence," *Comparative Politics*, vol. 25, no. 1 (1992), p.3.

13) 고상두, "신사회 운동의 이론적 배경," 『교육부 인문사회과학 중점연구보고서』 (1997), 132쪽.

의 결과 10월에 고물카가 공산당 서기장에 취임하면서 폴란드는 약 10여 년간의 개혁 사회주의를 경험하였다. 명령경제가 완화되었고, 농업 부문에서는 자영농이, 공업 부문에서는 노동자 자주기업이 장려되었다.

둘째, 폴란드에서는 가톨릭 교회가 매우 중요한 사회 세력으로 작용하였다. 정치적 위기 상황을 극복하기 위한 방편으로 정부는 교회와의 대화를 자주 활용하였다. 비진스키 추기경은 1956년의 위기 상황을 극복하는 데 커다란 기여를 하였고, 그 결과 1957년에는 교회의 대표자가 의회에 진출하기도 하였다. 그는 1980년 솔리다르노쉬가 창설될 때, 후견인이 되었다. 그가 사망한 1981년 이후에는 폴란드 출신의 교황 바오로 2세가 솔리다르노쉬를 후원하였다. 르네상스 이후 최초로 이탈리아 태생이 아니면서 교황이 된 바오로 2세는 폴란드 국민에게 절대적인 영향력을 행사하였다. 전체 인구의 90%가 넘는 신자들을 조직으로 묶은 가톨릭 교회는 시민운동에 대하여 도덕적 지원을 넘어 실질적인 도움을 제공한 강력한 사회세력이었다.

셋째, 폴란드 지식인들은 현실 사회주의 체제 내에서 시민사회를 형성한 기반이었다. 폴란드의 지식인들은 러시아 지식인들과 더불어 인텔리겐차라고 불리어 왔다. 그들은 억압적인 권력에 대항하는 자의식이 강한 지식인 집단으로서, 자신들의 집단 이익보다는 저항의 소명의식과 가치지향으로 뭉친 문화적 동질 집단이었다. 70년대 중반 이전까지만 하여도 폴란드 인텔리겐차의 운동은 지식인들만의 고립된 운동에 머물렀다. 그 후 기금을 조성하여 구속 노동자의 법적 비용을 대고, 구속자 가족을 지원하는 등의 활동을 통하여 대중운동과 접목을 시작하였다. 솔리다르노쉬가 그토록 커다란 사회적 반향을 일으키고 성공할 수 있었던 원인은 바로 지식인과 노동자의 연대에 있었다.[14)]

1970년 그단스크의 노동자 봉기와 그에 대한 유혈진압의 책임을 지고 사임한 고물카의 후임으로 집권하게 된 기에렉은 국민생활의 향상

---

14) 임지현(1997), 83-4쪽.

을 정책 목표로 삼았다. 그러나 중공업 부문에 대한 과잉투자를 감축하지 않은 채, 국민의 소비 수준을 향상시키기 위하여 그가 선택한 것은 서방으로부터의 외자 도입이었다. 외채를 통한 소비재의 수입이라는 경제정책으로 폴란드의 외채는 급증하였고, 원리금 상환을 위한 출혈수출이 지속되었다.

1976년 여름에 노동자위원회가 국가로부터 독립된 노조의 결성이라는 목표를 가지고 생겨났다. 1980년 7월에 정부가 단행한 기습적인 식료품 가격 인상은 그단스크를 중심으로 조선업 노동자들의 총파업을 촉발하였다. 이를 계기로 노동자 위원회는 자유노조(Solidarnosc)를 결성하였다.[15)]

솔리다르노쉬는 이름만 노조일 뿐 창설 1년만에 천만 회원을 가지는 거대 정치조직이 되었다. 폴란드 공산당은 그들에 대한 정치적 대안으로 등장한 자유노조를 용인할 수 없었고 1981년 12월에 비상 계엄령을 선포하면서 솔리다르노쉬를 불법화하였다. 이로써 자유노조는 지하단체로 활동하게 되었다.[16)]

폴란드에 비하면 체코의 시민사회는 매우 미약하다. 그 이유는 폴란드에서는 개혁 사회주의가 10여 년간 지속된 반면에, 체코에서는 1958년에 소련을 중심으로 한 바르샤바군의 침공으로 개혁 사회주의가 초기에 분쇄되었고, 개혁 성향의 공산주의자는 모두 숙청되었다. 그리하여 시민 사회가 허용될 수 있는 정치적 분위기가 그리 오래되지 못하였다.

체코의 대표적인 시민운동은 1977년에 창설된 "77헌장"이다. 이 운동의 주체는 68년 이후 공식적인 예술활동을 하지 못하게 된 문화 예술인들로서 인권 보장과 같은 도덕적이고 규범적인 가치의 실현을 운동목표로 삼았고, 이를 위해 정부와 대화를 하고자 하였다. 이 운동은 소

---

15) Wlodzimierz Korzycki, *Republik Polen* (Berlin, 1992), p.44.

16) Karol J. Szyndzielorz. "Polen," in Cord Jakobeit und Alparslan Yenal (Hg.), *Gesamteuropa* (Bonn, 1993), p.199.

련 페레스트로이카의 영향으로 크게 성장하게 되어, 1988년 10월에는 각종 인권 운동단체를 연결한 "시민의 자유를 위한 운동"이라는 운동 네트워크가 생겨났다. 이 단체는 전국에 산발적으로 결성된 각종 운동 단체를 함께 묶기 위하여 조정 위원회를 설치하였고, 중립적 잡지인 알터나티바(Alternativa)를 간행하였다.[17]

헝가리의 시민운동은 폴란드와 체코와는 다른 양상을 보였다. 1989년까지 헝가리에는 폴란드의 솔리다르노쉬, 체코의 77헌장과 같은 대표적인 시민운동이 없었다. 그 이유는 헝가리의 국가 조합주의적인 성격에서 찾을 수 있을 것이다. 헝가리에서 스탈린식의 경제체제가 운용된 것은 1949년에서 1953년까지 4년간의 기간에 불과하다. 1953년에 임레 나지가 추진한 개혁 사회주의는 카다르주의로 발전하여 1989년까지 지속적으로 이어져 내려왔다.

그리하여 예술의 자유, 사적 경제의 확대, 대외 개방, 그리고 당과 정부와 사회 삼자 간의 대화채널 등이 정치 변혁 이전에 이미 이루어지고 있었다. 경제에 있어서는 시장 경제적 요소가 작동하고 있었는데, 서구식 금융제도, 파산법, 시장 환율 등이 이미 기능하고 있었다.

이러한 개혁적 분위기 속에서 헝가리 국민에게는 "제2의 사회"라는 영역이 허용되어, 사적 영역에서 경제활동을 하거나 비공식 문화생활을 향유할 수 있는 자유가 있었다.[18] 이원적 사회구조는 각종 사회단체에서도 나타났다. 예를 들면, 1988년 3월에는 국가에 의해 조직된 청년동맹에 대한 경쟁 단체로 "민주청년"이 생겨났고, 5월에는 천 명이 넘는 전문 지식인들이 독립노조를 결성하였다.[19]

---

17) Helmut Fehr, "Soziale Bewegungen im Übergang zu politischen Parteien in Ost-Mitteleuropa: Polen, die Tschechische Republik, Slowakei und Ungarn," *Forschungsjournal NSB*, H. 2 (1993), p.30.

18) E. Hankiss, "The Second Society: Is There an Alternative Model Emerging in Contemporary Hungary?" *Social Research, vol.* 55, no. 1-2 (1988), pp.16-7.

19) Helmut Fehr(1993), p.34.

3. 정치 자유화와 시민사회의 반응

폴란드, 체코, 헝가리에서 시민사회가 형성된 시기와 성격이 서로 상이한 것과 마찬가지로 공산당 정권이 취한 정치 자유화의 방식과 이에 대한 시민사회의 반응 또한 서로 상이하게 나타난다. 폴란드 공산당은 1988년 가을에 여전히 불법단체로 규정된 솔리다르노쉬에게 대화를 제안하였다. 그리하여 바웬사가 키스작 내무장관과 만나고, 미오도비츠 국가노조위원장과 TV논쟁을 벌일 수 있었다. 이와 같이 야루젤스키 공산당 서기장이 자유화 정책을 서서히 추진한 것은 외채 위기로 야기된 위기 상황을 극복하기 위한 "라운드 테이블"을 마련하고자 했기 때문이다.[20]

라운드 테이블이란 국가 위기 상황에 직면하여 사회 각 세력이 모두 참여하여 어깨를 나란히 하고 문제를 해결하는 제도이다. 네모난 테이블에서 이루어진 폴란드의 원탁회의에서는 반체제 단체인 솔리다르노쉬와 체제를 유지하려고 노력하는 공산당이 마주보며 대화를 나누었다. 어쨌든 이 대화를 통하여 솔리다르노쉬는 공산당과 동등한 협상 파트너라는 위상을 얻게 되었다.

1989년 2월에 시작하여 4월에 끝난 원탁회의의 결과는 폴란드 공산당이 정치 자유화를 통하여 무엇을 추구하고자 하였는지를 알 수 있게 한다. 폴란드 공산당이 얻은 이익은 헌법의 개정이다. 새로운 헌법은 대통령에게 강력한 권한을 부여함으로써 의회 선거에서 패배하더라도 공산당이 계속적으로 권력을 유지할 수 있도록 하였다. 이에 대한 대가로 솔리다르노쉬는 합법화되었고, 6월에 자유선거를 실시할 것을 내용으로 하는 정치적 합의를 얻어내었다.[21]

비록 솔리다르노쉬가 6월 총선에서 압승을 거두었지만, 선거 운동 기

20) Karol J. Szyndzielora(1993), p.199.
21) Wlodzimierz Korzycki (1992), p.47.

간에 조직의 분열이 생겼다. 선거를 준비하기 위한 시민위원회가 전국적으로 생겨나면서, 솔리다르노쉬 운동은 그단스크에 본부를 둔 자유노조와 바르샤바에 본부를 둔 시민위원회라는 이원적 조직 구조를 가지게 되었다. 이것은 이듬해에 솔리다르노쉬가 여러 개의 정당으로 나뉘게 되는 결과를 가져왔다.[22)]

솔리다르노쉬를 모체로 하여 파생된 정당으로 첫째, "민주동맹(Unia Demokratyczna)"은 이념적으로 중도노선인 가톨릭 지식인을 중심으로 하는 민주적 우파와 경제에 대한 국가의 개입을 주장하는 사회주의적 자유파로 구성되었다. 둘째, "자유민주회의(Kongres Liberalno-Demokratyczny)"는 솔리다르노쉬 출신의 기업인 중심으로 만들어졌으며, 자유주의적 시장경제를 주창하였다. 셋째, "중도동맹(Porozumienie Centrum)"은 중도우파로서 친 자본주의적 성향과 기독교 민주주의적 성향을 가졌다. 넷째, "기독교민족동맹(Zjednoczenie Crzescijansko-Narodowe)"은 우파 민족주의 성향의 기독교 정당으로 반공주의를 표방하였다.[23)]

솔리다르노쉬 운동에 동참하였던 농민들 또한 "농민동맹(Porozumienie Ludowe)"이라는 이름의 정당을 결성하였다. 이것은 소규모 솔리다르노쉬 농민당 2개와 솔리다르노쉬 농업조합의 일부가 연합한 것이다. 이러한 정당들 이외에도 솔리다리노쉬 운동에서 떨어져 나온 "기독민주", "노동자 솔리다르노쉬" 등이 있으며, 일부는 무소속 또는 지역정당의 후보로 출마하였다.[24)]

체코슬로바키아의 경우에는 체제 붕괴를 야기한 원인이 경제 사회적이라기보다 정치적인 것이었다. 77헌장은 솔리다르노쉬처럼 거대하거나 강력하지 못했다. 그리고 생필품의 결핍도 없었고, 외채 규모는 극히 작았다. 정치적으로 체코슬로바키아 공산당은 1968년의 역사적인 상처

---

22) Helmut Fehr(1993), p.28.
23) 신명순, "폴란드 민주화과정에서의 선거," 『동서연구』 제7권 (1994), 64-5쪽.
24) 신명순(1994), 65쪽.

를 안고 있었고, 이것은 커다란 정치적 부담으로 작용하였다. 소련 침공 20주년이 되는 1988년에 프라하에서 대규모 시위가 있었다. 이 시위는 폴란드, 헝가리 그리고 동독에서의 정치 변혁에 영향을 받아 점차 확산되었고, 1989년 11월에 대규모 학생시위가 있었다.

체코슬로바키아에서 체제 붕괴를 촉발한 것은 시민사회가 아니라 "프라하의 봄"이라는 역사적 사건을 전혀 경험하지 않은 학생들이었다. 학생 시위에 대한 경찰의 무자비한 진압이 국민적 분노를 불러 일으켜 전국적인 시위로 확산되었고, 대규모 시위를 조직적으로 주도하기 위하여, 77헌장의 주요 멤버들이 중심이 되어 시민포럼(Civic Forum)이 결성되었다. 문화 예술인으로 구성된 반체제 그룹이 학생 시위를 계기로 국민운동 단체로 발전하게 된 것이다.[25)]

1989년 겨울에 발생한 체코슬로바키아의 체제 붕괴는 "부드러운 혁명"이라고 불린다. 왜냐하면, 국민들의 대규모 시위에 공산당 지도부는 의외로 전원이 즉각 사퇴하였고, 당내 개혁파인 찰파가 총리를 맡고 공산당은 국방과 경제 등을 담당하고, 시민포럼이 외교와 재정을 맡는 공동 내각이 구성되었기 때문이다. 이 과도내각의 주요과제는 자유선거를 준비하는 것이었다.

체코슬로바키아의 첫 자유선거는 1990년 6월에 실시되었다. 이 총선에서 시민포럼은 53.1%를 득표하여 예상대로 압승을 거두었다. 시민포럼은 슬로바키아 기독민주연합과 연립정부를 형성하여 의회 내 2/3가 넘는 다수세력이 되었다. 그리고 13.4%의 득표율을 획득한 개혁 공산당은 최대 야당이 되었고, 이로써 여야 간의 대립노선은 자유주의 대 공산주의가 되었다.[26)]

---

25) Zdenek Karrisek und Michal Reiman, "Die CSFR(1989-1991) und die Entstehung der Nachfolgestaaten Tschechien und Slowakei," in Cord Jakobeit und Alparslan Yenal (Hg.), *Gesamteuropa* (Bonn, 1993), p.213.

26) 이규영, "동유럽의 민주화와 선거," 한독정치연구회(편), 『현대정치이론과 체제변동』 (서울 : 전예원, 1997), 390-91쪽.

선거가 끝난 후 2년이 채 못되어 시민포럼은 이념적 지향에 따라 민주시민당이라는 우파적 성향과 자유시민운동이라는 자유주의적 성향의 두 개 정당으로 양분되었다.[27] 게다가, 정치 변혁의 여파로 1993년 1월 1일부로 체코슬로바키아 연방이 체코 공화국과 슬로바키아 공화국으로 분리되는 연방해체를 겪게 되었다.

헝가리의 체제 변혁은 1989년 2월에 공산당이 1956년의 봉기에 대하여 역사적인 재평가를 하고 공산당 일당 독재를 스스로 포기하면서 시작되었다. 민주화 과정에서 다른 동구 국가들이 모두 정치적 혼란에 뒤흔들렸던 것에 비하면, 헝가리는 정치적 격랑이 높았던 동구지역에서 상대적으로 정치적 안정을 누렸던 외로운 섬이었다. 공산당은 그동안의 개혁 노력에 대하여 국민이 충분히 인정해 줄 것을 기대하였고, 1990년 3월에 자유선거를 실시하였다.[28]

폴란드나 체코와 달리 헝가리의 경우는 자유 선거를 실시하기 훨씬 전에 여러 정당들이 형성되어 있었다. 1987년에 전통주의와 민족주의를 지향하는 "헝가리 민주포럼(MDF: Magyar Demokrata Fórum)" 이 결성되었고, 1988년에 도시 지식인을 중심으로 "자유민주연맹(SZDSZ: Szabad Demokraták Szövetsége)" 이 생겨났다.[29]

공산당 일당독재하에서 생성된 이들 정당들은 집권 공산당과 대결 관계에 있었던 것이 아니라, 경쟁 및 협조 관계에 있었다. 그러므로 1990년 3월의 헝가리 자유 총선은 폴란드나 체코와 달리 구 체제에 대한 국민의 심판과 같은 의미가 없었다. 반체제 구호하에 운동세력이 뭉

---

27) J. Svitek, *Politische Parteien und Bewegungen in der Tschechoslowakei* (Prag, 1992), p.15.

28) Móté Szabó, "Vom kommunistischen Reformwunder zur relativen Stabilität im Postkommunismus: Ungarn," in August Pradetto (Hg.), *Die Rekonstruktion Ostmitteleuropas* (Opladen : Westdeutscher Verlag, 1994), p.25.

29) Andréa s Körösényi, "Politische Gliederung 1990," in József Bayer und Rainer Deppe (Hg.), *Der Schock der Freiheit Ungarn auf dem Weg in die Demokratie* (Frankfurt a. M. : Suhrkamp, 1993), p.121.

쳐야 할 긴박한 이유가 없었기 때문이었다. 이 선거에서 우파인 헝가리 민주포럼이 승리를 하였다.

여기서 한 가지 언급하고 넘어가야 할 것은 폴란드, 체코슬로바키아, 헝가리에서 시민사회의 생성이 촉진되고 이들의 저항에 대하여 권력엘리트들이 분열하게된 데에는 소련의 영향이 매우 컸다는 사실이다. 동구 사회주의 수립 이후의 역사가 잘 말해주듯이 소련은 동구 위성국가의 정권이 위기에 처할 때마다 어김없이 소련군을 파병하였다. 고르바초프는 그러한 전통적인 수단을 사용하지 않았을 뿐만 아니라, 동구의 개혁을 촉구하였다.

Ⅳ. 동구 국가의 민주화 과정 비교

폴란드, 체코, 헝가리의 정치 이행을 비교하여 살펴본 바에 의하면 이들 3국은 집권 공산당 세력이 자유선거의 실시를 수용하였으며 선거에서 모두 패배하였다는 점에서 서로 유사성을 가지면서 동시에 시민사회의 규모와 성격에서 여러 차이점을 가지고 있다는 것을 알 수 있다. 이를 유형화하면 아래의 〈표 1〉과 같다.

첫째, "체제의 붕괴 이전에 시민사회가 성장하고 있었는가?"라는 기준에서 본다면 폴란드의 경우에는 솔리다르노쉬가 정치적 대안으로서의 역할을 하였다는 점에서 동원적 시민사회가 있었다고 할 수 있고, 체

〈표 1〉 동구 3국의 체제 이행적 특성

	폴란드	체코슬로바키아	헝가리
시민사회의 유형	동원적 시민사회	저항적 시민사회	방어적 시민사회
시민운동의 주체	노조와 교회	문화 예술인	도시 지식인
권력엘리트의 분열원인	경제적 위기	정치적 위기	장기적 개혁

코에서는 77헌장이 인권운동을 벌이는 등의 활동을 함으로써 강한 시민운동이 존재한다는 의미의 저항적 시민사회까지의 발전이 있었고, 헝가리의 경우에는 국가가 조직한 단체와 병립하는 각종 사회단체가 조직되는 형태의 방어적 시민사회의 수준에 머물렀다고 할 수 있다.

둘째, 시민사회를 구성하는 행위자의 관점에서 본다면, 폴란드에서는 노조와 교회가 가장 강력한 운동 주체로서 활동하였고, 이것은 "계층 운동"으로서의 성격을 가진다고 볼 수 있다. 체코의 경우에는 문화예술인을 중심으로한 소수의 지식인 집단의 인권운동이라는 점에서 "이슈 운동"이 진행되었으며, 헝가리에서는 국민들이 제2의 사회에 안주함으로써 국가 주도의 공식적 사회 영역을 이탈할 수 있는 자유로운 기회가 제공되었다.

셋째, 폴란드와 체코에서는 각각 경제적 위기와 정치적 위기에 직면하게 되면서 집권층이 분열하여 개혁파가 내부적으로 승리한데 비해, 헝가리는 장기적인 개혁을 통하여 개혁파가 당내에서 우세를 점하게 된 경우이다. 이들 3국은 모두 정치적 자유화를 선언하고 시민사회와 함께 원탁회의를 구성한 후 자유선거를 실시하였다. 총선에서 반 공산세력은 모두 승리하였지만, 총선 직후인 1990년과 1991년에 폴란드와 체코슬로바키아의 시민사회는 정당으로의 제도화 과정에서 모두 분열되었다. 헝가리에서는 시민사회의 성장이 약했던 만큼, 총선 후 정당분열이라는 현상이 두드러지게 나타나지 않았다.

마지막으로, 공산당이 정치적 자유화를 실행하고 자유선거를 실시한 의도는 자신들이 이길 수 있다고 보았기 때문이다. 공산당이 모두 첫 선거에서 패배하였지만, 폴란드와 헝가리에서 각각 1993년과 1994년에 실시된 두 번째 의회선거에서는 공산당을 승계한 좌파정당들이 재집권하게 되었다는 것은 그들의 계산이 아주 틀린 것만이 아니라는 것을 말해준다.

V. 결론

이 글은 1989년에 동구에서 일어난 혁명이 평화적이었던 이유, 그리고 민주화 과정에서 시민사회의 역할 등을 밝혀내기 위하여 폴란드, 헝가리, 체코슬로바키아 3국의 사례를 분석하였다. 그리하여 정치 이행과정에서 발생한 대규모의 시위가 유혈사태로 발전하지 않은 것은 무엇보다도 집권층이 자유화 조치라는 정치적 유화책을 사용하였기 때문이라는 것을 알아내었다. 폴란드의 경우에는 공산당에 대한 정치적 대안으로서 시민사회가 존재하고 있었지만, 체코슬로바키아의 경우에는 그러한 동원적 시민사회는 권력 엘리트의 자유화 조치 이후에 성장하였다. 그리고 헝가리의 경우에는 체제 붕괴와 민주화 과정에서 시민사회의 역할이 지극히 미미하였다.

체코나 헝가리보다도 훨씬 약한 시민사회가 존재하였던 동독이나, 시민사회가 있었는지 의심스러운 불가리아에서도 평화적인 정치 이행은 이루어졌다. 물론 동독의 붕괴에는 서독이라는 특수요인이 중요하게 작용하였다. 동독 주민들은 서독이라는 "현실에 존재하는 이상향"을 가지고 있었고, 그들의 대량탈주가 평화적인 체제이행의 원인이 되었다.[30] 그러나 동독의 붕괴는 동구에서 진행된 연쇄붕괴라는 거대현상 와중에 발생한 것에 불과했으며, 다른 동구국가들의 붕괴와 본질적으로 차이가 없었다.

유혈 혁명으로 발전된 루마니아의 경우에는 공산당 권력층이 분열되지 않고 단합하여 민중 시위에 대응한 사례이다. 이곳에서 민중이 결국 승리한 이유는 차우세스쿠가 자신의 권력을 확고히 방어하기 위하여 군이라는 무력기구를 강화시켰을 뿐만 아니라 추가적으로 세쿠리타테(Sekuritate)라고 불리는 비밀 경찰을 육성하여 이중적 권력보호 장치를

30) 고상두, "독일의 정당통합과 그 시사점," 『통일경제』 통권 제32호, 8월호 (1997), 135-6쪽.

해두었고, 평소에 비밀 경찰의 특권적 지위에 대해 불만을 품었던 군이 결정적인 시기에 민중의 편에 섰기 때문이다.

시민사회가 비교적 활발하였다고 할 수 있는 폴란드, 체코슬로바키아, 헝가리 3국에서 민주화 이행 당시 시민사회의 발전수준이 상이하였다는 사실과, 그럼에도 불구하고 이들 국가에서의 정치적 이행과정이 똑같이 급작스럽고 평화적으로 진행되었다는 사실은 동구 민주화에 대한 시민사회의 기여가 제한적이었다는 것을 의미한다. 여기에 시민사회가 활발하지 못하였던 동독과 불가리아도 마찬가지로 유사한 민주화 과정을 밟았다는 사실은 그러한 결론을 한층 뒷받침하여 주고 있다.

동구 3국에 관한 연구 결과를 여타 동구 국가에 확대 적용하여 종합적으로 말한다면 다음과 같다. 동구의 민주화와 관련하여 그동안 시민사회의 긍정적인 역할이 과도하게 평가되었다. 즉 시민사회의 성장과 평화적인 정치 이행은 비례하는 것으로 간주되었다.

권력에 대한 관계를 기준으로 민주화 이행기의 중 · 동구 시민사회의 발전수준을 평가한다면 폴란드에서 가장 발전된 시민사회가 형성되었고, 그 다음으로 체코슬로바키아, 헝가리, 동독, 불가리아의 순서이다. 시민사회의 발전수준이 서로 대조되는 이들 나라 모두에서 권력층은 정치적 자유화를 통하여 권력을 계속 유지하려고 시도하였고, 그로 인하여 평화혁명을 야기하였다.

소련의 경우에는 페레스토로이카 이후 권력엘리트가 계속 분열되었고 1991년 8월에 쿠데타를 통하여 보수파가 일시적으로 득세하였으나 안정적 정권유지에 실패하였다. 루마니아의 경우에는 시민사회의 발전수준이 낮았기 때문에 유혈 혁명이 불가피했다기보다 권력층이 단합하여 무력진압에 나섬으로써 평화적 혁명이 불가능했다고 보아야 한다.

본 연구의 결과를 북한 사회에 적용한다면, 다음과 같은 시사점을 찾을 수 있다. 북한 사회가 변혁하기 위해서는 시민사회의 성숙이 중요하지만, 우리가 북한에서 시민사회가 성장할 수 있도록 만든다는 것은 비현실적이다. 그리고 시민사회의 성장이 북한체제의 변화에 가장 중요한 변수도 아니다. 정치적 위기가 닥칠 때 집권층이 분열되고 정치적 자유화 조치가 실시될 수 있도록 하는 것이 보다 긴요하다. 이를 위해서 남한의 대북정책은 북한 내에 개혁파가 생겨날 수 있는 여건을 조성할 수 있는 개방정책 전략을 선택하여야 한다.

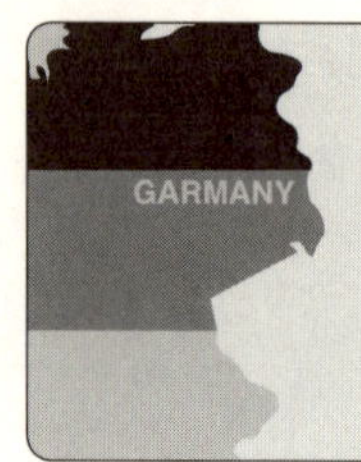

제6장
시민운동에서 정당으로의 이행
– 동독 반체제 그룹의 한계

I. 서론

동구 사회주의 체제의 붕괴는 구 지배계급이 권력의 자리에서 밀려나고, 반체제 그룹이 권력을 장악하는 결과를 초래하였다. 가장 대표적인 사례로서 폴란드의 자유노조인 솔리다르노쉬를 들 수 있다.

이와 달리 구 동독의 경우에는 공산체제를 붕괴시킨 시민운동 그룹이 권력을 장악하지 못하였을 뿐만 아니라 불과 1~2년 사이에 극적으로 쇠퇴해 버리는 특이한 양상을 보였다. 혁명에서는 성공한 구 동독의 시민운동이 정치적으로는 패자가 되어버린 것이다.

이 글은 공산독재 지배를 종식시킨 동독의 시민운동 그룹이 다른 동구 국가의 경우와는 달리 정권을 장악하지 못한 이유를 밝히고자 한다. 의회 민주주의 체제하에서 권력의 장악은 정당을 통하여 이루어진다. 따라서 동독 반체제 그룹의 정당 조직화 과정을 그 가능성과 한계라는 측면에서 분석하는 것은 그들이 권력을 획득하는 데에 실패한 원인을 찾는 길이 된다. 이를 위해 이 글은 다음과 같이 구성된다.

먼저 서론에 이어 사회운동에 관한 이론적 논의를 한다. 사회운동을 설명하는 두 가지 대표적 이론으로서 자원동원론과 정치적 기회구조론이 있다. 이들 이론들이 동독의 시민운동을 어느 정도 잘 설명하고 있는지, 그리고 어떠한 한계를 안고 있는지를 알아본다. 그리고 나서 두 가지 이론이 동독의 사례를 설명하는 데 있어서 나타나는 문제점을 보완할 수 있는 새로운 접근법을 모색한다.

이어서 동독 시민운동의 생성과 발전 그리고 쇠퇴의 과정을 독일 통일과정과 연관하여 분석한다. 그리하여 동독 시민운동 그룹이 권력 장악을 통하여 정치 제도권으로 편입하는 것이 아니라 주변부로 밀려나면서 쇠퇴하게 되는 원인을 파악한다.

마지막으로 의회 민주주의가 도입되면서 동독의 반체제 그룹들은 어떠한 운동 방향을 설정하였는지를 살펴본다.

II. 사회운동의 이론적 논의

사회 구성원들은 자신이 살고 있는 사회에 결함이 있다고 인식하면 사회를 변화시키려는 노력을 하게 된다. 따라서 사회운동의 발생은 사회문제와 밀접한 관계를 가지고 있다. 결국 사회운동이란 사회적 불만과 갈등이 형성되면, 이것을 문제시하는 사람들이 이슈화하여 집단적인 행위를 통하여 해결하려고 하는 현상이다.[1)]

사회운동은 불만이나 상대적 박탈감 같은 감정적이고 비합리적인 원인에 의해 발생하는 즉흥적인 집단행위와 구별된다. 자원동원 이론은 사회운동의 개념을 운동 참여자들이 운동 자원의 크기를 정확하게 파

1) 신율, “정치문화와 사회운동,” 한독정치연구회 엮음, 『현대정치이론과 체제변동』 (서울: 전예원, 1996), 83쪽.

악하고, 그것을 효율적으로 동원하여 사회 문제를 해결하려고 하는 합리적인 행위라고 규정한다.[2] 따라서 자원동원론의 관점에서 볼 때, 사회 운동은 계산된 정치 행위이며 조직에 의하여 지속적이고 합리적으로 추진된다는 것이다.

자원동원론이 사회운동의 조직화라는 내부적 측면에 분석의 초점을 맞추었다면, 정치적 기회구조 이론은 사회운동의 외부적 요인에 관심을 둔 접근법이다. 정치적 기회구조란 집단행위를 촉진하거나 방해하는 변수들의 총합으로서, 예를 들면 선거 제도, 정당 제도, 정치 문화, 법적 규정, 국가의 억압 기제 등이다.[3]

자원동원론이나 정치적 기회구조론은 서구의 안정된 민주 사회에서 발생한 사회운동을 설명하는 이론으로서 동독의 평화혁명 시기에 나타난 시민운동 그룹의 행위를 설명하는 데에는 한계를 가지고 있는데, 그 이유는 다음과 같다.

첫째, 자원동원론은 사회운동의 행위자가 합리적 선택에 따라 행동한다고 간주하지만, 공산정권을 붕괴시킨 동독 반체제 그룹은 평화혁명을 성사시킨 이후, 대다수의 동독 주민이 급진적 민주주의를 지지하지 않는 상황임에도 불구하고 자신들의 정치적 이상을 구현하기 위하여 끝까지 노력하였다.

둘째, 정치적 기회구조론은 기회구조가 사회운동의 외부적 환경으로 작용한다고 본다. 약 1~2년이라는 짧은 평화혁명의 기간에 동독 사회는 공산당 지배체제에서 정치적 과도체제로 그리고 통일로 이르는 과정을 거치면서 수 차례에 걸친 정치적 변화가 있었다. 이러한 급변 상황은 동독 반체제 그룹으로 하여금 수시로 변화하는 정치적 기회구조를 제때에 파악하여 적절히 활용하는데 어려움을 주었다. 기회의 창은 금

---

2) John D. McCarthy and Mayer N. Zald, "Resource Mobilization and Social Movement: A Partial Theory," *American Journal of Sociology*, vol. 82, no. 6 (1977).

3) Sidney Tarrow, *Struggling to Reform Social Movements and Policy Change during Cycles of Protest* (Ithaca, NY: Cornell University Press, 1983).

새 열렸다가 어느새 닫혀버리기를 반복하였던 것이다.

이처럼 기존의 두 가지 사회운동론이 동독 사례를 설명할 때 가지게 되는 한계 때문에, 구 동독 반체제 그룹의 성장과 쇠퇴를 다른 측면, 즉 '정치적 변혁에 따른 사회 구조의 근본적인 변동' 이라는 점에서 설명할 필요가 있다고 본다.

동독의 현실 사회주의가 오랫동안 유지되어 온 것은 단순히 정치적 억압이라는 수단에 의존해서만이 아니다. 호네커가 집권하게 된 70년대 이후의 동독은 온정주의 국가가 국민의 삶을 보호하고 돌봐주는 게마인샤프트적 사회이며, 개인이나 집단의 자율적 영역이 극히 제한적인 범위에서 허용되었다는 점에서 타율적인 사회이다. 이러한 타율적 게마인샤프트의 특징은 "당은 모든 인민을 위하여, 모든 인민은 당을 위하여!" 라는 구호에서 가장 잘 나타난다.[4]

게마인샤프트 사회를 지향하는 정치문화는 정치적 변혁 이후에도 계속 유지되었다. 왜냐하면 공산 체제를 붕괴시킨 반체제 시민운동 그룹이 건설하고자 한 사회는 인간과 인간의 연대가 최고의 가치로 평가되는 사회였기 때문이다. 과거의 현실 사회주의 사회가 타율적인 게마인샤프트였다면, 시민운동 그룹이 추구한 사회 유형은 더 이상 공산당에 의해 지배되지 않는 자율적인 게마인샤프트였던 것이다.

동독의 전통적 가치인 게마인샤프트가 약화되고 게젤샤프트로의 지향이 생겨나게 된 것은 동독 외부의 요인에 의해서였다. 사회 이익의 조화를 그 조직 원리로 하는 게마인샤프트에서 시장과 경쟁의 법칙이 지배하는 게젤샤프트로의 전환은 시민운동의 자발적인 요구가 아니라 통일이라는 외부적 힘에 의해 이루어졌다.

게젤샤프트에서는 국민 전체의 공동 이익보다는 계급이나 계층의 이

---

4) Johannes Weiß, "Akteure und Agenten - Über Selbstbestimmung, Fremdbestimmung und Stellvertertung im Vereinigungsprozeß," in R. Kollmorgen, R. Reißig, J. Weiß (Hg.), *Sozialer Wandel und Akteure in Ostdeutschland* (Opladen: Leske+Budrich, 1996), pp.107-8.

〈표 1〉 동독 사회구조의 변동 유형

	게마인샤프트	게젤샤프트
타율성	국가 온정주의적 사회	자유 경쟁 사회
자율성	연대적 사회	연대와 경쟁의 사회

익이 보다 중요한 의미를 가지게 된다. 그러므로 사회 구성원의 전체 이익을 대변하는 시민운동보다 집단의 이익을 대변하는 이익 집단 또는 정당의 역할이 중요하게 된다.[5]

동독이 완전한 자유경쟁 사회가 된다는 것은 시민운동 그룹의 시각에서 볼 때 이기적이고 개인주의적인 서독 사회의 제도를 그대로 이식하게 되는 것이고, 이것은 서독에 의해 타율적으로 규정되는 사회 구조를 가지게 된다는 것을 의미하였다. 따라서 동독의 시민운동은 서독의 제도를 원칙적으로 거부하였으며, 타협적인 일부 그룹은 동서독이 대등한 입장에서 합의에 의한 통일을 이룩함으로써 서독식 경쟁주의를 부분적으로 제한하고 동독식 연대주의를 가미한 사회 구조인 자율적 게젤샤프트를 선호하였다.

이상의 논의를 도식화하면 〈표 1〉과 같다. 공산 독재에서 혁명을 거쳐 통일에 이르기까지의 기간에 동독 사회가 거치거나 선택할 수 있었던 사회 구조의 유형은 크게 네 가지로 나눌 수 있다.

동독 공산사회는 국가 온정주의적 사회로서 타율적 게마인샤프트이며, 흡수 통일된 동독 사회는 서독식의 자유 경쟁이 강제된 사회인 타율적 게젤샤프트이다. 이들 두 가지 사회유형은 동독 시민운동의 시각에서 보면 둘 다 타율적 사회라는 공통된 특징을 가지고 있다.

반면에 반체제 그룹이 원하였던 것은 자율적 사회유형이다. 초기에는 대다수의 시민운동 단체들이 자율적 게마인샤프트를 원하였다. 그러나 점차 통일이 불가피하게 되면서 반체제 그룹 중에서 일부는 동서

---

5) Weiβ (1996), p.110.

독이 대등한 관계에서 통합될 수 있기를 기대하였고, 그로 인해 생겨날 자율적 게젤샤프트를 지향하게 되었다.

이상과 같이 구 동독의 사회운동은 자원 동원이나 정치적 기회구조라는 요인 못지않게 변혁과 통일에 의해 유발된 사회 유형의 급격한 변화에 의하여 커다란 영향을 받았다고 할 수 있다. 다시 말하자면 게마인샤프트에서 게젤샤프트로의 변화라는 현실은 두 가지 점에서 사회운동에 결정적인 영향을 끼쳤다.

첫째, 정당이 가장 중요한 의미를 가지게 되는 방향으로 정치 영역이 변화하게 되면서, 시민운동 그룹은 정당으로의 조직화를 강요당하였고, 정당으로 전환한 그룹과 운동으로 계속 남는 그룹으로 분열되었다.

둘째, 흡수통일에 대한 시민운동 내부의 입장 차이는 연대적 사회를 지향하여 통일을 반대하는 그룹, 통일을 찬성하지만 양독 간의 합의에 의해 제한적 경쟁사회를 건설하고자 하는 그룹, 서독의 정치제도를 도입하는 것이 현실적으로 유일한 대안이라고 보는 그룹으로 분열되었다.

III. 독일통일 과정에서 구 동독 반체제 그룹

동독의 체제 붕괴에서 독일통일까지의 과정을 시민운동의 역할을 중심으로 분석한다면 크게 세 가지 단계로 구분할 수 있다. 첫 번째는 체제에 대한 불만이 증대하면서 시민운동 그룹이 서서히 생성하기 시작하여 활동을 개시하는 단계이다. 두 번째는 1989년 동독주민들의 대량 탈주 사태를 계기로 시민운동 그룹들이 대규모 시위를 주도하여 40년간 유지되어 온 공산당 일당독재 체제를 붕괴시키는 단계이다. 세 번째는 시민운동 그룹이 라운드테이블이라는 위기관리 기구에서 개혁 공산세력과 함께 동독의 체제 개혁을 시도한 단계이다.

1. 체제 불만과 비공식적 조직화

체제 붕괴 이전에 정치 개혁을 시도한 소련, 폴란드, 헝가리 등과 달리 동독 정권은 체제 붕괴 직전까지 개혁과 자유화를 거부하였다. 따라서 동독의 지식인들은 공식적 정치 영역이 아닌 교회라는 보호벽 안에 형성된 비공식적 영역에서 제한된 정치행위를 하였다. 교회 안에 제2의 정치문화를 형성한 "은밀한 시민"들이 추구한 정치 목표는 체제의 와해가 아니라 체제의 개혁이었다.[6]

동독은 사회주의 개혁의 경험이 전혀 없는 나라이다. 체코, 폴란드, 헝가리의 지식인과 운동가들이 이미 1980년대 초반에 개혁 사회주의에 실망하고 그 현실적인 한계를 명확하게 인식하여 사회주의 이념과 결별한 반체제적 성향을 가진 반면에, 동독의 지식인이 조직한 시민운동 그룹은 현실 사회주의를 개혁하여 "진정한 사회주의", "인간의 얼굴을 한 사회주의"를 건설하는 것을 운동의 목표로 하고 있었다.[7]

70년대 말과 80년대 초에 주로 평화운동 그룹이, 83년 이후에는 환경과 인권을 운동 이슈로 한 시민단체들이 반체제 성향의 목사와 교회의 도움으로 생성되었다. 이들은 소규모로서 비공식적 모임의 성격을 띠었으며, 자발적 협조를 조직원리로 하였다. 집회는 주로 비공식적인 차원에서 이루어졌고, 운동 그룹 간의 협조 관계는 개인적 친밀도에 의해 이루어졌다. 이와 같은 운동 형태는 허약하고 무력해 보이지만, 반면에 공산당의 감시와 억압을 피해 살아남기 위해서는 아주 적절한 것이었다.

80년대 중반에 이르러 이들 단체들은 일종의 운동 네트워크를 형성하기 시작하였다. 동독 최초의 시민운동 네트워크는 1985년에 결성된 "평화와 인권을 위한 이니셔티브"이다. 300여 개의 그룹이 참여한 이

---

6) Hubertus Knabe, "Die Geburtshelfer der Revolution," in Hubertus Knabe (Hg.), *Aufbruch in eine andere DDR* (Reinbeck, 1990), pp.9-10.

7) 고상두, "독일의 정당통합과 그 시사점," 『통일경제』 1997년 8월호 (1997), 136-7쪽.

조직은 89년 가을의 정치적 변혁에 커다란 영향력을 발휘하게 된다.[8] 1988년에는 "녹색환경운동 네트워크"가 결성되었다. 동독 비밀경찰 슈타지의 보고에 의하면 여기에는 약 2,500명이 참여하였다.[9]

80년대 중반이 동독 시민운동의 발전에 전환점이 된 이유로서 크게 두 가지를 꼽을 수 있다. 첫째, 소련 페레스트로이카의 영향으로 사회주의 개혁을 지향하는 지식인들의 운동이 크게 고무되었다. 이에 대응하여 공산당 지도부는 소련의 개혁 여파를 막기에 급급하였고, 1998년 2월에 건국 이후 최초로 소련의 신문을 배포 금지하였고, 그후 소련의 영화 상영을 금지하기도 하였다. 그 해 11월에는 소련의 혁신계 월간지 "스푸트닉"의 반입이 금지되기도 하였다.[10]

둘째, 공산당 정권은 호네커 서기장이 서독 콜 수상의 초청으로 동독 역사상 처음으로 서독을 공식 방문하게 된 1987년 9월을 전후로 국내 통치를 완화하는 조치를 취하였다. 부분적이나마 정치적인 자유화 분위기로 인하여 시민운동이 활성화되었다.

그동안 시민운동 그룹은 매우 소극적으로 활동하였고, 그로 인해 동독 주민들에게 그들의 존재가 그리 널리 알려지지 않았다. 하지만 1980년대 후반에 접어들면서 87년 11월의 시온교회 환경도서관 탄압사건, 85년 1월 로자 룩셈부르크와 칼 립크네흐트 사망 기념일에 벌어진 데모 사건, 그리고 이 사건으로 구속된 운동가들의 석방을 기원하기 위하여 동베를린 겟세마니 교회에서 매주 월요일에 열린 기도회 등 일련의 적극적인 반체제 운동은 서독의 언론매체라는 우회적 전달을 통하여 동독 주민들에게 시민운동 그룹의 존재와 활동을 널리 선전하는 계기가

8) Markus Meckel, "Konsequenzen aus den Erfahrungen der Oppositionszeit," in D. Dowe (Hg.), *Von der Bürgerbewegung zur Partei. Die Gründung der Sozialdemokratie in der DDR* (Bonn, 1993), pp.56-57.

9) Armin Mitter and Stefan Wolfe, *Befehle und Lagerberichte des MFS* (Berlin: Basis Druck, 1990), pp.46-47.

10) Hans Lehmann, *Deutschland-Chronik 1945 bis 1995* (Bonn: Bundeszentrale für politische Bildung, 1996), p.319.

되었다.[11)]

정치적인 자유화가 이루어지기 이전까지의 동독 반체제 그룹이 가졌던 특징은 크게 다음의 두 가지이다. 첫째, 조직과 세력이 미약하였기 때문에 국가와의 정면 충돌을 회피하였다. 둘째, 운동 그룹 간의 독자성을 가능한 한 유지하였다.

2. 대량 탈주사태와 조직의 분출

구 동독 정권이 붕괴하게 된 원인으로는 여러 가지가 있다.

첫째, 국내적 원인으로는 인권 침해와 자유의 억압 등에 따른 정치적 불만의 증대, 관료주의의 팽배, 70년대 중반 이후 낙후되기 시작한 경제상황 등 체제발전의 내적 한계 등이 있다.

둘째, 국제적 원인으로는 고르바초프의 페레스트로이카이다. 소련 체제를 모델로 하여 성장 발전하여 온 동독은 소련이 자기 비판과 함께 체제 개혁을 단행함으로써 정통성의 상실을 겪게 되었다.

셋째 원인은 서독의 존재와 체제 우위적인 매력이다. 이러한 세 가지 원인은 동독이 정통성의 위기에 직면하도록 하였다. 하지만 동독이 붕괴하는 데에 직접적인 촉발제의 역할을 한 것은 서독으로의 대량탈주와 동독 내에서의 대규모 시위라는 두 가지 요인의 동시적 발생이다.[12)]

1989년 6월 헝가리가 오스트리아 방면 국경의 철조망을 제거함으로써 동서유럽을 가로막았던 철의 장막에 구멍이 생겼다. 탈주의 기회를 포착하기 위해 헝가리로 휴가를 떠나는 동독 주민이 늘어났고, 그 해 9

---

11) Babara Blattert, Dieter Rink, Dieter Rucht, "Von den Oppositionsgruppen der DDR zu den neuen sozialen Bewegungen in Deutschland?" *Politische Vierteljahresschrift*, 36 Jg. Heft 3 (1995), p.416.

12) 고상두, "동구 민주화 과정에서 시민사회의 역할에 대한 비판적 고찰," 『슬라브학보』 제13권 1호 (1998), 216쪽.

월에 헝가리 정부가 "동독시민의 서독행 방지에 관한 협약"을 일방적으로 무효화하였다. 이러한 조치로 불과 3일만에 만 오천명의 동독 주민이 헝가리를 거쳐 서독으로 탈주하였고, 한 달 만에 그 수는 삼만 명에 달하였다.[13)]

주민들이 대량으로 서독으로 탈주한 사태는 공산당 정권의 정통성에 치명적인 타격을 주었다. 그리고 동독에 남아 있는 시민운동 그룹에게 체제를 개혁해야 할 의지와 책임감을 강화시켰다. 이들 반체제 그룹들은 대량 탈주를 동독의 게마인샤프트를 이탈하는 행위로 간주하면서, "우리는 여기에 남겠다!"라는 구호를 앞세우고 대규모 반체제 시위를 주도하였다.[14)]

반체제 그룹의 적극적인 저항은 대량 탈주사태로 이미 침식되기 시작한 동독 공산당의 권력 기반을 완전히 와해시켰다. 아무리 억압적인 권력 기관일지라도 조국에 남겠다는 국민에게 총질을 할 수는 없었다.[15)]

이와 같이 국민 대중들의 탈주와 시민운동의 시위라는 두 가지 옵션의 결합은 공산당 일당 독재의 종식과 시민사회의 등장을 가능하게 하였다.[16)] 비공식적인 영역에 머물렀던 반체제 그룹이 공식적인 정치 영역으로 나섰고, 새로운 단체들이 공개적으로 조직되기 시작하였다.

1989년 9월 9일에 시민운동사상 최초로 교회의 테두리 밖에서 전국적인 반체제 운동 그룹이 탄생하였다. 동독 체제를 변혁하는 데 필요한 민주적 대화의 장을 마련할 것을 목표로 라이프찌히에서 결성된 "신포럼(NF: Neues Forum)"은 금새 20만 명의 지지 서명을 획득하여 동독 최대의 운동 세력이 되었다. 신포럼이 추구한 개혁 목표는 자본주의와

---

13) Lehmann(1996), pp.359-60.

14) Weiβ (1996), p.111.

15) *Der Spiegel*, 1990. 2. 26.

16) exit-voice 이론은 허쉬만에 의해 처음으로 제기되어 구동독의 변혁을 설명하는 데 유용하게 활용되었다. 이와 관련, Albert O. Hirshman, "Exit, Voice and the Fate of German Democratic Republic: An Essay in Conceptual History," *World Politics*, vol. 45 (Jan. 1993), 참조.

사회주의를 혼합한 체제를 동독에 실현하는 것이다.

신포럼이 출범한지 3일 후인 9월 12일 동베를린에서 "지금 민주주의를" 이라는 이름의 운동 단체가 교회인사를 중심으로 결성되었다. 약 3천 명의 지지자가 참여한 이 단체는 기독교인과 비판적 마르크스주의자의 연합으로 조직되었다.

10월 1일에는 "민주적 부흥" 이라는 운동 단체가 결성되었다. 출범 후 약 6천 명의 지지를 받은 이 단체는 초기에 신포럼과 유사한 개혁 목표를 가졌으나 얼마 지나지 않아 사회주의 이념과 결별하였다.

일주일 후인 10월 7일에는 40여 명의 시민운동가들이 오라니엔부르크에 모여 동독 사민당을 결성하였다. 새로이 결성된 이 사민당은 2차대전 직후 소련 점령군에 의해 해체되고 공산당에 흡수된 과거의 독일 사민당과는 인적 구성이나 역사적 맥락에서 볼 때 전혀 별개의 정당이다. 새로이 탄생한 사민당은 독일 사민주의가 아닌 유럽 사민주의의 전통을 계승하고자 하였고, 전후 세대인 비교적 젊은 시민 운동가들에 의해 결성되었다.[17]

각종 운동 단체가 분출하는 이 기간 동안 동독 정권의 운명과 동독 사회의 미래가 어떻게 될지는 아무도 알 수 없었다. 하지만 기존의 지배체제를 개혁하여야 한다는 신념은 날로 성장하는 시민운동 세력, 거리에 나선 시민들 그리고 공산당내 개혁주의자 모두가 공유하는 것이었다. 특히 열광의 시기에 성난 다수의 엄청난 힘을 경험한 반체제 그룹은 그들의 의지에 따라 역사를 만들고 미래를 건설할 수 있다는 자신감을 가지게 되었다.

이 시기의 시민운동은 성공적인 대중 동원을 위해 필요한 모든 조건을 구비하고 있었다. 국민의 정서 차원에서 볼 때 체제 불만이 그때까지 억눌려 왔으며, 국민 모두가 공동의 피해 의식을 가지고 있었다. 정치적 기회구조의 측면에서 볼 때 정치 영역에 대한 접근이 자유로워졌고, 권력

17) Lehmann(1996), pp.305-68.

엘리트의 분열이 나타났으며, 서독 언론과 동독 언론의 지지가 두드러졌다. 그리하여 1989년 10월부터 라이프찌히에서 열린 월요 시위에는 매주 월요일마다 평균 10만 명이 넘는 대중이 지속적으로 참가하였다.

이러한 현상은 반체제 그룹으로 하여금 국민 대중에 의한 직접 민주주의의 실행과 운동 영역의 형성이 가능하다는 생각을 갖게 만드는 데 충분하였다.[18] 그 당시 시민 운동가와 국민 대중 간에 균열이 없었던 것은 아니었지만 외견상 드러날 정도로 심각하지는 않았다. 하지만 운동 차원에서 상호간의 본질적인 차이는 엄연한 것이었다.

반체제 그룹은 대중시위를 주도하였을 뿐, 조직한 것이 아니었다. 즉 간헐적이고 부단하게 발생한 반체제 운동이 대규모 대중운동으로 확대 발전된 것이 아니라, 거의 자발적으로 발생한 대규모 시위가 반체제 그룹을 운동의 정점에 올려놓고 저항의 최고 상징으로 삼은 것이다. 그 당시의 혁명적인 상황이 시민운동과 대중운동을 결합시키기에 충분한 분위기였다.[19] 그러나 이러한 반체제 그룹과 일반 국민의 결속력은 공산 독재의 종말과 함께 점차 이완되기 시작한다.

3. 이원적 지배체제와 운동의 분열

연일 계속되는 탈주와 시위사태는 동독 집권층으로 하여금 동독 주민들이 서독을 자유로이 방문할 수 있는 여행의 자유화를 선언하게 하였고, 결국 1989년 11월 9일에 베를린 장벽이 무너졌다. 베를린 장벽이 붕괴한 그 주말에 약 3백만 명의 동독 주민이 서독을 방문하였다.

국가의 위기 상황을 극복하고 자유총선을 준비하기 위한 임시 기관

---

18) 국가, 시장, 운동이라는 세 가지 영역의 형성과 각 영역의 조직 원리에 관해서는 고상두, "신 사회 운동과 운동정치의 형성," 『동서연구』 제9권 2호(1998)를 참조하시오.

19) Detlef Pollack, "Was ist aus den Bürgerbewgungen und Oppoitionsgruppen der DDR geworden?" *Aus Politik und Zeitgeschichte*, B. 40-41 (1995), p.36.

으로서 12월에 라운드테이블이 출범하였다. 수도 베를린에는 라운드테이블과 19개의 조사위원회가 생겨났고 지방의 각급 수준에서도 라운드테이블이 마련되었다.

중앙의 라운드테이블은 인민회의에서 의석을 가지고 있는 정당의 대표자와 시민운동의 대표자가 동수로 참여하였고, 정치적으로 중간자적 입장을 표방한 교회 세력의 대표가 의장을 맡았다.[20]

라운드테이블은 구체제를 대체한 것이 아니었다. 절차적 관점에서 볼 때, 민주적 정통성을 상실한 인민회의와 민주적 정통성을 아직 획득하지 못한 시민운동의 대표자들이 임시적으로 서로 협조하기 위하여 만들어진 기관이었다. 동독의 라운드테이블은 레닌이 러시아 2월 혁명과 10월 혁명 사이의 기간을 표현했던 것과 같은 "이원적 지배구조"를 가진 기구였다.[21]

라운드테이블에서 구 지배세력과 운동세력은 대립적인 입장을 가지고 있었다. 하지만 양자 간에 본질적인 합의점이 있었는데, 그것은 동독의 체제를 개혁하여 "진정한 사회주의"를 건설하고, 국가적 독립을 확보하기 위한 공동의 노력을 하자는 것이며, 결코 동독을 서독에게 "팔아 넘겨서"는 안 된다는 것이었다. 급진적 민주주의를 실현하고 서독에 의한 동독의 흡수 통일을 막기 위하여 라운드테이블이 논의하고 실행한 내용은 다음과 같다.[22]

첫째, 정당뿐만이 아니라 사회단체들도 선거에 참여할 수 있도록 선거법을 개정하여 국민이 정치에 참여할 수 있는 폭을 넓힌 풀뿌리 민주주의를 실현하고자 하였다.

---

20) Dieter Rucht, *German Unification, Democratization and the Role of Social Movement: A Missed Opportunity* (Berlin: Wissenschaftszentrum Berlin für Sozialforschung, 1995), p.11.

21) Dietrich Staritz, "Doppelherrschaft," *Der Fisher Weltalmanach. Sonderband DDR* (Frankfurt a. M., 1990), p.5.

22) Rucht(1995), pp.14-5.

둘째, 경제적 평등과 복지를 구현하기 위해 모든 국민에게 일자리와 주택을 보장하고, 국영 기업에 대한 국가 소유권의 일정 비율을 국민 모두의 공동 소유로 하도록 규정한 사회법안을 만들었다.

셋째, 기업 경영의 민주화를 실현하는 방안으로 기업 내에 행정위원회를 설치하여 여기에 노동자 대표, 경영자, 외부 전문가 등이 참여하도록 하였다.

넷째, 점증하는 통일의 가능성에 대비하여 서독에 못지 않은 민주적 헌법을 준비하였다. 그리하여 동서독 간의 통일이 법적으로 대등한 입장에서 이루어지도록 하였다.

89년 12월 하순에 접어들면서 동독 주민의 다수는 사회주의를 재실험하거나 풀뿌리 민주주의를 실현하는 데 동참할 의사가 없음을 보이기 시작하였다. 서독식 민주주의를 원하는 시민들은 그때까지 그들이 외쳤던 "우리는 국민이다(Wir sind das Volk)" 라는 시위구호를 "우리는 하나의 민족이다(Wir sind ein Volk)"로 바꾸었다. 그리하여 독일의 통일은 거리의 요구에 의해 강요되기 시작하였다. 이것은 동독의 평화혁명이 제2단계로 접어든 것을 알리는 신호탄이며, "변혁의 변혁"을 의미하는 것이다.[23)]

동독 반체제 그룹은 주로 민주적, 사회적, 환경 친화적 운동 프로그램을 표방하였고, 경제적인 문제는 그리 심각하게 고려하지 않았다. 예외적으로 동독 사민당이 사회적 시장경제를 경제적인 지향 목표로 내세웠다. 주로 정치적 도덕주의를 추구한 반체제 그룹과 경제 문제에 가장 큰 관심을 가진 일반 대중 간의 골이 깊은 갈등은 시민운동의 운명을 결정짓는 중요한 변수가 되었다.[24)]

동독 주민들은 "서독 마르크가 우리에게 오지 않으면, 우리가 서독으

---

23) Sigrid Meuschel, *Legitimation und Parteiherrschaft in der DDR* (Frankfurt a. M.: Suhrkamp, 1992), p.316.

24) Pollack(1995), p.36.

로 가겠다"라는 시위 구호로써 자신들의 통일 요구를 강조하였다.[25] 혁명의 해라고 할 수 있는 1989년 한 해 동안 서독으로 탈주한 동독 주민들의 숫자는 약 34만 5천 명에 이르렀다. 이러한 규모는 동독에서 네 번째로 큰 도시인 켐니츠의 모든 시민이 떠나버린 것과 같다.[26]

서독은 대량 탈주사태를 자신의 체제 우위를 입증하는 징표로 간주하여 초기에는 환영하였으나, 점차 경제적 · 사회적 문제가 노정되자 우려하기 시작하였다. 무엇보다도 높은 실업률에 시달리고 있는 서독으로서는 그들에게 일자리를 제공하는 것이 힘든 일이었을 뿐만 아니라 주택과 사회보장의 혜택을 주는 일도 커다란 부담으로 작용하였다.

따라서 서독 정부로서는 동독지역을 서독과 비슷한 경제 · 사회적 조건을 갖춘 지역으로 만들어야 했고, 서독 모델의 이식을 통한 통일이 그러한 목표를 달성할 수 있는 가장 빠른 길이었다. 비록 녹색당이 흡수통일을 동독의 자본주의적 식민화로 간주하면서, 콜 수상이 마르크를 수단으로 하는 통일 정책을 취하고 있다고 비판하였지만, 서독으로서는 그것이 대량탈주 현상을 종결짓는 가장 효과적인 방안이었다.

서독에 의한 흡수 통일이 임박하게 되면서, 현실 사회주의의 대안으로서 라운드테이블이 제시한 풀뿌리 민주주의는 현실이 아닌 꿈이 되어버렸다. 그 대신에 서독의 체제라는 이미 검증된 모델이 새로운 그리고 현실적인 대안으로 대두하였다. 동독 주민들의 눈에는 서독 모델이라는 것이 동독 사회가 단번에 도약적인 발전을 하게 되는 놀라운 대안으로 보였다. 이에 따라 라운드테이블은 차츰 그 존재 의미를 상실하기 시작하였고, 이것은 동독 개혁세력의 쇠퇴로 연결되었다.

1990년 3월에 제16차 회의를 마지막으로 라운드테이블은 양독 간의

25) Claus Richter, "Wir sind das Volk," in Ulrich Wickert (Hg.), *Angst vor Deutschland* (Hamburg, 1990), p.58.

26) Hannelore Horn, "Die deutsche Revolution - ein Sonderfall der Transformation," in August Pradetto (Hg.), Die Rekonstruktion Ostmitteleuropas (Opladen: Westdeutscher Velrag, 1994), p.217.

통일이 점진적이고 대등한 관계에서 이루어져야 한다고 선언하는 결의문을 채택하였지만, 전혀 언론의 주목을 받지 못한 채 해체되었다.[27]

통일을 찬성하는 사회 세력들은 라운드테이블을 강하게 비판하였는데, 운동 세력과 구 지배 세력이 공조하여 동독의 게마인샤프트적 사회 유형을 계속 유지하려고 함으로써 위기 상황을 해결하려는 것이 아니라, 오히려 확대 재생산하는 잘못을 저질렀다는 것이다.[28]

라운드테이블은 원래 추구하였던 급진적 민주주의를 실현하지 못하고 사라졌지만 몇 가지 점에서 동독의 정치 변혁을 위해 중대한 공헌을 하였다. 무엇보다도 이 기구는 권력의 공백을 메우는 역할을 하였고, 성장하는 시민사회가 자신의 의사를 직접 정치에 반영함으로써 국가에 대한 자율성을 확대하는 경험을 하였다. 그리고 사회를 변화시키기 위한 논의와 성찰을 하는 포럼으로서, 민주주의를 위한 예비 학교로서의 기능을 하였다.

IV. 정당정치의 도전과 시민운동

서독의 여러 정당들은 인민회의의 대표자들을 새로이 선출하게 되는 1990년 3월의 자유선거가 조만간 이룩될 통일독일에서의 정당 구도를 결정짓는 중요한 전초전이 될 것이라고 보고, 동독의 정당을 대대적으로 지원하였다.[29] 동독의 정당 형성에 가장 큰 영향을 끼친 요인은 무엇

---

27) Uwe Thaysen, *Die Runde Tisch oder: Wo Bleibt das Volk?* (Opladen: Westdeutscher Velrag, 1990), p.34.

28) Weiβ (1996), p.111.

29) Heinrich Tiemann, Josef Schmid, Frank Löbler, "Gewerkschaften und Sozialdemokratie in den neuen Bundesländern," *Deutschland Archiv*, 26 Jg. Nr. 1 (1993), p.42.

보다도 서독의 존재와 영향력이다.

비록 여타 동구국가의 경우에도 사회주의 인터내셔널과 같은 국제적 정당조직으로부터의 지원이라든지 해외 망명자의 귀환 등과 같은 외부적 요인이 정당의 형성과 선거에 상당히 중요하게 작용하였지만, 동독에 대한 서독의 영향력과는 비교할 바가 아니다.

동독 정당들이 서독 정당의 지원을 필요로 한 것은 그들의 조직 기반이 너무나 미약하였기 때문이다. 공산당 계승정당인 민사당이나 기타 위성 정당의 경우에는 그나마 나은 편이었고 시민운동 세력은 매우 열악한 상황이었다. 선거를 앞두고 일부 시민운동 세력이 정치참여에 나섰지만, 대다수의 동독 주민들은 시민운동의 정치조직화에 큰 관심이 보이지 않았다. 왜냐하면 서독과의 통일을 원하는 그들로서는 통일을 원칙적으로 반대하는 시민운동 세력이 자신들의 이익을 대변해 줄 정치세력이 아니라고 생각하였기 때문이다.[30)]

인민회의 선거의 결과는 계급이나 계층 등과 같은 사회 구조와 무관하게 나타났다. 바이마르 공화국 이후 히틀러와 공산당의 독재를 연속적으로 경험한 동독 주민들로서는 1932년 이후 처음으로 맞이하는 자유선거였다. 따라서 거의 60년간 정당이 사회에 뿌리를 내리고 성장할 수 있는 기회를 가져보지 못한 것이다.

이러한 이유에서 신생 정당들의 정체성은 주로 통일에 대하여 어떠한 입장을 취하는가에 의해 결정되었다. 공산당을 계승한 민사당과 공산당을 붕괴시킨 시민운동 세력은 통일을 반대하였고, 기민당과 자유민주연합 그리고 사민당과 같은 서독의 자매 정당들은 통일에 찬성하였다. 물론 기민당과 자유민주연합과 같이 서독의 여당으로부터 후원을 받는 자매 정당들은 신속한 흡수 통일을 주장한 반면, 서독 야당의 자매 정당인 사민당은 점진적인 통일을 주장한 점에서 이들 자매 정당들은 서로 구별되었다.

---

30) Rucht(1995), p.18.

〈표 2〉 1990년 3월 18일 인민회의 선거결과

정당명	득표율(%)	의석수
독일연맹	48.0	192
· 기민당	40.8	163
· 민주적 부흥	0.9	4
· 민주사회연합	6.3	25
자유민주연합	5.3	21
사민당	21.9	88
녹색당/독립여성연맹	2.0	8
연맹 90	2.9	12
민사당(POS)	10.4	66
기타	3.5	13

출처: Metzler Aktuell(Juli 1990).

인민회의 선거는 순수한 비례대표제에 의해 치루어졌다. 따라서 총 의석 수가 400이 되는 원내에 진출하려면 최소한 0.25%의 득표율을 얻으면 되는 것이다. 그리고 라운드테이블에서 정한 선거법에 따라 정당뿐만 아니라 사회단체도 후보를 공천할 수 있기 때문에, 많은 운동 세력들이 정당으로 변모하지 않고 선거에 참여 하였다.

인민회의 선거는 동독 유권자의 93.2%가 참여하여 매우 높은 투표율을 보였다. 선거 결과는 〈표 2〉에서 나타난 바와 같이 보수적 성향을 가진 정당의 압도적인 승리와 시민운동 세력의 참패로 나타났다. 23개의 정당과 사회단체가 총선에 참가하였고, 이 중 12개 정당·사회단체가 인민회의에 진출하였다.

서독 기민당의 주도하에 조직된 보수적 정치 세력인 독일연맹(기민당+민주적 부흥+민주사회연합)은 총 48%라는 득표율을 얻었다. 이 중에서 동독 기민당은 위성 정당이라는 과거 경력에도 불구하고 40.8%를 득표하여 유권자를 놀라게 만들었다.

선거 직전까지 승리가 점쳐지던 사민당은 기대 이하로 저조한 21.9%의 득표율을 거두는 데 그쳤다. 선거 직전의 여론 조사에서 48%의 지지를 얻은 것에 비하면 엄청난 지지율 하락을 의미하는 것이다.[31] 동독 주민들의 절대적인 지지로 평화혁명을 성공적으로 이끌어 낸 운동세력의 연합체인 연맹 90은 2.9%의 득표율밖에 얻지 못했다. 이러한 결과가 나온 데에는 여러 가지의 원인이 있다.

첫째, 이 선거는 인민회의의 대표자를 뽑는다기보다 통일에 대한 국민투표라는 성격을 띠고 있었다. 그리하여 신속한 통일을 원하는 다수 국민들의 의사가 보수 정당을 통하여 대변된 것이다. 독일연맹은 사회주의를 배격하고, 흡수 통일을 주장하였으며, 이러한 통일 방식으로 동독 사회가 비약적으로 발전할 것임을 강조하였다.[32] 통일에 반대한 연맹 90은 말할 것도 없고 점진적인 통일을 주장한 사민당도 동독주민의 지지를 상실하였다.

둘째, 동독 주민들 중에서 통일을 반대하는 계층은 시민운동 세력 보다 공산당 계승 정당인 민사당을 지지하여, 이 당이 16.4%를 득표할 수 있도록 하였다. 이러한 결과가 나온 이유는 민사당이 기존의 조직과 지지 기반을 최대한 활용하였고, 흡수 통일을 반대하는 세력을 결집시킬 수 있었기 때문이다.

셋째, 시민운동 세력은 사분 오열되었다. 먼저 통일에 대한 찬반을 둘러싸고 분열되었다. 민주적 부흥과 동독 사민당이 통일에 찬성을 표하면서 운동 네트워크를 떠났다. 그리고 정당으로의 전환이라는 문제를 둘러싸고 또 다시 분열되었다. 최대의 운동 세력인 신포럼의 소속 인사 중에서 정당으로의 발전을 주장해 온 세력은 독일포럼당을 창설하면서

31) Thomas Ammer, "Die Parteien in der DDR und in den neuen Bundeslädern," in Alf Mintzel, Heinrich Oberreuter (Hg.), *Parteien in der Bundesrepublik Deutschland* (Bonn: Bundeszentrale für politische Bildung, 1992), p.473.

32) Helmut W. Smith, "Socialism and Nationalism in the East German Revolution, 1989-1990," *East European Politics and Societies*, vol. 5, no. 2 (1991), p.243.

분리되어 나왔다.[33] 신포럼의 잔여세력은 "지금 민주주의를", "평화와 인권을 위한 이니셔티브"와 함께 연맹 90을 결성하였다. 하지만 이 단체는 법적으로 정당이 아니라 운동연합이라는 정치조직으로서 선거에 참여하였다.[34]

V. 결론

동독의 시민운동은 체제에 대한 저항의 시기에 대중들을 대규모로 동원할 수 있었고 국민의 전폭적인 지지를 받았다. 대중의 강력한 힘을 바탕으로 공산체제를 붕괴시킬 수 있었던 반체제 운동 그룹이 국민적 지지기반을 활용하여 권력을 획득하지 못하고 쇠락하게 된 이유는 다음과 같다.

첫째, 동독체제의 붕괴 이후 정치적 상황이 급변하였다. 이러한 변화에는 서독의 존재가 중요한 영향 요인으로 작용하였다. 그리하여 반체제 운동 그룹은 동독 사회의 개혁을 위하여 자신들의 실천 이념인 급진적 민주주의를 실현하고자 한 반면, 국민들의 개혁 선호는 급격하게 바뀌어 서독과의 신속한 통일이 요구되었다.

정치적 기회구조의 변화는 반체제 그룹과 국민대중을 서로 유리시키는 결과를 가져왔다. 전자는 이제 자신들의 이상을 실현할 수 있는 정치적 자유화가 이루어졌다고 보았고, 후자는 통일에 의해 생활 수준의 급속한 증대가 가능할 것이라고 인식하였다. 그러므로 동독에서 정치적 기회구조는 시민운동을 정치적으로 강화 발전하는 방향으로 작용한

33) Dieter Segert, "Ostdeutschland - institutionelle Integration und kulturelle Eigenständigkeit," in Dieter Segert, Csilla Machos (Hg.), *Parteien in Osteuropa* (Opladen: Westdeutscher Verlag, 1995), p.212.

34) Horn(1994), p.225.

것이 아니라, 국민 대중이 시민운동으로부터 떠나게 하는 역할을 한 것이다.

둘째, 대의 민주주의가 아닌 직접 민주주의를 추구하였던 반체제 그룹은 정당보다 운동조직으로 남기를 원하였다. 하지만 통일 여부와 그 방식을 결정하는 정통성 있는 기구로서 의회가 중요하게 대두되면서 시민운동은 딜레마에 빠지게 되었다.

통일을 원칙적으로 반대했기 때문에 그들은 통일 문제가 이슈가 된 총선에 불참하거나 소극적이었다. 그리하여 의회정치의 장에서 운동세력은 통일을 찬성하여 국민적 지지를 얻은 정당들에 의해 패배를 당하고 밀려난 것이다. 동독 공산치하에서, 교회의 테두리 안에서, 은밀하게 정치적 활동을 하였던 시민운동이 평화혁명을 계기로 정치의 중앙무대로 진출하였다가 정당정치의 대두와 함께 다시 주변화된 것이다.

반체제 그룹은 대규모의 운동 자원을 통일을 찬성하는 국민에게서 발견하였지만, 국민들의 변화된 정서를 도외시하고 게마인샤프트를 건설하겠다는 이상을 견지하여 권력 장악이라는 현실적 목표를 포기하였다. 즉 통일이라는 외부적 영향 요인 때문에 반체제 그룹은 구체제의 붕괴라는 자신의 성과를 새로운 체제 건설을 위한 계기로 활용하지 못하였던 것이다.

흡수 통일은 동독의 사회를 게마인샤프트에서 게젤샤프트로 급격하게 변화시켰다. 이러한 현실의 흐름을 거부하거나 타협하는 과정에서 반체제 운동 그룹은 제각기 자율적 게마인샤프트, 자율적 게젤샤프트, 타율적 게젤샤프트 등의 사회유형을 지향하면서 점차 분열하는 양상을 보였다. 이처럼 시민운동이 정당으로 전환하는 과정에서 가장 큰 영향을 끼친 요인은 동독 사회유형의 변화였다.

3부

동맹논쟁

제7장

통일 이후 독일의 국제적 역할 변화 – 논쟁과 실천

I. 서론

제2차 세계대전 이후 독일은 패전국과 분단국이라는 이중적 부담을 안고 외교정책을 수행하여야 했다. 물론 이러한 국제환경의 제약에도 불구하고 독일은 정부수립 초기에는 대서방 밀착외교를 통해 신속한 경제복구와 군사력 강화를 도모하였고, 데탕트 시기에는 동방정책을 추진하여 대동구권 및 동독과의 관계를 개선하였으며, 유럽통합 과정에서 정치적 지도력을 발휘하였다. 그럼에도 불구하고 오늘날의 관점에서 볼 때, 독일은 항상 자신의 국력에 걸맞지 않는 소극적인 외교정책을 견지해 왔다고 할 수 있다.

이러한 독일 외교정책은 통일과 함께 변화의 계기를 맞이하게 되었다. 1990년에 독일은 내부적으로는 국가통일, 외부적으로는 탈냉전이라는 이원적 시대변혁을 겪었다. 외교안보에 영향을 미칠 수 있는 국내외적인 변수들이 크게 변화한 상황에서 독일의 외교정책이 통일 이전과 달라졌는지 아니면 지속성을 유지하고 있는 것인지 의문이 생길 수

밖에 없다. 이 글에서는 통일 이후 독일 외교정책의 변화와 지속성 여부를 알아보고자 한다.

이러한 연구목적을 위해서 이 글은 먼저 담론분석을 통하여 독일 외교정책의 변화와 지속성을 판단하기 위한 기준을 도출할 것이다. 통일 이후 1990년대 중반까지 약 5년간 독일에서는 새로운 외교정책을 위한 활발한 논쟁이 있었다. 이 논쟁에서 제시된 외교정책의 수정 폭과 방향은 외부 관찰자와 독일 국민의 눈에 서로 다르게 느껴질 수 있다. 왜냐하면 독일국민들은 외교정책의 조그마한 변화에도 민감한 반응을 보일 만한 충분한 역사적 이유를 가지고 있기 때문이다. 이러한 이유에서 독일 외교정책의 변화와 지속성을 측정하는 기준을 그들의 외교정책 논쟁에서 도출해내는 것이 적합하다고 하겠다.

본질적으로 담론은 공공영역에서 형성되기 때문에 실증성을 체화하고 있다. 즉 담론에 담긴 내용은 추상적인 것이 아니며, 한 국가의 외교정책에 관한 엘리트와 대중의 인식을 함축적으로 담고 있는 것이다. 그러므로 담론 논쟁에서 도출된 주요 입장들은 독일 외교안보정책의 변화를 이해하는 데에 도움을 주는 개념 틀로 사용될 수 있다. 그리고 더 나아가 독일의 외교정책이 어떠한 테두리 안에서 바뀌어갈 것인지를 알려준다. 왜냐하면 논의된 담론을 넘어선 외교정책의 변화는 기대하기 어렵기 때문이다.[1)]

외교정책 담론을 분석한 후, 그 다음 단계로 독일정부의 외교정책에 관한 사례연구를 하고자 한다. 콜 수상은 통일 이후 1998년까지 총 16년간 집권하였다. 따라서 통일 이후에도 8년 동안 정권의 연속성을 유지한 독일 정부가 국내외 환경의 급격한 변화에 대응하여 외교정책을 어떻게 바꾸었는지를 알아보고자 한다. 또한 사민당과 녹색당의 좌파

---

1) Gunther Hellmann, "Machtbalance und Vormachtdenken sind überholt: Zum auβenpolitischen Diskurs im vereinigten Deutschland," in Monika Medick-Krakau(Hg.), *Auβenpolitischer Wandel in theoretischer und vergleichender Perspektive: Die USA und die Bundesrepublik Deutschland* (Baden-Baden, 1999), p.101.

연립정부를 수립한 슈뢰더 정권의 경우 새정부의 출범이 독일 외교정책에 어떠한 변화를 가져왔는지를 살펴볼 것이다. 외교정책 논쟁에서 도출된 담론들이 두 정권의 외교안보정책에 얼마나 반영되었는지를 살펴보고 서로 연결시키면 통일 이후 두 정권의 외교정책이 통일 이전과 비교하여 어떻게 변화하였는지를 비교적 명확하게 분간할 수 있을 것이다.

정책노선의 변화를 알아보기 위하여 독일 외교안보정책 전 분야를 다루기는 어렵다. 따라서 이 글에서는 독일의 외교안보정책에서 우선순위가 높은 두 가지 주요 분야를 선택하였다. 그리하여 역외지역에서의 군사 활동과 유럽안보통합 정책을 사례분석의 대상으로 삼았으며, 이 두 분야는 각각 독일의 국제안보 정책과 지역안보 정책에 해당한다.

II. 통일독일 외교정책의 세 가지 담론

통일 이후 전개된 독일의 외교정책 논쟁에서는 다양한 담론이 제시되었다. 이 담론들은 몇 가지 수준에서 다층적으로 논의되고 형성되었다. 첫 번째 논의수준은 국제정세를 바라보는 인식이다. 국제체제를 다극질서로 보느냐 혹은 상호의존적으로 보느냐에 따라 상이한 담론이 형성되었다. 두 번째 논의수준은 독일의 국제적 역할이다. 독일이 국제무대에서 적극적인 역할을 맡아야 하는 것인지를 둘러싸고 서로 대립되는 담론이 형성되었다. 세 번째 논의수준은 구체적인 정책대안의 제시를 둘러싸고 생겨났고, 각 담론에 따라 다양한 정책대안이 제시되었다. 그러나 서로 다른 담론이 동일한 정책대안을 제시하는 경우도 있었다.

호이만은 통일독일의 외교정책에 관한 다양한 논의를 변화론과 지속론이라는 두 가지 담론유형으로 묶어서 분류하였다.[2] 페터스는 호이만의 이분법을 보다 세분화하여 네 가지로 유형화하였다. 그리하여 변화론자의 경우 외교정책의 근본적인 변화를 지향하느냐에 따라 적극적인 변화론자와 온건한 변화론자로 세분하였고, 지속론자에 대해서는 과거 지향적 지속론자와 비군사 부문에서 적극적인 국제역할을 강조하는 미래지향적 지속론자로 세분하였다.[3)]

이 글에서는 외교담론을 세 가지 유형으로 분류하고자 한다. 왜냐하면 페터스가 분류한 적극적 변화론자와 소극적 변화론자는 정도의 차이는 있지만 인식론적 관점에서 뚜렷한 차이를 드러내고 있지 않기 때문이다. 이들은 위에서 언급한 논의수준들에서 서로 비슷한 인식과 태도를 보이고 있으며, 특히 거의 동일한 정책대안을 제시하고 있다. 적극적인 변화론자들은 큰 변화를 주창하지만, 그렇다고 해서 기존의 외교 기본노선과 결별할 것을 제안하는 것은 아니다.

이러한 이유에서 이 글은 외교담론을 세 갈래로 유형화하고자 한다. 세 갈래 유형화는 외교정책의 변화유무뿐만 아니라, 변화방향까지도 확인할 수 있는 개념 틀로 활용될 수 있을 것이다. 편의상 이 글에서는 지속성을 주창하는 입장을 전통외교 담론이라고 지칭하고, 변화를 지향하는 두 가지 입장 중에서 현실주의적 노선을 자주외교 담론, 이상주의적 노선을 민간강국 담론이라고 지칭한다. 그리하여 개념상 전통외교 담론이 중심점에 서고, 자주외교 담론과 민간강국 담론이 각각 양쪽에 위치하는 것으로 이해한다. 이러한 개념 틀을 활용하면, 통일 이후 독일의 외교정책이 중심점에 계속 머무는 것인지 아니면 다른 한 방향으로 이동하는 것인지를 확인할 수 있을 것이다.

---

2) Hans-Dieter Heumann, *Deutsche Auβenpolitk jenseits von Idealismus und Realismus* (München: Olzog Verlag, 2001).

3) Dirk Peters, "The debate about a new German foreign policy after unification," in Volker Rittberger (ed.), *Foreign Policy of the New Germany. Theories and Case Studies* (Manchester: Manchester Univ. Press, 2001).

1. 자주외교 담론

통일 직후 외교논쟁을 촉발시킨 담론은 독일의 독자적인 노선을 주창하는 입장이었다. 자주외교론자들은 근본적으로 변화된 안보환경에 걸맞게 독일 외교정책을 조정할 필요가 있다고 역설하고 나섰다. 이들의 국제인식은 현실주의에 기반하고 있으며, 미어시하이머의 주장과 맥을 함께 하고 있다. 미어시하이머는 탈냉전으로 양극체제가 사라지고 다극체제가 도래하였다고 보고, 유럽지역의 경우 주요 강국 간 세력균형의 필요성을 주창하였다. 심지어 그는 "통제된 핵 확산"이란 개념하에 독일이 핵무장을 할 경우 유럽지역에 위협의 균형을 가져와 지역안보에 기여할 수 있을 것이라고 보았다.[4]

자주외교론자에 해당하는 세력으로는 "신민주우파"로 불리우는 젊은 전후 세대가 있다. 이들은 주로 보수 신문에 해당하는 〈디 벨트〉를 통하여 독일 외교정책이 과거 역사의 구속으로부터 자유로워질 것을 주장하고 있다. 이들 보다 상대적으로 온건한 자주론자에 해당하는 세력으로는 보수성향의 역사학자와 정치학자들이 있다. 이들은 독일국민의 정체성보다는 국제환경의 변화에 관심의 초점을 두고 있다.

자주외교론자의 시각에서 볼 때, 탈냉전 이후 유럽지역에서 국가가 중요한 행위주체로서 대두하게 되었으므로, 국가 간의 세력균형이 지역안정과 직결된다는 것이다. 그들은 소련과 동유럽에서의 민족주의 부흥이 유럽지역에서 국가주의가 강화되는 징표로 간주하고, 유럽지역 국가 간에 새로운 세력재편이 이루어졌다고 본다. 그러므로 1871년 비스마르크에 의한 첫 번째 독일통일 직후와 같이 개별 민족국가들이 다극체제를 구성하는 "정상적인 무정부상태"로 복귀한 유럽안보환경에 상응하는 현실주의적 외교안보정책이 요구된다는 것이다.[5]

---

4) John Mearsheimer, "Back to the Future: Instability in Europe After the Cold War," *International Security*, 15 (1990).

이것은 독일의 외교정책이 현실주의적 관점에서 고려된다는 것을 의미한다. 사실상 현실정치는 독일의 지정학적 현실에서 만들어진 개념이다. 비스마르크는 자신의 외교정책을 당구공에 비유하였다. 이웃나라와 몇 번의 전쟁을 거친 후 통일을 이룩한 그는 독일의 안보 유지를 위하여 당구공이 서로 충돌하지 않도록 균형을 잡아주는 외교정책을 실행하였다.[6]

탈냉전 이후 안보환경의 변화와 함께 독일의 힘과 위상도 함께 변화하였다. 첫째, 독일의 지정학적 위치가 변화하였다. 서유럽의 주변부에서 유럽의 중앙부로 위치하게 되었다. 유럽의 안보에 큰 영향력을 행사할 수 있는 행위자가 된 동시에 유럽에서 가장 많은 9개의 국경을 가져, 안보 취약성이 증대된 나라가 된 것이다. 둘째, 독일의 국력이 크게 신장하였다. 인구, 영토, 경제력 등 모든 면에서 러시아를 제외하고 유럽에서 가장 큰 대국이 되었다. 셋째, 독일의 정체성이 크게 변화하였다. 전범국가, 분단민족이라는 집단 콤플렉스를 극복하고 통일을 이룩한 위대한 민족, 유럽통합을 이끄는 견인차라는 자부심을 가지게 되었다. 넷째, 독일은 완전한 주권을 회복하였다. 즉 전승 연합국이 독일에 부과하였던 외교 안보적 제약으로부터 완전히 벗어나게 되었다.[7]

이러한 배경하에 자주외교론자들은 독일의 역할 재정립이 필요하다는 주장을 제기한다. 무엇보다도 독일의 안보는 독일이 스스로 책임져야 한다는 것이다. 냉전시기에 독일은 유럽분단의 최전선에 위치하고 있었다. 그리하여 서독지역에 약 40만 명의 나토군이, 동독 지역에 약 30만 명의 소련군이 주둔하였다. 통일 이후 소련군은 완전 철수하였으

---

5) Hans-Peter Schwarz, *Die zentralmacht Europas: Deutschlands Rückkehr auf die Weltbühne* (Berlin: Siedler, 1994), pp.9-10.

6) Ekkehart Krippendorff, *Kritik der Aussenpolitik* (Frankfurt a. M.: Suhrkamp, 2000), p.34

7) Gregor Schöllgen, *Angst vor der Macht. die Deutschen und ihre Außenpolitik* (Berlin: Ullstein, 1993), p.26.

며, 나토군은 10만 이하로 감축되었다.[8] 따라서 더 이상 분단시대와 같이 안보를 외국에 전적으로 의존할 수 없는 상황이 되었다.

또한 자주외교론자들은 합리적 외교정책의 추구를 강조한다. 즉 유럽안보통합, 대서양동맹 등 독일의 기본 외교정책도 분명한 손익계산에 따라 재검토되어야 한다는 것이다. 예를 들어, "가치공동체"와 같은 막연한 소속감이 더 이상 외교정책 실행의 결정적인 동기가 되어서는 안 된다고 주장한다. 대유엔정책에 있어서도 독일의 국익을 위해 유엔을 최대한 활용할 수 있는 방안을 모색해야 한다는 것이다.[9]

물론 슈바르츠, 쉘겐 등의 자주외교론자들은 기존의 외교 기본노선으로부터 급격하게 탈피할 것을 요구하는 것은 아니다. 예를 들면, 동맹국가를 외면하는 외교정책을 선호하는 것은 아니라는 것이다. 이런 점에서 자주외교론자는 여전히 다자주의에 충실하다고 할 것이다. 동맹국과의 협력을 최대한으로 활용하여 자국의 이익을 추구하는 프랑스와 영국과 같은 정상국가가 되겠다는 것이다. 같은 맥락에서 유럽의 안보통합도 독일이 가능한 한 계속적으로 추구해야 할 외교정책의 목표에 해당한다. 물론 독일의 희생을 감수하는 유럽정책은 지양되어야 한다는 것이다.

2. 전통외교 담론

독일은 패전 이후 국제관계에서 패권추구를 자제하는 모습을 보여주었다. 이러한 태도는 분단기간 내내 지속되었고, 독일의 순조로운 대외관계에 크게 기여하였다. 전통외교론자들은 비록 유럽과 독일에서 역

---

8) 고상두, "나토 방위비 분담연구," 『국방학술논총』 12집 (1998), 336쪽.

9) Karl-Rudolf Korte, *Deutschlandpolitik in Helmut Kohls Kanzlerschaft* (Stuttgart: Dt. Verlag, 1998), p.10.

사적 대변혁이 일어났지만, 독일이 기존 외교정책을 새롭게 바꾸어야 할 필요성은 별로 없다고 주장한다. 전통외교론은 특정한 정치세력에 의해 대변된다고 하기 보다는 부분적으로 보수적 성향에서 사민주의적 성향까지 다양한 정치세력에 의해 주장되고 있다.

이들은 무엇보다도 통일 이후 독일의 국력이 증대하였다는 주장이 사실과 다르다고 비판한다. "2+4 조약"에 따라 통일독일은 병력을 37만 명으로 감축하기로 약속하였으며, 대량살상무기의 보유를 포기하였다는 점을 상기시키면서 독일은 여전히 제한된 군사력을 가진 국가라는 것이다. 경제력에 있어서도 동독의 서독편입은 힘이 되기보다는 부담이 되었다. 따라서 통일 이후 독일의 국력증대는 실질적인 측면이 아니라 인식적인 측면이 강하다는 것이다. 따라서 독일의 힘은 통일 이후 크게 변화하지 않았다고 보는 것이다.[10)]

독일의 외교정책이 지속성을 가져야하는 또 다른 이유는 탈냉전 이전이나 이후의 국제질서가 변함없이 상호의존성에 의해 지배되고 있다는 점이다. 따라서 국제체제는 냉전의 종식과 무관하게 지속적인 성격을 유지하고 있다는 것이다. 상호의존적 국제관계는 국가로 하여금 협력을 강요하기 마련이다. 따라서 이러한 국제인식은 독일로 하여금 다른 국가와의 협력 없이 독일의 국익을 추구하는 것이 불가능하다고 생각하게 만든다. 교역에 크게 의존하고 있고, 주요한 다자간 국제기구에 참여하고 있다는 점에서 독일의 국제환경은 통일 이후에도 큰 변함이 없다는 것이다. 그러므로 통일독일은 과거와 마찬가지로 다자주의를 포기할 수 없는 것이다. 전통외교론자들은 다자주의가 가장 적은 비용으로 독일의 국가이익을 달성할 수 있는 수단이며, 이웃국가들에게 독일에 대한 안보우려를 불식시켜 줄 바람직한 방식이라고 말한다.[11)]

---

10) Walter L. Bühl, "Grundlagen," in Karl Kaiser und Hanns Maull (Hg.), *Deuschlands neue Aussenpolitik* (Muechen: Oldenbourg, 1994), p.179.

11) Karl Kaiser und Hanns Maull, "Die Suche nach Kontinuitaeten in einer Welt des Wandels," in Karl Kaiser und Hanns Maull (Hg.), *Deuschlands neue Aussenpolitik*

독일의 외교정책이 추구하는 다자적 접근의 핵심에는 유럽연합이 있다. 유럽연합은 회원국들이 공동의 노력으로 공동이익을 추구하도록 디자인되어 있기 때문이다. 따라서 전통외교론자들은 독일이 통일 이후 유럽연합 회원국 중에서 가장 큰 국가가 되었지만, 유럽통합을 일방적으로 주도하려고 해서는 안 된다고 말한다. 링크는 유럽통합을 추진함에 있어서 특히 프랑스와 협조하여 공동지도국의 역할을 추구하여야 한다고 말한다.[12)]

유럽통합이 독일의 이익에 잘 부합한다는 인식하에 전통주의자들은 유럽통합 정책의 중요성을 강조하고, 유럽연방을 목표로 주권을 점진적으로 양도하는 유럽통합의 심화를 추진해야 한다고 주장한다. 동시에 유럽통합의 확대도 꾀하고자 한다. 동유럽의 안정과 번영이 독일에게 이익이 되기 때문이다. 다만 유럽통합의 심화와 확대는 서로 갈등적인 측면이 있기 때문에, 전통외교론자들은 그러한 갈등을 해결하는 것이 통일독일 외교정책의 주요 과제라고 보는 것이다.[13)]

전통외교론자들은 대체로 유럽정책을 가장 중요하게 여기지만, 그들의 관심이 유럽이슈에만 국한되어 있는 것은 아니다. 냉전시대에 미국과 맺은 긴밀한 관계를 유지 발전시키는 것도 중요하다고 생각한다. 여기에서도 유럽주의와 대서양주의 간에 갈등이 발생한다. 그러므로 전통외교론자들은 미국과 프랑스 사이에서 그리고 유럽연합과 나토 사이에서 균형있는 외교정책을 모색해야 하는 과제를 안게 되는 것이다.

카이저, 링크, 하프텐돈 등이 대변하는 전통외교론이 과거의 외교정책을 그대로 답습하자는 것은 아니다. 통일 이전에 이미 독일은 유럽국

(Muechen: Oldenbourg, 1994); Helga Haftendorn, "Guilliver in der Mitte Europas: Internationale Verflechtung und nationale Handlungsmoeglichkeiten," in Karl Kaiser und Hanns Maull (Hg.), *Deutschlands neue Aussenpolitik* (Muechen: Oldenbourg, 1994).

12) Werner Link, *Die Neuordnung der Weltpolitik* (München: Verlag Beck, 1998), p.26.

13) Helga Haftendorn, *America and Europe in an Era of Change* (Boulder Colo.: Westview Press, 1993), p.42.

가들에게 우려의 대상이었는데, 통일 이후 독일의 힘이 커진 것으로 인식되고 또한 중부유럽의 중앙에 위치하게 되면서 이웃국가들의 우려가 크게 증대하였다. 그러므로 독일은 통일 이전보다 훨씬 강화된 수준의 유럽정책으로 이들의 우려를 불식시키는 데에 최우선의 목표를 두어야 한다는 것이다.[14] 즉, 과거 독일의 외교정책이 강대국의 등 뒤에서 협력하는 "소극적" 다자주의였다면, 탈냉전과 통일 이후 독일의 외교정책은 "적극적" 다자주의라는 점에서 차이가 있다.

3. 민간강국 담론

민간강국론자도 전통외교론자와 마찬가지로 국제관계는 상호의존적인 특징을 가지고 있다고 인식한다. 하지만 그들은 상호의존성의 사회적 측면에 관심을 가지고 있다. 쳄피엘은 특히 지역통합이 가속화되고 있는 유럽에서의 국제정치는 "국가와 국가 간의 관계" 보다 "사회와 사회의 국제적 관계"에 의해 규정되어 가고 있다고 본다.[15] 그러므로 민간강국론자들은 이러한 국제인식에 기반하여 독일의 국제적 역할을 재정의하여야 한다고 주장하며, 대체로 독일 좌파 정치세력의 국제관을 대변하고 있다.

국제관계의 상호의존성 증대가 독일과 같이 교역의존도가 높고, 국경통행이 개방적인 나라에 미치는 영향은 매우 크다. 제3국에서의 분쟁과 인권침해 등은 독일에게 교역장애, 난민유입 등의 어려움을 초래한

---

14) Werner Link, "Europa - Integration und Kooperation," *Die Politische Meinung*, 40 (1995), p.35.

15) Ernst-Otto Czempiel, "Die neue Souvränität - ein Anachronismus? Regieren zwischen nationaler Souveränität, europäischer Integration und weltweiten Verflechtungen," in Hans-Hermann Hartwich und Goettrik Wewer (Hg.), *Regieren in der Bundesrepublik* (Opladen: Leske+Budrich, 1993), p.145.

다. 그런데 전통적인 외교정책은 이러한 문제를 해결하고 예방하는 데에 한계가 있다는 것이다. 그러므로 민간강국론자들은 기존 외교정책의 성격을 변화시켜야 한다고 주창한다. 예를 들어, 민간강국론은 군사대국보다 경제대국을 지향하는 "교역국가"가 받을 수 있는 도전들에 대하여 어떻게 대처할 것인가를 고민해야 한다는 것이다.[16)]

물론 민간강국론자의 외교정책 목표는 단순한 경제적 이익 보호 차원을 넘어선다. 그들은 국제사회도 국내사회와 유사하게 운영되어야 한다는 목표를 가지고 있다. 과거에 국가가 다루었던 많은 문제들이 국경을 뛰어넘어 탈국가적 성격을 띠게 되고, 경우에 따라서는 글로벌한 성격을 가지게 되면서, 점차 일국적 차원에서 해결될 수 없게 된다는 것이다. 이러한 추세 속에서 전통적 의미의 "국가이익"이란 개념이 퇴색하고 동시에 "국가주권"과 같은 개념도 점차 그 의미를 상실하고 있다는 것이다. 탈냉전 시대에 접어들어 국제주의적 관점에서 문제해결과 가치배분이 이루어질 필요가 있으며, 외교정책은 범지구적인 영향력을 갖는 국내정책이 되어야 한다는 것이다.

이러한 점에서 민간강국론은 글로벌 거버넌스 개념에 기반하고 있다. 1990년 초 베를린 장벽이 무너진 직후 브란트 전 수상은 개혁적인 세계 지도자를 초청하여 범지구적 안보와 세계질서에 관한 논의를 하였고, 이 회의는 부트로스 갈리 전 유엔 사무총장으로 하여금 글로벌 거버넌스 위원회를 창립하도록 하였다.[17)] 글로벌 거버넌스란 국가를 포함한 다층적 수준에 존재하는 다양한 행위주체들이 다수의 레짐을 중심으로 상호 연계되어 활동하는 통치구조를 말한다. 그러므로 글로벌 거

---

16) Dieter Senghaas, "Deutschland ist ein Handelsstaat: Internationale Verflechtung bestimmt auβenpolitische Interessen," *Eichholz Brief*, 31 (1994).

17) Hartwig Hummel, "Global Governance und die deutsche UN-Politik," in Monika Medick-Krakau (Hg.), *Auβenpolitischer Wandel in theoretischer und vergleichender Perspektive: Die USA und die Bundesrepublik Deutschland* (Baden-Baden, 1999), p.164.

버넌스는 분쟁의 평화적 해결, 법과 규정에 의한 통치, 국제적 불평등의 해소 등을 목표로 삼아 국내적 통치구조를 국제사회로 확대 적용하고자 하는 시도를 의미한다.[18)]

그러므로 마울이 주창하는 민간강국론은 이상주의를 바탕으로 한 담론이다. 그는 국제사회에서 독일이 추구해야 하는 모습은 군사강국이 아니라 민간강국이라고 주장한다. 민간강국론에 기반한 주요 외교정책으로는 첫째, 유엔의 권위와 활동을 강화하여 전지구상에 법치와 인권보호를 확립하고, 국제협력의 기반을 조성하며, 남북문제를 해결하는 것이다.[19)] 구체적인 정책내용으로 유엔에 더 많은 분담금을 내고 유엔의 개혁을 지지하는 노력들이 제시되었다.

유럽지역에 해당하는 정책으로는 유럽안보협력기구(OSCE)와 유럽평의회(Council of Europe)와 같은 비군사기구의 강화를 통하여 분쟁의 정치적 해결을 도모하고, 나토와 서유럽연합(WEU)과 같은 군사기구의 역할을 경감시킨다는 것이다. 쳄피엘, 마울, 젱하스 등은 이 국제기구들이 궁극적으로는 초국가적 행위자로 격상되어야 한다고 본다.

III. 통일독일의 외교안보정책

이상에서 언급한 바와 같이 통일 직후 독일 내에서는 외교안보정책에 관한 세 가지 담론이 형성되었다. 자주외교론자는 현실주의 관점에서 외교정책을 실행해 나가야 한다고 주장한다. 그리하여 국익을 위해 필요한 경우 통일로 인하여 증대된 힘을 사용할 수 있어야 한다는 입장

---

18) Steve Smith and John Baylis, *The Globalization of World Politics* (Oxford: Oxford Univ. Press, 2001), pp.24-5.

19) Hanns Maull, *Die verhinderte Groβmacht* (Opladen: Leske+Budrich, 1997).

이다. 물론 원칙적으로 동맹국과 협력하는 다자주의적 틀 안에서 힘을 행사한다는 것이다. 그러므로 독일의 이익은 동맹국의 이익과 함께 구현되는 것이다.

전통외교론자는 독일의 힘, 특히 군사력이 과거 분단시대에 비해 그리 괄목할 만큼 증대되지 않았다고 보고, 과거처럼 자제하는 외교적 태도를 지속하면서, 유럽연합과 나토를 균형적으로 강화 발전시켜 활용하는 것이 더 바람직하다고 보는 것이다.

마지막으로 민간강국론자들은 국제문제를 군사적 수단을 사용하여 해결하려는 자세를 지양하고, 세계 공동체적 가치를 추구할 것을 주장한다. 그러므로 그들은 유엔, OSCE 등 비군사적인 국제기구를 지지하고 강화하는 외교안보정책을 추구해야 한다고 말한다.

이러한 세 가지 담론이 독일 외교정책 현실에서 어떻게 나타나고 있는지를 콜 정부와 슈뢰더 정부의 사례연구를 통하여 알아보기로 한다. 이들 행정부가 각각 국제안보와 지역안보 이슈에서 어떠한 외교정책을 추진하였는지 살펴봄으로써, 통일독일의 국제적 역할변화를 담론에 의해 평가할 수 있을 것이다.

1. 콜 정부의 외교안보정책(1990~1998)

1) 역외지역 파병

1989년 11월 베를린 장벽이 무너진 후, 갑작스런 독일통일에 대한 주변국의 우려는 매우 컸다. 소련은 말할 것도 없고, 동맹국인 영국과 프랑스도 독일통일에 대하여 유보적인 태도를 보였다. 프랑스 미테랑 대통령은 1989년 12월 동베를린을 방문하여 동독이 주권과 영토를 계속 유지해야 할 것임을 천명하면서, 동독 사회주의 개혁을 지지하였다. 영국 대처수상은 "독일은 유럽의 일본이 될 것이며, 히틀러가 전쟁으로 이룩하지 못한 일을 평화적으로 달성할 것이다."라고 말하였다.[20] 프랑스와 영국이 독일통일을 반대한 이유는 강력한 독일이 부상하여 유럽에서 지배적 지위를 획득하게 될 것을 우려한 것이며, 또한 독일이 내부통일에 전념함으로써 유럽통합에 대한 관심을 줄일 것을 걱정하였기 때문이다.

이러한 주변국의 우려를 불식시키기 위하여 독일은 나토동맹에 대한 안보공약을 재확인하였으며, 통일 이후에도 미군을 비롯한 나토군이 독일 영토에 계속 주둔하는 것을 허용하였다.[21] 경제력과 지정학적 위치 등 여러 측면에서 중요한 위상을 점하고 있는 독일의 나토동맹에 대한 지지 표명은 바르샤바 조약기구가 해체되었음에도 불구하고 나토가 계속 존속하는 데에 기여하였다. 결국 나토는 외부의 공동 적에 대한 집단방위의 성격에서 내부의 평화를 지키는 집단안보 기구로 변모하여 계속 존속하게 된 것이다.[22]

통일 이후 독일에게 닥친 첫 번째 외교안보적 도전은 걸프전이었다. 통일 이전 독일은 방어적 안보를 내용으로 하는 헌법 87조에 의거해 방위 이외의 목적으로 군사력을 사용한 적이 없었다. 1990년 8월 이라크가 쿠웨이트를 침략하자 미국은 이라크의 격퇴를 선언하고, 동맹국들에게 반 이라크 연합전선에 가담해 줄 것을 요청하였다. 미국은 특히 독일에게 큰 기대를 하였다. 왜냐하면 통일로 인하여 힘이 커진 독일이 분단의 구속에서 벗어나 통일을 적극적으로 지지해준 미국에게 보답해 줄 것이라고 생각했기 때문이다.

영국과 프랑스가 걸프전 참전을 결정한 것과 달리, 독일은 병참과 전

---

20) Ulf Frenkler, "Germany at Maastricht: power politics or Civilian Power?" in Sebastina Harnisch and Hanns Maull (eds.), *Germany as a Civilian Power? The foreign policy of the Berlin Republic* (Manchester: Manchester Univ. Press, 2001), p.26.

21) 고상두, "탈냉전 이후 동맹관계의 변화: 한국과 독일의 비교연구," 『국제정치논총』 35집 2호 (2001), 468쪽.

22) 이수형, "북대서양조약기구의 전략개념 변화에 관한 역사적 · 이론적 고찰," 『국제정치논총』 41집 3호 (2001), 73쪽.

비를 지원하는 것으로 대신하였다. 그 이유는 첫째, 당시 베를린 장벽은 붕괴되었으나 통일이 완성된 상태는 아니었다. 동서독 간에는 통일조약이 협상 중이었고, 서독과 소련은 동독지역에 주둔하고 있는 소련군의 철수문제를 논의하고 있었다.[23] 두 번째 이유는 국내적 합의의 어려움이었다. 수십 년 동안 뿌리를 내린 전통적인 안보문화를 하루아침에 떨쳐버릴 수가 없었다. 더구나 걸프전은 유엔의 임무가 아니라 유엔의 승인을 받은 미국의 임무였기 때문에, 당시 야당인 사민당에게 참전을 설득하기에는 명분이 약했다.[24] 그리고 무엇보다도 방위목적의 군사력 사용을 명시한 헌법조항이 가장 큰 걸림돌이 되었다.

걸프전에 군사력을 파견하지 않는 대가는 매우 컸다. 독일이 걸프전을 위해 지원한 금액은 총 170억 마르크이며, 이것은 독일 국방예산의 약 1/3에 해당하였다.[25] 독일은 엄청난 비용을 지불하고도 "소극적 동맹국" "무임승차자" 등과 같은 이미지에서 탈피하지 못하였다. 이러한 배경에서 겐셔 외무장관은 1991년 9월 유엔총회 연설에서 "향후 독일은 국제사회에서 보다 적극적으로 책임을 짊어질 준비가 되어 있다."라고 주장하였고, 이는 독일이 세계 안보문제에 대한 소극적인 자세에서 벗어나겠다는 신호탄으로 이해되어야 할 것이다.[26] 독일의 변화는 유엔 안보리 상임이사국 자격요청과 역외 파병 등을 통하여 구체화되었다.

1992년 킹켈 신임 외무장관은 독일의 유엔 안보리 상임이사국 지위

---

23) Nina Philippi, "Civilian Power and war: the German debate about out-of-area operations 1990-99," in Sebastina Harnisch and Hanns Maull (eds.), *Germany as a Civilian Power? The foreign policy of the Berlin Republic* (Manchester: Manchester Univ. Press, 2001), p.50.

24) Max Otte, *A Rising Middle Power? German Foreign Policy in Transformation, 1989-1999* (New York: St. Martin' s Press, 2000), p.97.

25) Wolfgang Fechner, "Deutscher Beitrag zur Befreiung Kuweits: Über 17 Milliarden DM," *Europäische Sicherheit*, 40 - 4 (1991), p.212.

26) "Rede des Außenministers Hans-Dietrich Genscher von der 47. Vollversammlung der Vereinten Nationen am 25. September 1991," *Europa Archiv*, 47 - 2 (1992), p.345.

획득을 본격적으로 추진하였다. 일본이 안보리 상임이사국 지위에 관심이 있음을 비공식적으로 표명한 직후, 킹켈 외무장관은 총회연설에서 공식적으로 독일의 희망을 표명하였다. 1992~93년에 진행된 유엔개혁에 관한 논의에서 독일은 안보리의 변화를 불러일으키지 못하였다. 기존의 상임이사국들이 그들의 기득권을 고수하였고, 제3세계 국가들이 상임이사국 개편 시 그들의 대표권을 충족시켜 줄 것을 강력히 요구하였다. 이러한 과정에서 독일의 유엔 안보리 진출은 무산된 것이다.

반면에 독일의 역외지역 파병은 성공적으로 추진되었다. 1992년 소말리아에 유엔 평화유지군을 보냈고, 캄보디아에 약 150명의 의무부대를 파견하였다. 1994년에는 구 유고에 대한 금수조치를 관철하기 위하여 함정과 조기경보기를 아드리아 해안에 투입하였다. 기민당 정부의 이러한 조치에 야당인 사민당은 결국 헌법재판소에 제소하게 되었고, 1994년 7월 헌법재판소는 동맹국과 공동으로 군사행동을 하는 것은 헌법 24조 공동방위 규정에 부합한다는 합헌 결정을 내렸다. 헌법재판소가 콜 정부의 손을 들어주기 전까지 이미 독일은 9차례에 걸쳐 유엔 평화유지군을 파견하였다.[27] 그리고 헌법적 장애가 제거된 후 기민당 정부는 평화유지군 파견에 보다 결단력을 보여, 1995년에는 수송기, 정찰기, 함정 등과 함께 독일군을 나토군의 일원으로 보스니아에 파병하였다.

2) 유럽의 안보통합

국제평화 분야와 달리 유럽평화를 위한 지역안보 분야에서는 독일이 처음부터 선도적인 모습을 보였다. 독일은 유럽통합에 가장 적극적인 나라에 해당한다. 콜 수상의 집권 직후에 마련된 1983년의 정부보고서에 따르면 "독일 외교정책의 최우선 순위는 유럽 정치연합을 달성하고 유럽 공동의 외교정책을 실현하는 것이다"[28]

---

27) Max Otte(2000), p.94.
28) Ulf Frenkler(2001), p.29.

독일의 유럽안보통합은 프랑스로부터 가장 큰 지지를 받았다. 프랑스는 유럽안보질서에 미국이 관여하는 것을 싫어하고, 유럽의 안보 독자화를 위해 유럽의 역량을 결집하는 데에 앞장서 왔다.[29] 경제통합에 성공한 유럽연합이 안보통합을 이룩하면, 미국이 유럽에서 행사하고 있는 군사적 리더십을 프랑스와 독일이 대체할 수 있다고 생각하는 것이다.[30]

독일은 통일에 대한 주변국의 우려를 불식시킬 수 있다는 생각에서 유럽통합을 적극 추진하였다. 그리하여 유럽 정치연합 건설을 1991년 마스트리히트 조약에서 구현하기 위하여 최선을 다하였다. 이 조약에 신설된 공동외교안보정책(CFSP) 조항에 따라 유럽연합이 안보문제를 다룰 수 있게 되었지만, 독일이 제안하였던 통일적 공동안보는 받아들여지지 않았다. 이것은 마스트리히트 회담에서 합의된 점진적인 정치통합이라는 대원칙과 그 궤를 같이 하는 것이다. 즉, 마스트리히트 조약은 안보문제를 회원국 정부 간에 함께 논의할 수 있는 틀을 유럽연합 내에 마련하는 데에 그쳤으며, 이것은 독일의 양보와 영국의 승리를 의미하는 것이다. 당시 영국 외무장관 허드는 공동외교안보정책 조항을 마스트리히트 조약의 핵심이라고 높이 평가하였다.[31]

마스트리히트 조약 비준을 둘러싸고 독일 국내에서는 격렬한 논쟁이 벌어졌다. 유럽연합에 대한 독일의 열성과 재정적인 헌신에도 불구하고, 독일의 초국가주의적 구상이 다른 회원국으로부터 별로 환영받지 못했다는 것이 비판의 초점이었다. 그리하여 1990년대 중반에 접어들면서 유럽정책의 우선순위가 통합의 심화에서 통합의 확대로 변화하였

29) 고상두, "미국의 군사적 리더십에 대한 도전: 탈냉전 유럽의 안보정책,"『평화논총』3권 2호 (1998), 10쪽.

30) Dieter Lutz, "Für eine Europäische Sicherheitsgemeinschaft," *Internationale Politik*, 7 (1999), p.18.

31) Douglas Hurd, "Developing the Common Foreign and Security Policy," *International Affairs*, 3 (1994), p.426.

다. 이러한 현상은 독일의 유럽정책에서 국가이익이 보다 중요하게 고려되기 시작하였다는 것을 의미한다. 독일의 유럽통합에 대한 태도가 보다 실용적이고 차분하게 바뀌면서, 1995년 6월에서 1998년 7월까지 독일은 유럽연합 각료이사회에서 가장 반대를 많이 한 국가가 되었다. 이 기간동안 영국이 반대표를 14회 던진 데 반해, 독일의 반대표는 40회에 달한다.[32)]

유럽연합의 공동외교안보정책은 1997년 암스테르담 조약에서 의사결정방식을 개선함으로써 한걸음 진보하였다. 그리하여 안보문제에 관한 만장일치제를 제한하여 유럽이사회가 사전에 중요한 공동전략으로 분류한 사안에 대해서는 가중다수결의 원칙에 따라 의결할 수 있게 되었다.[33)] 그러나 실질적으로는 만장일치의 관행 때문에 가중다수결에 의해 결정되는 경우가 매우 드물다.[34)]

이상과 같이 콜 정부의 외교안보정책을 살펴보면, 통일 이후 독일의 외교안보정책이 전통외교에서 자주외교로 변화하였음을 알 수 있다. 이러한 변화의 시발점은 외부의 기대와 압력이었다. 걸프전에서 미국의 참전 요구에 대하여 무력감을 느낀 콜 정부는 적극적인 역외 파병정책을 추진하기 시작하였다. 정부의 태도 변화는 정당의 태도 변화를 초래하였는데, 녹색당은 파병을 무조건 반대하였지만, 사민당은 평화적 목적을 가지고 전투에 말려들 가능성이 없는 파병은 허용하였다. 기민당은 유엔, 나토, WEU 등의 위임을 받은 파병은 정당화 될 수 있다는 가장 유연한 입장을 취했다. 정당들의 입장 변화는 헌법재판소의 해외파병 합헌판결로 더욱 가속화되었고, 결국 국민들의 안보정서를 바꾸는데 기여하였다. 유럽통합에 대해서도 콜 정부는 1990년대 중반 이후 자주외교 담론

---

32) *Süddeutsche Zeitung*, 1998. 10. 17.

33) 한종수, 『유럽연합과 한국』 (서울: 동성사, 1998), 78-9쪽.

34) Mathias Jopp, Jan Reckmann, Elfriede Regelsberger, "Ansatzpunkte und Optionen zur institutionellen Weiterentwicklung von GASP und ESVP," *Integration*, 25 - 3 (2002), p.232.

에 의거해 국익을 고려하여 합리적으로 결정하는 자세를 보였다.

2. 슈뢰더 정부의 외교안보정책(1998~2005)

1) 역외지역 파병

1998년 9월 총선에서 승리한 사민당의 슈뢰더 수상이 곧바로 직면한 외교안보적 도전은 코소보 전쟁이었다. 독일 총선 막바지에 유엔 안보리에서는 코소보 내전 당사자들에게 휴전과 대화를 촉구하는 결의안이 통과되었다. 결의안 1199호의 내용은 비교적 온건한 편이었다. 하지만 중국은 투표에 불참하였고, 러시아는 찬성표를 던졌지만 이 결의안이 무력사용의 근거가 되어서는 안 된다는 입장을 보였다. 결의안 통과 후 러시아 이바노프 외무장관은 베오그라드에 가서 코소보 내전에 대한 군사적 개입을 막겠다고 약속하였다.

이러한 중국과 러시아의 저항을 무시하고 미국은 유고에 대한 공습을 계획하였다. 당선자 신분으로 10월에 워싱턴을 방문한 슈뢰더 수상과 피셔 외무장관에게 클린턴 대통령은 미국이 유엔의 위임을 얻는데 실패할 경우, 나토의 군사력으로 세르비아를 응징할 뜻임을 밝히고 독일의 협력을 요청하였다. 아직 독일 신정부가 구성되지 않은 상황이므로 즉답을 요구하지는 않았다. 귀국한 지 며칠 되지 않아 슈뢰더와 피셔는 정권인수 협의를 위해서 콜 수상을 만나러 가는 도중에 클린턴 대통령으로부터 연락을 받았다. 나토군을 동원하여 세르비아를 공습하려는 미국의 뜻을 지지하는지 15분 이내에 알려줄 것을 요구받았다. 워싱턴의 요구에 굴복한 이때, 독일 외무장관은 누가 나토동맹을 지휘하는지 절실히 실감하였다.[35)]

슈뢰더 수상은 취임사에서 독일 외교안보의 우선순위가 어디에 있는

35) *Der Spiegel*, 1999. 4. 19.

지를 보여주었다. 나토동맹과 미국이 최우선 순위이고, 유럽 독자적인 안보협력을 모색하는 프랑스는 후순위로 밀려있었다. 이러한 행정부의 입장은 여당인 사민당과 녹색당의 입장과 대립되었다. 사민당과 녹색당은 전통적으로 평화주의 정당으로서, 인권과 국제규범을 중시여기며, 군사력의 사용은 유엔과 OSCE의 위임을 받아 행사해야 한다는 입장이다. 특히 녹색당은 나토가 새로운 안보기구에 의해 대체되어야 한다는 장기적인 안보목표를 가지고 있었다.

1999년 3월 코소보 공습이 시작되었고, 독일의 토네이도 전투기 4대가 함께 하였다.[36] 슈뢰더 정부는 야당인 기민당의 지지에 의해 의회의 승인을 얻어내었지만, 여당의 거센 비판을 감수해야 했다. 당내 원로인 슈미트 전 수상 그리고 나토에 대하여 비우호적인 동독지역의 주지사들이 반대의사를 표명하였다. 사민당은 지상군 파병불가 방침을 결의하고 빠른 시일 내에 평화적인 해결안을 제시할 것을 정부 측에 요구하였다.[37]

외교안보 이슈에 관한 정부와 여당 간의 입장 차이를 극복하기 위하여, 피셔 외무장관은 1999년 12월 브뤼셀에서 개최된 나토 외무장관 회담에서 핵 선제공격 포기를 제안하였다. 이것은 그가 주창해 온 "도덕외교"를 처음으로 실천하는 시도였으며, 독일과 미국의 첫 외교충돌이었다. 전 세계 불량국가를 응징하기 위하여 나토를 범지구적 군사개입기구로 발전시키려는 목표를 가진 미국으로서는 피셔의 제안을 수용할 수 없었으며, 결국 공동선언문에 반영되지 않았다.

독일과 미국의 본격적인 갈등은 2003년 3월 미국이 감행한 이라크 전쟁을 둘러싸고 발생하였다. 전화 한 통화로 코소보 전쟁에 대한 독일의

---

36) Hanns Maull, "Germany' s foreign policy, post-Kosovo: still a Civilian Power?" in Sebastian Harnisch and Hanns Maull (eds.), *Germany as a Civilian Power? The foreign policy of the Berlin Republic* (Manchester: Manchester Univ. Press, 2001), p.108.

37) *Die Welt*, 1999. 4. 13.

지지를 얻어낸 것과 달리, 이라크 전쟁을 앞둔 2002년 5월 부시 대통령은 베를린을 방문하여 전쟁을 협의해야 했다. 미국 대통령으로서는 세 번째로 행한 독일 연방의회 연설에서 "반테러 세계동맹"의 구축을 호소하였다.[38] 냉전시대 미국 대통령은 베를린 방문을 가장 즐겼다. 독일에 대한 미국의 안보적 기여가 가장 잘 상징화된 베를린에서 미국 대통령은 언제나 시민의 열광적인 환영을 받았기 때문이다. 그러나 부시 대통령의 방문에 대해 약 2만 명의 베를린 시민이 반전시위로 항의하였고, 시애틀과 같은 소요 사태를 예방하기 위하여 1만여 명의 경찰이 동원되었다. 노동조합, 평화주의자, 환경운동가 등이 주도한 이 반대시위는 미국에 대한 여러가지 반미정서에 의해 함께 촉발되었다. 국제형사재판소, 교토 의정서, 유럽철강상품에 대한 제재 등 미국의 일방주의적 안보, 환경, 통상정책에 대한 반발이 함축되었다.[39]

독일 정부는 테러문제 해결책으로서 군사조치가 아닌 근본적인 해결방안을 제안하였다. 중동문제의 평화적 해결, 세계 빈곤문제의 해결 등이 그것이다. 이라크 전쟁과 관련하여 슈뢰더 수상은 베를린이 독일의 외교정책을 결정한다는 "독일의 길"을 강조하였다.[40] 피셔 외무장관은 자의식이 강하고 대결적인 외교정책으로 국민의 전폭적인 지지를 얻었다. 그는 거의 80%에 달하는 국민적 인기를 기반으로 2002년 10월 선거에서 녹색당의 득표율을 9%로 끌어올렸다.[41]

2) 유럽의 안보통합

1999년의 코소보 전쟁은 미국과 유럽 간의 오랜 잠재적 갈등이 표면화하는 계기가 되었다. 미국은 군사력 사용을 위임한다는 내용이 없는 유엔 안보리 결의안을 가지고 세르비아 공습을 감행하였다. 독일은 이

38) *Der Spiegel*, 2002. 5. 23.
39) *Der Spiegel*, 2002. 5. 16.
40) *National Review*, 2002. 11. 11.
41) *Maclean's*, 2003. 3. 10

러한 미국의 결정에 추종해야 했다. 코소보 지역에서 발생한 인종청소 등 반 인권적 행위가 미국의 개입을 초래한 대의명분이었지만, 또 다른 개입원인을 언급한다면, 미국은 안보 독자화를 추구하는 유럽을 견제하고, 미국의 영향력을 과시하려는 의도가 있었다. 코소보 사태 해결에서 유엔을 배제함으로써 사실상 미국은 러시아와 중국을 무력하게 만들었다. 그리고 유럽국가 중에서 러시아와 친밀한 독일은 외교적으로 매우 불편한 입장에 처했다.[42]

미국이 사활적 이익보다는 유럽에서의 헤게모니 유지 때문에 코소보 내전에 개입하였지만, 전쟁의 결과는 미국의 정치적 의도와 다르게 나타났다. 전쟁 수행기간 동안 미국과 유럽 동맹국 간에 공습 목표 지점의 선정과 관련하여 이견이 빈번하였다. 또한 미국은 공습이 끝난 후 세르비아 정권의 와해를 위해 지상전을 전개할 것을 제안하여 유럽 동맹국과 마찰을 빚었다.

이러한 가운데 슈뢰더 수상의 평화안이 베오그라드에 의해 수락되었다. 세르비아군이 코소보로부터 철군하고, 그 지역은 5개 구역으로 분할되어 독일, 프랑스, 영국, 이탈리아, 미국이 파견한 평화유지군이 배치되었다. 독일은 관할구역의 치안유지를 위하여 약 8,500명의 병력을 파견하였다. 러시아는 독자적인 담당 구역을 가지진 못했지만, 평화유지군 4,500명을 몇몇 구역에 분산 배치할 수 있게 되어 국제적인 체면을 유지하였다. 이로써 코소보 내전은 평화적으로 해결되었다. 코소보 전쟁으로 인하여 독일은 국제분쟁을 평화적으로 해결한 국가라는 좋은 이미지를 얻은 반면 미국은 전쟁수행의 부담을 가장 많이 떠안고 동시에 호전적인 국가라는 인식을 얻었다.[43]

---

42) Paul Schaefer, "Machtpolitik im Schatten der internationalen Institutionen - Neue Tendenzen deutscher Politik in EU, OSZE, UNO und NATO," in Monika Medick-Krakau (Hg.), *Aussenpolitischer Wandel in theoretischer und vergleichender Perspektive: Die USA und die Bundesrepublik Deutschland* (Baden-Baden, 1999).

43) *Der Spiegel*, 1999. 6. 21.

코소보 전쟁은 유럽국가들이 안보정책에서 단합하도록 만든 "유럽통일전쟁"이었다.[44] 미국 의존적인 안보정책의 대가를 경험한 유럽연합은 독자적인 외교안보정책을 추진하기 위해 무엇보다도 유럽 독자군이 필요함을 절감하였다. 1999년 쾰른 정상회담에서 유럽안보방위정책(ESDP: European Security and Defense Policy)이 합의되었다. 유럽안보방위정체성(ESDI)이 나토 내에 유럽의 역할을 강화한다는 미국 측 개념이라면, 유럽안보방위정책은 유럽이 독자적인 군사력을 구축하여 나토와 협력한다는 유럽연합측의 개념이라고 할 수 있다.[45]

유럽안보방위정책의 정착을 위해 유럽연합은 2003년에 6만 명 규모의 유럽 신속대응군을 창설하였다. 유로군단이 나토군에 소속된 유럽군이라면, 유럽신속대응군은 서유럽연합에 소속된 유럽연합의 군대이다. 또한 2000년에 열린 니스 정상회담에서는 향후 유럽연합 내에 정치안보위원회, 군사위원회, 군사참모부 등 정치 및 군사 기구를 설치할 것을 결정하였다.[46]

유럽안보방위정책은 아직 정부간 협력체로 운영되고 있으며, 유럽연합의 예산지원이 되지 않고 있다. 그리고 유럽안보방위정책의 활동범위, 회원국의 참여수준, 지휘권 행사 등 많은 문제들이 미해결 상태로 남아있어, 향후 유럽연합 산하의 초국가적 군사체제로 발전하기 위해서는 해결해야 할 과제가 많이 남아있다고 하겠다.[47] 하지만 유럽연합 헌법이 통과되고 유럽연합에 대통령과 외무장관직이 신설되면 유럽의 외교안보 협력은 더욱 강화될 것이다.

슈뢰더 정부는 1998년 출범 시작부터 평화주의의 실천을 유보하여야

---

44) Schaefer (1999), p.154.

45) Franz-Josef Meiers, "Der europaeische Sicherhietspfeiler," *Internationale Politik*, 3 (2000), p.45.

46) 박채복, "탈냉전시대 유럽 안보질서의 변화와 전망,"『세계지역학회보』19집 (2002), 149쪽.

47) Reinhardt Rummel, "Die ESVP-Instrument autonomen Handelns?" *EU Magazin*, 9(2002), p.19.

했다. 사민당과 녹색당의 이념이 미국과의 마찰 때문에 실천되기 어려웠기 때문이다. 그러나 이라크 문제 해결에 있어서 슈뢰더 정권과 부시 정권의 이념 및 가치관은 너무나 다르고, 당과 국민의 저항이 매우 컸다. 슈뢰더 수상은 미국에 반대한 대가로 두 번째 집권에 성공하였다. 콜 정부하에서 현실주의적인 자주외교 담론에 기반하였던 독일의 외교안보정책은 슈뢰더 정부하에서 민간강국 담론으로 바뀌었던 것이다.

IV. 결론

통일로 인하여 독일은 국제환경과 자국의 능력을 재인식하게 되는 계기를 맞이하였다. 분단시대의 외교안보정책을 지속할 것인가 아니면 수정할 것인가에 관한 논쟁에서 크게 3가지 담론이 대두하였다.

자주외교 담론은 탈냉전 유럽이 국가중심의 다극체제로 변화하였으므로, 현실주의적 관점에 따라 독일의 국가적 역할이 강화되어야 한다고 주장한다. 그리고 나토와 유럽연합의 강화여부는 국가이익의 손익계산에 의해 결정되어야 한다는 것이다.

전통외교 담론은 독일이 처해 있는 환경이 상호의존적 국제체제라고 인식한다. 냉전이 종식되기 오래전부터 독일은 교역의존도가 높고 다자안보기구에 가입되어 있기 때문에, 나토와 유럽연합 둘 다 강화하여 활용해야 한다고 주장한다.

민간강국 담론은 상호의존적 국제사회가 국내사회와 유사한 방식으로 통치되는 것이 바람직하다고 본다. 그리하여 이상주의적 관점에 따라 국제 규범과 협력을 중시하고, 유엔과 OSCE의 강화를 목표로 한다.

콜 정부와 슈뢰더 정부는 기회가 있을 때마다 독일의 외교정책이 통일 이전과 변함이 없다고 강조하였다. 이것은 독일이 2차대전 이전의 패권을 추구하지 않는다는 것이며, 유럽에서 군사적 지도국이 되는 것을 바라지 않는다는 의미일 뿐이다. 그러한 레토릭과 달리 독일 외교정책은 통일 이후 변화의 조짐을 보여주고 있다. 국제평화를 위해서 군사력을 해외에 파견한다는 점에서 달라졌다. 그리고 안보의 무게중심이 나토에서 유럽연합으로 서서히 이동하고 있다는 것도 변화의 조짐이다. 독일 외교정책의 변화는 미국을 비롯한 외부의 기대와 압력에 의해 촉발되었으며, 독일국민들이 역사의 구속으로부터 해방됨으로써 본격화되었고, 궁극적으로는 정당의 태도 변화와 국민적 합의로 연결되었다.

통일과 동시에 발생한 걸프전에 대하여 전통적 외교를 고수했던 콜 정부는 막대한 전비를 부담하는 대가를 치러야 했다. 이러한 경험은 독일로 하여금 해외 분쟁지역에 독일군을 파병하는 정책변화를 가져왔다. 콜 정부는 해외파병에 대한 국내적 반대의견을 걸프전의 교훈을 내세워 잠재웠다. 유럽통합 이슈와 관련해서도 콜 정부는 마스트리히트에서 시도한 초국가주의적 정치연합 출범에 실패한 후, 통합의 우선순위를 심화에서 확대로 변경하였다. 이러한 변화들은 콜 정부의 외교정책이 국가중심적 자주외교 담론 쪽으로 이동하였음을 의미한다.

1998년 슈뢰더 정부는 출범과 함께 코소보 전쟁에 참전해야 했고, 사민당과 녹색당의 외교안보 이념을 정책에 반영하지 못하고 유보해야 했다. 하지만 점차 슈뢰더 정부는 평화주의적 이념을 실천하기 시작하였다. 이러한 노력은 독일이 미국 주도의 이라크 전쟁에 반대함으로써 최고조에 달하였다. 또한 유럽통합 이슈에서 슈뢰더 정부는 나토 중시 입장에서 유럽의 독자적 안보능력을 구축하는 방향으로 변화하였다.

통일을 이룩한 콜 정부는 통일 이후 8년간 계속 집권하여, 정권의 연속성을 보였다. 하지만 국내외 환경의 변화로 인하여 분단시대의 전통적 외교노선에서 탈피하여 점차 자주외교를 실천하는 모습을 보여주었다. 1998년 총선에서 승리한 슈뢰더 좌파정권은 집권 초기에 평화주의 이념을 외교정책에 구현하지 못했으나, 점차 정권의 단절성에 부합하는 외교정책을 보여주었다. 그리하여 유엔의 위임을 받지 않고 대 이라크 전쟁을 수행하는 미국을 지지하지 않음으로써 자주적인 평화외교를 실천하였다. 탈냉전 이후 국제사회에서 독일이 아무런 행동을 취하지 않는 것도 영향력이 되고 있다. 콜 수상이 실천하였던 외교정책이 슈뢰더 정권에 와서 국가주의적 성격은 사라지고 자주적인 요소만 남아 평화주의와 결합하게 되었다.

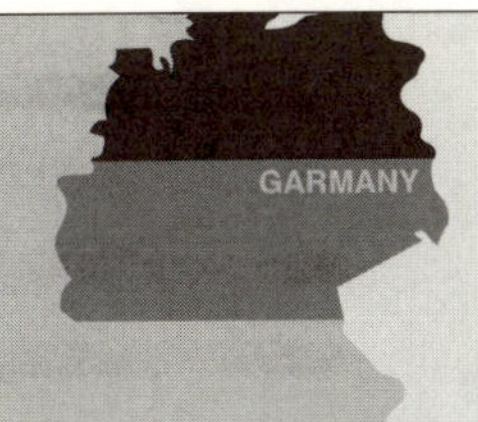

제8장

탈냉전 이후 동맹관계의 변화

– 한국과 독일의 비교 연구

I. 서론

제2차대전 이후 미국은 세계 각 지역에서 안보동맹을 형성하여 자국과 서방진영의 평화를 유지하여 왔다. 이러한 상황에서 미국은 항상 다른 동맹국보다 높은 수준의 국방예산을 지출하였고, 낮은 국방예산을 지출하는 동맹국에게 국방비 지출수준을 높일 것을 요구함으로써, 끊임없이 동맹국과 방위비 논쟁을 야기하여 왔다. 1950년대 초반 미국 상원에서 동맹국에 대한 방위비 분담 요구가 있은 후, 1970년대 초반 미국의 입장이 보다 강경해졌으며, 1977년 신냉전의 시작과 함께 카터 행정부는 동맹국에게 국방예산을 GDP대비 3%선을 유지해 줄 것을 요구하기에 이르렀다. 1980년대 후반에 접어들어 국내 경제사정이 악화되면서 미 행정부는 방위비 분담 대사를 임명하여 동맹국에 대한 압력을 제도적으로 강화하겠다는 언질을 하고서야 의회로부터 1990년도 국방예산을 승인받을 수 있었다.

동구 사회주의 붕괴, 독일 통일, 구소련의 체제전환 등 탈냉전이 시작되면서, 동서 양진영 간의 군사대립이 약화되었다. 유럽지역에서 미군이 대규모로 철수하게 되면서 방위비 분담 논쟁은 의미를 상실하는 것처럼 보였고, 군비 축소의 수준을 어떻게 상호 조정할 것인가 하는 "방위비 절감"을 분담하는 노력이 필요한 것처럼 보였다. 그러나 걸프전의 발발은 또다시 동맹국 간의 방위비 분담을 재연하는 계기로 작용하였다. 걸프전에 소요된 비용은 모두 111억 달러였고, 미국의 동맹국은 도합 97억 달러를 지원하여 85%의 비용분담을 하였다. 물론 동맹국들이 이렇게 많은 분담을 하게 된 것은 애당초 장기간 소요될 것으로 예상했던 지상전이 조기 종결된 탓이기도 하다. 어쨌든 동맹국들은 이것이 선례가 되어 차후 유사한 전쟁 발발시 또다시 높은 비용분담을 하게 될 지도 모른다는 우려를 하게 되었다.

게다가 걸프전에서와 같은 단기적 동맹비용의 선례는 지역을 뛰어넘어 유럽지역과 동북아지역의 동맹관계에도 작용하여 장기적 동맹비용의 분담에 영향을 끼칠 수 있는 가능성을 안고 있는 것이다. 그렇게 된다면 미국은 자국의 국방예산을 줄이고도 동맹국의 비용분담을 증가시킴으로써 전지구적 군사 강대국의 지위를 유지할 수 있을 것이다. 하지만 과거 냉전시대에는 공동의 외부 군사위협이 존재하였기 때문에, 미국이 동맹국에게 비용분담의 압력을 행사하는 것이 상대적으로 수월하였고, 비용분담의 합의 또한 용이하였으나, 탈냉전 시대에 접어들면서 비용분담 논쟁은 약화될 수밖에 없다.

그러나 부시 행정부가 들어서면서 국가미사일방어체제의 구축을 시도하는 등 군비증강 정책을 추진하게 되면서 동맹국과의 방위비 분담 논쟁이 또다시 중요한 이슈로 대두하였다. 특히 탈냉전의 조류가 아직 도래하지 않았고, 여전히 냉전구조 속에 머물러 있는 우리에게는 방위비 분담에 더욱 민감할 수밖에 없다. 미국의 안보공약에 크게 의존하고 있는 우리의 입장에서 독일과 한국의 방위비 분담문제를 비교 분석하는 것은 그 때문에 더욱 의미가 있다고 할 것이다. 특히 우리보다 먼저 통일한 독일의 대미 동맹관계와 방위비 분담문제는 향후 통일한국의 동맹정책과 방위비 분담에 시사하는 바가 클 것으로 생각된다.

미국은 1998년 현재 해외에 총 259,871명의 병력을 주둔시키고 있다. 그중에서 독일에 60,053명, 일본에 41,257명, 한국에 35,663명을 주둔시킴으로써, 이 3개 국가에 전체 해외 미군병력의 53%를 투입하고 있다.[1] 따라서 독일, 일본, 한국이 미국과 맺고 있는 동맹의 개별적 성격과 방위비 분담 간의 상관관계를 분석하는 것은 다른 동맹국의 사례에 비하여 훨씬 유의미하다. 그러나 이 글에서는 일본의 사례를 제외하였다. 왜냐하면 일본은 안보적 특수성으로 인하여 방위비 분담에서 예외적인 모습을 보이고 있기 때문이다.

한국과 독일이 미국과 쌍무적 동맹관계를 맺은 반면에, 1952년 체결된 미일안보조약은 미국과 일본 간의 편무적 동맹관계를 명시하고 있다. 즉 미국은 일본의 안보를 책임지지만, 일본은 미국을 위하여 군사적 지원을 할 의무를 가지지 않는다. 그리고 일본은 헌법적 제약 때문에 방위비를 자유롭게 증액할 수 없는 실정이다. 이러한 이유 때문에 일본은 미국과의 방위비 분담문제에 있어서 국방예산의 증액 대신에 미군의 주둔비용을 거의 부담하는 것으로 대체하고 있다.[2] 미국과 일본 간의 방위비 분담이 주로 비용분담이라는 성격을 띠고 있기 때문에 한국과 독일의 방위비 분담연구에 포함하여 비교 분석하는 것은 적절하지 않다고 할 수 있는 것이다.

이 글에서는 기존의 방위비 분담 모델을 탈냉전 이후의 안보상황에 적용하는 것이 제한적 설명력을 가진다는 문제인식하에 향후 예상되는 방위비 분담 논쟁에 기여할 수 있는 새로운 모델을 모색하는 데에 있다. 탈냉전 상황의 통일 독일과 아직 냉전적 구조 속에 있는 분단 한국의 방위비 분담 양상이 서로 다르게 나타나고 있는데, 이 글에서는 그 원인을

---

1) U. S. Census Bureau, *Statistical Abstract of the United States* (2000), p.12.
2) 고상두 · 남창희, "일본과 독일의 주둔군 비용분담," 『국가전략』 제5권 1호 (1999), 109쪽.

무엇보다도 양국의 안보동맹에 대한 인식의 차이에서 기원한다고 보고, 동맹의 성격과 방위비 분담 간의 관계를 분석하고자 한다.

이 글의 전개과정은 다음과 같다. 먼저 기존의 경제적 동맹이론을 검토하여 탈냉전하에서도 적용할 수 있는 새로운 모델을 모색한다. 그리고 독일과 한국의 안보 및 동맹정책을 살펴본다. 마지막으로 미국과의 방위비 분담 실태를 조사하여 독일과 한국이 미국과의 동맹에 대한 인식과 방위비 분담에 어떤 상관관계가 있는지 비교사례 분석의 논리에서 설명하도록 한다.

II. 경제적 동맹이론의 재검토와 새로운 모델의 모색

경제적 동맹이론은 올슨과 잭하우저의 공공재 이론에서 시작되었다. 이들은 동맹국 간의 방위비 문제를 집단행동의 논리로 설명하였다.[3] 올슨과 잭하우저는 나토 동맹에서 경제력이 큰 미국이 많은 국방예산을 지출하는 반면에 다른 유럽 동맹국들은 상대적으로 적은 국방예산을 지출하게 되는 원인을 약소 동맹국이 무임승차하는 경향에서 찾고 있다. 즉 공공재로서의 집단안보는 나누어 가질 수 없는 불가분의 성격을 가지고 있으며, 특정한 동맹국을 혜택에서 제외할 수 없는 불배제의 성격을 가지고 있기 때문에, 동맹으로부터 받는 혜택에 대한 적합한 기여를 하지 않는 동맹국에게 적은 혜택을 주거나 아무 혜택도 주지 않을 수 없다는 것이다. 따라서 실질적 기여와 상관없이 모든 동맹국이 혜택을 받는 집단안보에 대하여 약소 동맹국들은 가능한 한 적절한 방위분담을 하지 않고 무임승차하려는 경향이 생겨나게 되는 것이다.

---

3) Mancur Olson and Richard Zeckhauser, "An Economic Theory of Alliances," *Review of Economics and Statistics*, vol. 48, no. 3 (1966).

하지만 공공재 이론은 미국이 소련의 재래식 공격에 대하여 핵 억지력을 제공한다는 전제하에서 가능하다. 군사적 안보능력이라는 개념은 억지와 국방이라는 두 가지 요소로 나누어질 수 있다. 억지력이란 적대국이 군사적 공격을 감행하지 못하도록 하는 능력이다.[4] 이러한 점에서 억지력은 보복위협을 행사함으로써 적대국으로 하여금 공격을 자제하도록 하는 것이다. 반면에 국방은 적대국의 군사적 공격을 막아내는 능력으로서 공공재적 성격이 아니라 동맹국 개별적인 요소에 해당한다. 미국은 소련과의 군사적 대결구도하에서 대량살상 보복능력에 바탕을 둔 공포의 균형을 유지하였고, 약소 동맹국들은 미국의 핵 억지력에 의해 자국의 국방이 대체될 수 있었기 때문에 국방예산을 증액하는 데에 소극적일 수 있었던 것이다.

다시 말하자면 미국이 제공하는 핵우산 덕분에 동맹국들은 자국의 군비증강을 하지 않고도 안보를 유지할 수 있었고, 미국의 핵 억지력이 존속되는 한 국방의 필요성은 작았던 것이다. 핵을 보유할 수 없는 제약을 안고 있는 대다수 유럽 동맹국을 대신하여 미국은 동맹국에게 핵 억지력을 제공했고, 유럽의 동맹국들은 미소 간의 핵 균형에 의한 전쟁억지 효과로 인하여 안보에 편승할 수 있었던 것이다. 이러한 현상은 1967년 미국이 신축대응전략을 추진하게 되면서 변화하였다.

미국의 대소 안보전략이 원칙적으로 핵공격에 대해서만 핵 보복을 사용하고 재래식 공격에 대해서는 재래식 무기로 대응하는 것으로 바뀌게 되면서, 핵 억지력은 제한적으로 작용하게 된 것이다. 이것은 약소 동맹국에게 적대국의 재래식 공격에 대한 국방력을 증대시켜야 하는 노력을 요구하게 되고, 국방예산의 증가를 초래하였다. 샌들러의 결합재 이론에 의하면 신축대응전략 추진 이후 나토동맹이 억지력을 제공하는 미국과 재래식 국방력을 제공하는 유럽 동맹국 간의 집단안보 형태로 변화했다는 것이다.[5] 안보전략의 변화로 말미암아 억지력은 더 이상 국

---

4) Simon Duke, *The Burden Sharing Debate* (London: Macmillian Press, 1993), p.112.

〈표 1〉 안보동맹의 성격 변화와 이론적 시각

시기	이론적 관점	동맹의 기능	동맹과 국방의 관계
1967년 이전 냉전시기	공공재 모델	억지	대체성
1967년 이후 냉전시기	결합재 모델	제한적 억지	보완성
탈냉전 시기	개별재 모델	예방	개별성

방력을 대체해 주는 것이 아니라 보완적 역할을 하기 때문에 약소 동맹국들의 무임승차 경향은 감소할 수밖에 없게 되었다. 이러한 논리에서 결합재 모델은 70년대 이후 나토동맹에서 미국과 유럽동맹국 간의 방위비 분담이 보다 형평성을 찾는 방향으로 변화하는 모습을 설명하고 있다.

공공재 이론과 결합재 이론은 강대국이 억지력을 제공할수록 약소 동맹국이 방위비 분담에 비협조적인 반면, 억지력이 제한적으로 제공될수록 약소국은 방위비 분담에 적극적이 된다는 논리를 내세우고 있다. 그러나 이러한 논리를 탈냉전의 상황에 그대로 적용한다면 이제 소련의 위협이 사라짐에 따라 핵 억지력이 사실상 그 의미를 상실하였기 때문에 미국에게 유리한 방위비 분담이 이루어져야 한다는 결론이 된다.

그러나 이러한 논리전개는 탈냉전 이후의 안보동맹이 냉전시대와 완전히 다른 성격을 지니게 되었다는 것을 간과한 결과이다. 냉전시대의 집단안보는 정도의 차이는 있지만 그 본질에 있어서 억지력의 공급에 있었다. 그런 반면에 탈냉전 시대의 안보동맹은 예방적 역할을 그 핵심으로 하고 있다. 우크라이나와 벨로루시의 비핵화 노력, 이라크와 북한의 핵무기 개발 저지 등이 탈냉전 안보동맹의 주요 작업들이다.[6] 이러

5) J. C. Murdoch and T. Sandler, "A Theoretical and Empirical Analysis of NATO," *Journal of Conflict Resolution*, no. 26 (1982).

6) Ashton B. Carter and William Perry, *Preventive Defense: A New Security Strategy for America* (Washington, D.C.: Brookings Institution Press, 1999).

한 관점에서 본다면 탈냉전 이후 안보동맹은 〈표 1〉에서와 같이 공공재 모델에서는 핵 억지력의 제공으로 국방이 동맹에 의해 대체될 수 있는 가능성이 가장 크기 때문에 약소 동맹국들에게 무임승차할 수 있는 동기부여를 하며, 결합재 모델에서는 핵 억지력이 핵전쟁의 경우에 제한되어 있기 때문에 동맹은 국방에 대한 보완적 성격을 가지고 있어서 무임승차의 기회구조가 상당히 차단되어 있다.

개별재 모델의 경우에는 동맹의 기능이 전쟁 예방에 주안점을 두고 있기 때문에 동맹이 개별국가의 국방에 주는 직접적인 혜택이 가장 약하다고 할 수 있다. 이것은 피상적으로 생각하면 탈냉전 시기에 약소 동맹국이 자국의 국방을 위하여 보다 많은 자원을 배분할 것이라는 결론에 도달하게 한다. 하지만 그 반대의 결론이 유추될 수도 있다.

동맹이 핵 억지력의 제공이라는 기능을 가지고 있었던 냉전시대에는 핵 억지력을 보유하는 것이 제한되었던 약소 동맹국으로서는 동맹에 대한 기여에 소극적일 수밖에 없었고, 무임승차에 대한 기대효용도 컸다. 그러나 탈냉전 시기에 접어들어 안보동맹이 예방적 성격을 가지게 되면서 약소 동맹국은 동맹과 국방에 대한 기여를 자유로이 선택할 수 있게 되었다. 이러한 상황에서 방위비 분담은 약소 동맹국이 동맹과 국방에 대한 가치를 어떻게 평가하는가에 따라 좌우된다. 동맹국이 예방적 성격의 탈냉전 안보동맹이 자국의 국방에 대한 직접적인 기여가 매우 낮다고 평가하여 국방예산을 증대할 경우에는 방위비 분담은 강대한 동맹국과 형평성 있는 방향으로 움직일 것이며, 반대로 예방적 안보동맹에 대하여 높이 평가하고 국제정치적 위상강화를 위하여 적극 활용할 자세를 가진다면 국방예산을 줄여서라도 예방적 안보활동을 위하여 지출할 것이다. 이것은 기존의 방위비 분담이라는 관점에서 본다면 분담의 형평성이 더욱 악화되는 현상을 초래할 것이다. 탈냉전하에서 방위비 분담의 형평성을 결정하는 독립변수는 동맹과 국방의 상호선택이기 때문이다.

동일한 수준의 국방예산을 지출함으로써 방위비 분담의 형평성을 유지하여야 한다는 종래의 방위비 분담 논쟁은 탈냉전 이후 새로운 도전에 직면하고 있다. 따라서 향후 방위비 분담 논쟁은 개발도상국에 대한 경제지원, 평화유지군 활동 참여 등을 포함하는 책임분담의 개념을 적용하여 전개하여야 한다. 만약 그렇지 않고 국방예산의 지출수준이라는 부담분담의 관점에서만 방위비 분담을 바라본다면, 예방적 성격의 탈냉전 동맹관계에서 안보동맹에 대한 적극적인 기여는 방위비 분담의 형평성 악화라는 결과로 나타나기 때문이다.

III. 탈냉전 이후 독일과 한국의 안보 및 동맹정책

1. 통일독일의 안보 및 동맹정책

냉전시기에 독일은 유럽분단의 최전선에 위치하고 있었다. 그리하여 서독 지역에 약 40만 명의 나토군이 주둔하고 있었고, 동독 지역에 약 30만 명의 소련군이 주둔하였다. 그러나 통일독일은 냉전시대와는 확연히 구분되는 안보환경을 가지게 되었다. 역사상 처음으로 독일은 모두 민주적이고 우호적인 국가와 국경을 함께 하게 되었다. 그리하여 독일의 안보위협은 더 이상 국경으로부터의 직접적인 것이 아니라 발칸, 카프카즈, 중동, 북아프리카 등 역외지역으로부터 오는 원격적인 것이 되었다. 2+4조약에 의해 완전한 주권을 회복한 독일은 외교안보 분야에서 독자적인 정책을 추진할 수 있게 되었고, 1994년 독일헌법재판소가 평화유지 목적의 독일군 해외파병이 합헌이라는 판결을 내림으로써 적극적인 외교안보정책에 대한 법적인 뒷받침도 얻게 되었다.[7]

---

7) 한종수, "독일통합과 유럽연합," 『유럽통합과 국제정치』 (서울: 법문사, 1996), 101쪽.

탈냉전 이후 독일의 외교안보정책은 세 가지의 주요 목표를 가지고 있다. 첫째, 유럽 지역안보를 강화하는 것이다. 둘째, 유럽 지역안보를 확대하는 것이다. 셋째, 국제평화 유지에 기여하는 것이다.[8] 이러한 정책 노선은 통일 이후 독일이 주변 안보환경의 급격한 개선을 토대로 국방보다는 예방적 동맹에 보다 주안점을 두는 안보정책을 취하고 있다는 사실을 말해준다.

독일 외교안보정책의 최우선 목표는 유럽연합을 명실상부한 정치연합으로 발전시키는 것이다. 그리하여 유럽연합 회원국들이 공동으로 외교안보정책을 수립하고 집행할 수 있도록 하는 것이다. 유럽정치협력은 오랫동안 유럽공동체 조약과 무관하게 정부간 기구로 존재하여 오다가 1986년 단일유럽의정서에 의해 조약상의 근거를 가지게 되었고, 1993년 마스트리히트 조약이 공표됨으로써 유럽정치협력은 협의와 조정의 기능을 넘어서서 외교안보적 사안에 대하여 공동정책을 수행할 수 있는 권한을 가지게 되었다. 특히 1997년 암스테르담 조약에 의하여 공동 외교안보정책 결정에 있어서 만장일치제가 제한적으로 적용되고 유럽이사회가 공동전략으로 결정한 문제에 대해서는 가중다수결 원칙이 적용되면서 유럽정치협력은 보다 현실적인 기능을 할 수 있게 되었다. 유럽연합의 정치통합에 가장 적극적인 독일은 유럽정치협력의 강화에 가장 큰 기여를 하였다.[9]

유럽연합이 단순히 외교안보 정책을 상호 조율하고 결정하는 능력을 넘어서서 군사안보적으로 실천할 수 있도록 하기 위하여, 독일은 서유럽연합을 강화하는 노력을 하여왔다. 1989년 독일은 프랑스와 독불여단을 창설하였고, 탈냉전 이후 전반적인 군비축소의 조류하에 개별 국가차원의 독자방위력을 구축하는 것이 더욱 어렵게 된 벨기에, 룩셈부

8) Press- und Informationsamt der Bundesregierung, *Jahresbericht der Bundesregierung 1997* (Bonn, 1998), p.2.
9) 한종수, 『유럽연합과 한국』 (서울: 동성사, 1998), 78쪽.

르크, 스페인의 호응을 얻어 5만 병력 규모의 유로군단으로 확대 개편하였다.[10)]

서유럽연합이 유럽연합의 명실상부한 군사조직으로 승격된 것은 그동안 미국이 주도해 온 안보정책에서 탈피하여 안보의 유럽 정체성을 확보하게 된 것을 의미한다. 독일은 대규모의 비용을 필요로 하는 군사행동에서 서유럽연합과 나토가 중복되는 것을 피하고, 유럽안보협력과 대서양안보협력의 조화를 이루기 위하여 나토 내에 서유럽연합의 위치를 마련하였다. 이러한 구조개편은 탈냉전 이후 나토의 신전략 개념의 채택으로 가능하였다.

지역 분쟁과 같은 위기관리를 안보목표로 내세운 신전략 개념하에 나토는 65개에 달하던 주요 사령부를 20개로 감축하였으며, 산하에 다국적 합동군을 창설하였다.[11)] 이것은 나토의 보스니아 평화유지군의 경험을 발전시켜 제도화한 것으로 나토가 과거에는 대규모 정규전에 대비한 기선조직의 형태였다면, 이제는 평화유지, 난민보호 등의 위기관리 임무를 수행하기 위하여 개별목적에 따라 융통성 있게 활용될 수 있는 병렬적 군사조직으로 변모한 것이다.[12)] 이러한 나토개혁은 유럽회원국의 병력으로 구성된 다국적 합동군을 서유럽연합이 필요한 경우 독자적으로 사용하는 것이 가능하도록 하였다. 이에 따라 1994년 브뤼셀 정상회담에서 유럽회원국은 나토내 유럽회원국만으로 나토의 임무를 수행할 수 있는 유럽안보방위조직(ESDI)의 창설을 요구하여, 미국의 동의를 얻어내었다. 그리고 1997년 베를린 각료회담에서 미국에게 비토권을 주는 조건으로 서유럽연합은 나토 군사조직의 일정부분을 서유럽연합의 지위하에 독자적으로 사용할 수 있는 권한을 보장받았고, 나토

---

10) 이상균, "유럽통합의 안보적 고찰,"『국제정치논총』 제35집 2호 (1995), 382쪽.
11) Klaus Naumann, "NATO' s New Military Command Structure," *NATO Review*, no. 1 (1998), p.10.
12) 이수형, "NATO의 다국적 합동수행병력과 집단안보,"『국제지역연구』 제8권 1호 (1999), 96쪽.

방위기획위원회에 참여하여 방위전략을 기획하는 단계에서 반영할 수 있게 되었다.[13)]

독일 외교안보정책의 두 번째 목표는 유럽지역안보를 동구 지역으로까지 확대하는 데에 있다. 독일은 1997년 마드리드 정상회담에서 폴란드, 체코, 헝가리가 나토의 새 회원국으로 가입승인을 받는 데에 커다란 기여를 하였다. 유럽 동맹국들은 중부유럽과 역사적으로나 경제적으로 밀접한 관계를 가지고 있는 독일의 영향력이 확대되는 것에 대하여 우려하는 입장을 표명해 왔기 때문에 동유럽 3국이 나토에 가입하게 된 것은 독일 외교안보정책의 성과라고 할 수 있을 것이다. 나토의 동구확대 노력은 더 나아가 러시아와 나토가 안보협력을 할 수 있는 제도적 마련을 하는 데까지 발전하였다. 그리하여 1997년 나토는 러시아와 상설공동위원회를 구성하여 유럽 안보를 위하여 공동노력할 수 있는 제도적 발판을 마련하였다. 이와 동시에 기타 대부분의 동유럽 국가들과 "평화를 위한 동반자"관계를 확립하여 나토 사령부 내에 파견 참모부를 설치하고 공동훈련을 실시하였다.

독일 외교안보정책의 세 번째 목표는 국제평화의 구축에 기여하는 데에 있다. 독일은 1990년에서 1994년까지 러시아 등 독립국가연합에 도합 1,000억 마르크에 달하는 차관을 제공하였다. 이 금액은 이들 국가가 받은 해외차관의 절반에 해당한다. 또한 동구국가에 약 460억 마르크를 지원하여 이 지역의 민주화와 시장개혁에 기여하였다.[14)]

특히 독일은 소련 지역의 무기감축에 많은 기여를 하였다. 탈냉전 이후 군비감축 협정은 그 실행에 있어서 기술적인 그리고 재정적인 어려움을 안고 있었다. 이러한 문제를 극복하기 위하여 독일은 러시아와 우크라이나의 대량살상무기 해체 작업을 지원하는 데에 1997년까지 총 6,500만 마르크를 지출하였으며, 러시아의 화생방무기를 해체하는 데

---

13) Frank Boland, "Force Planning in the New NATO," *NATO Review*, no. 3 (1998), p.4.
14) 고상두, "나토 방위비 분담연구,"『국방학술논총』 제12집 (1998), 336쪽.

〈표 2〉 독일이 참가한 국제평화 유지활동(1991~1999)

	평화유지 및 감시활동	연도	참가국의 총 투입인원		
			군인	경찰	민간인
1	UN 이란/이라크 감시단(UNIKOM)	1991		1,094	
2	UN 그루지아 감시단(UNOMIG)	1993		101	
3	UN 보스니아/헤르체고비나 감시단	1995			1,795
4	UN 코소보 과도정부수립 감시단(UNMIK)	1999			1,817
5	UN 아프가니스탄 특별감시단(UNSMA)	1994		7	
6	UN 동티모르 다국적군(INTERFET)	1999	9,900		
7	OSCE 스코피에 감시단	1992		8	
8	OSCE 그루지아 감시단	1992		18	
9	OSCE 에스토니아 감시단	1993		6	
10	OSCE 몰도바 감시단	1993		8	
11	OSCE 라트비아 감시단	1993		5	
12	OSCE 체첸 감시단	1995		5	
13	OSCE 보스니아/헤르체고비나 감시단	1995		196	
14	OSCE 크로아티아 감시단	1996			98
15	OSCE 알바니아 감시단	1997		38	
16	OSCE 코소보 감시단	1998		1,400	
17	OSCE 코소보 감시단	1999		481	
18	NATO 보스니아/헤르체고비나 평화유지군	1996	24,500		
19	NATO 마케도니아 평화유지군(XFOR)	1998	2,300		
20	NATO 코소보 평화유지군(KFOR)	1999	42,500		
21	WEU 알바니아 감시단(ECMM)	1991	280		
22	WEU 알바니아 다국적 경찰고문단	1997		144	

출처: SIPRI Data Base 2000

에 1998년까지 4천만 마르크를 지원하였다. 그리고 1992년에는 러시아와 함께 모스크바에 국제기술센터를 설립하여 핵무기와 기타 대량살상무기 생산에 종사하였던 기술자들에게 일자리를 제공하였다. 그리하여

1998년까지 450개의 연구사업에 총 1억 5천만 달러를 지원하였고, 이 사업에 모두 1만 7,000명의 과학자와 기술자를 참여시켰다.[15]

〈표 2〉가 보여주는 바와 같이 독일은 탈냉전 이후 국제평화유지활동에 적극적으로 참여하고 있다. 1991년에서 1999년까지 독일은 총 22개의 국제평화 유지활동에 인원을 파견하였다. 이러한 참여는 전세계 거의 모든 분쟁지역에서 평화유지를 위해 참가하고 있는 것을 의미하며, 이를 위해 UN, OSCE, NATO, WEU 등 국제기구와 동맹기구를 모두 활용하여 다차원적으로 전개하였다. 이와같은 사실은 독일이 통일 이후 국제적 위상을 증대하기 위하여 적극적인 외교안보정책을 추진하고 있으며, 안보동맹의 예방적 성격을 십분 활용하고 있다는 것을 말해주는 것이다.

2. 한국의 안보 및 동맹정책

국제안보환경은 1990년대에 접어들어 크게 변화하였지만 동북아 지역과 특히 한반도에서는 냉전시기의 특징이 두드러지게 완화되지 않았다. 한반도에서의 남북한 대결구도는 존속되고 있고, 중국이 빠른 경제성장을 바탕으로 군사 대국화의 길을 걷고 있다. 한반도에서의 군사분쟁 가능성이 여전히 높기 때문에 한국의 외교안보정책은 냉전시기와 크게 변하지 않고 있다. 한국의 외교안보정책은 크게 세 가지로 나누어 볼 수 있다. 첫째, 한미동맹 관계를 지속 유지하는 것이다. 둘째, 한국의 자주방위 능력을 강화하는 것이다. 셋째, 북한과의 대화와 협력을 추진하는 것이다.

북한의 군사적 위협으로부터 한국의 안보를 지키는 데에 한미 안보동맹은 매우 중요한 역할을 수행해 오고 있기 때문에 한미동맹의 유지

---

15) Bundesregierung(1998), pp.510-11.

는 한국의 외교안보정책에서 가장 중요한 요소라고 할 수 있다. 한미 연합방위체제는 북한의 남침을 억지하는 인계철선의 역할을 담당해 왔다. 주한미군은 강력한 타격력을 가지고 있는 공군력과 정보수집 및 전장감시 능력 그리고 제7함대를 통한 해양증원 능력을 보유하고 있음으로 해서 충분한 대북 억지력으로 작용하고 있다.[16)]

한국과 미국의 안보동맹이 동일한 안보이익을 추구하는 것은 아니다. 냉전시대 미국은 소련을 제1의 적으로 하였고, 동북아 지역 안정, 그리고 한반도의 전쟁 재발 방지가 그 다음 목적이었다. 반면에 한국으로선 북한이 제1의 적이었던 것이다.[17)] 이러한 이익구조는 탈냉전 이후 변모하였고, 미국과 한국 간에 안보 전략적 이익이 다소 수렴하는 모습을 보이고 있다. 특히 통일 이후 한미 간의 안보이익은 더욱 일치하게 될 것으로 보인다. 통일독일과 달리 통일한국은 러시아, 중국, 일본과 같은 강대국들과 경쟁하는 구도 속에 놓여지게 될 것이기 때문이다.

이러한 이유에서 한국은 통일 이후에도 계속적으로 미군이 주둔하는 것을 반대하지 않는 입장이다. 김대중 대통령이 평양 정상회담에서 이러한 의도를 밝힌 바 있다. 이러한 입장은 적지 않은 국민들의 지지를 받고 있는데, 설문조사에 따르면 한국 국민의 약 1/4 가량이 통일 이후에도 주한미군이 계속 주둔하는 것을 원하고 있는 것으로 나타났다.[18)] 통일 이후 주한미군의 잔류에 대한 지지도는 안보관련 전문가와 정책실무자의 경우에 훨씬 높게 나타나는 것으로 알려지고 있다.

미 행정부는 "1998년 동아시아 · 태평양 지역 안보전략" 이라는 보고서에서 미국의 전진 방어를 위하여 한반도 지역에 계속적인 미군주둔이 필요하다는 점을 역설한 바 있다.[19)] 하지만 한미동맹은 한국의 안보

16) 백종천, "한미 연합지휘체제의 발전방향," 백종천 · 김태현 · 이대우 공저, 『한 · 미군사협력: 현재와 미래』 세종연구소 연구총서 98-10 (세종연구소, 1998), 51쪽.

17) 현인택,『한국의 방위비: 새로운 지평을 위하여』 (서울: 한울, 1991), 24쪽.

18) 연세대 사회과학연구소, "98년 범국민 안보의식조사" (1998), 99쪽; 『한겨레』 2000년 7월 18일.

적 관점에서 두 가지 중대한 문제점을 안고 있다. 첫째, 교환동맹 모델이 설명하는 바와 같이 한국은 미국과의 비대칭적 동맹관계 속에서 미국의 군사력에 의존하는 대가로 안보의 자율성을 양보하여야 한다는 것이다.[20] 이러한 문제점을 가장 잘 보여주는 사례가 작전 통제권 문제이다. 비록 1994년에 한국군에 대한 평시 작전 통제권이 반환되었으나, 미국은 전시 작전 통제권을 행사하고 있으며, 한미연합체제에서 미군 주도로 의사결정을 하고, 미군의 작전계획에 입각한 군사력 운용을 하는 등 한국군의 입장이 극히 제한적으로 반영되고 있다.[21]

한미 군사동맹의 또 다른 문제점은 한미연합 방위체제에 의존하게 되면, 북한과의 군사력 격차를 해소하는 것이 그만큼 더디게 되어 자주적인 방위역량을 갖추는 일이 요원하게 된다는 것이다. 한미 간의 동맹관계는 결합재 모델이 설명하는 바와 같이 미군은 전략적 군사력을 제공하고 한국군은 재래식 군사력으로 보완하는 방향으로 전개되어 왔다. 이와 같은 성격의 한미연합방위전략을 전제로 한 한국군 방위력 증강 계획은 해군과 공군에 대한 증강, 정보 획득능력의 확보 등을 상대적으로 소홀하게 취급하게 하였다. 그리하여 한국적 상황에 맞는 독자적 전쟁기획 능력을 구비하는 것이 지연되어 왔다.

이러한 배경에서 한국의 외교안보전략의 두 번째 목표는 독자적 방위능력의 증대이다. 남북한 간의 군사력 비교는 아직까지 많은 논쟁을 불러 일으키고 있다.[22] 하지만 국방부는 한국의 대북한 군사력 수준의 추이를 매우 신중하게 평가하여, 율곡사업 착수당시 한국의 군사력이 북한의 50.8% 수준이었고, 제1차 율곡사업(1974-81)과 제2차 율곡사업

---

19) U.S. DoD., *The United States Security Strategy for the East Asia-Pacific Region* (Washington D.C., 1998).

20) 장노순, "교환동맹모델의 교환성: 비대칭 한미안보동맹,"『국제정치논총』 제36집 1호 (1996), 80쪽.

21) 백종천(1998), 57쪽.

22) 함택영, 『국가안보의 정치경제학』(서울: 법문사, 1998), 231쪽.

(1982-86) 등을 거치면서 현재 남한의 대북한 전력 수준이 약 75%에 도달했다고 보고 있다.[23]

경제성장에 힘입어 한국은 "한국 방위의 한국화"의 필요성을 인식하고, 한미연합방위체제에서 한국의 역할을 증대하는 방향으로 노력을 하여 왔고, 대북 독자 방위능력의 건설을 목표로 꾸준히 군의 현대화를 위한 투자를 늘려왔다. 그러나 IMF 위기에 직면하여 김대중 정부는 "자주적 방위" 혹은 "단독 대북 전쟁억지의 개념" 대신에 한미연합체제를 최대한으로 활용하는 방향으로 방위력 개선을 유보한 바 있다.

그러나 국방부는 '2001-2005 국방중기계획'과 '국방기본정책서(2001-2015)'를 발표하면서 21세기 한국군 전력구조를 첨단기술군으로 전환할 것을 발표하였다. 7000 t 급 이지스 구축함 건조사업, 공중조기경보통제기(AWACS) 사업, 또 우리 군의 신규 전력증강 사업 역사상 가장 큰 규모인 4조 3,000억 원이 소요될 차세대 전투기 사업 등은 우리 군의 전력증강 방향이 대북 억지력 증강의 토대위에, 장기적으로는 한반도 주변국의 위협까지 염두에 두고 있는 것으로 볼 수 있다.[24]

한국 외교안보전략의 세 번째 목표는 한반도 냉전구도의 해체를 통하여 북한의 군사적 위협 가능성을 감소시킨다는 것이다. 김대중 대통령은 지난 2000년의 신년사에서 "남북경제공동체" 건설방안을 제시하였다. 이것은 그동안 민간부문에 국한되었던 남북한 교류협력에 정부가 적극 개입하여 한 단계 발전된 형태로 끌어올리겠다는 의지의 표명이었다.

이와 동시에 김대중 정부는 냉전종식을 위한 외교적 노력을 강화할 것을 2000년 대북정책 추진 3대 기본방향의 하나로 정하였으며, 베를린 선언에서 지구상에서 유일한 냉전지역으로 남아있는 한반도에서 냉전질서를 종식시키기 위하여 화해와 협력을 통한 공동번영과 평화공존을

---

23) 배진수, "IMF시대의 군 방위력 개선방향," 『한국군사』 제7호 (1998), 68쪽.
24) 『조선일보』 2000년 10월 3일.

추구할 것을 북한에 제의하였다.[25] 이러한 제의가 진지한 것임을 보여주는 의미에서 김대중 대통령은 북한에게 식량이나 비료와 같은 일회성의 지원이 아닌 사회간접자본 구축을 위한 대규모 지원을 할 의사가 있음을 천명하였다. 이러한 화해 제스처는 역사상 최초의 남북정상회담 개최를 가능하게 하였고, 남북한 화해협력시대의 서막을 장식하게 되었다.

한반도 냉전구조 해체를 위해 김대중 정부는 5가지의 실천사항을 제시하였다. 첫째, 남북관계를 화해협력의 관계로 전환하여 남북기본합의서가 전면적으로 이행되도록 한다. 둘째, 북한이 미 · 일과 관계를 정상화하고 국제통화기금, 세계은행, 국제무역기구 등 국제기구에 가입할 수 있도록 지원한다. 셋째, 한반도에서 대량살상무기를 포함한 군비통제를 실현한다. 넷째, 북한이 체제개방과 시장경제로의 전환을 하도록 한다. 다섯째, 정전체제를 평화체제로 전환한다. 즉 남한은 북한이 남북기본합의서를 이행하고, 대량살상무기의 개발을 포기하며, 개방과 개혁을 하는 대가로 미 · 일과의 관계개선과 국제기구에의 가입을 지원하고 평화협정의 체결에 동의한다는 것이다.

지금까지 살펴본 바와 같이 한국의 외교안보정책은 한편으로는 미국의 억지력을 계속적으로 확보하고 다른 한편으로 독자적인 방위능력을 증대한다는 것이다. 그리고 남북간 화해 협력무드가 아직은 남북한의 군비축소로까지 연결되지는 못하고 있는 실정이다. 이러한 상황은 한국으로 하여금 미국과의 동맹을 독일과 같은 탈냉전적 동맹관계로 발전시키지 못하도록 하는 장애요인으로 작용하고 있다. 동아시아 지역에 다자간 안보체제를 구축하여 한미동맹을 보완하려고 시도하였던 노력은 그로 인한 영향력 상실을 우려하는 미국의 소극적인 태도로 인하

25) Kim Dae-Jung, "Lehren aus der deutschen Wiedervereinigung und Fragen auf der koreanischen Halbinsel," *Rede des Präsidenten der Republik Korea Kim Dae-Jung*, 2000. 3. 9 (2000).

〈표 3〉 한국이 참가한 국제평화 유지활동(1991~1999)

	평화유지 및 감시활동	시작년도	참가국의 총 투입인원		
			군인	경찰	민간인
1	UN 서사하라 감시단(MINURSO)	1991	27	203	81
2	UN 그루지아 감시단(UNOMIG)	1993		101	
3	UN 동티모르 다국적군(INTERFET)	1999	9,900		

출처: SIPRI Data Base 2000

여 커다란 성과를 보이고 있지 못하고 있다.[26)]

그러므로 한국은 한미동맹을 북한의 군사적 위협에 대처하는 기능에 국한하여 활용하고 있고, 예방적 성격의 탈냉전 동맹관계를 확립하지 못하고 있는 것이다. 따라서 〈표 3〉이 보여주는 바와 같이 한국은 소수의 국제평화 유지를 위한 활동을 할 수 밖에 없을 뿐 아니라, 동맹기구가 아닌 UN과 같은 국제기구를 통하여서만 국제평화에 기여하고 있다.

Ⅳ. 독일과 한국의 방위비 분담 실태

지금까지 살펴본 바와 같이 독일은 통일 이후 자국의 동맹관계를 예방적 방위활동을 하는 데에 활용하는 외교안보정책을 추진하고 있다. 과거 냉전시기에 미국과의 동맹이 독일에게 억지력을 제공하는 것이었기 때문에 독일은 재래식 전쟁에 대비한 국방력을 증대하는 데에서 동맹의 의무를 찾았으나, 탈냉전 이후 자국의 국제적 위상 증대를 위해 동

26) 김규륜 · 전동진, 『동북아 다자간 안보협력제 구성전망과 남북한 관계』 (서울: 민족통일연구원, 1993).

〈표 4〉 미국, 독일, 한국의 GDP대비 국방예산

(%)

	1990	1991	1992	1993	1994	1995	1996	1997	1998	평균
미국	5.3	4.7	4.9	4.5	4.1	3.8	3.5	3.4	3.2	4.2
독일	2.8	2.3	2.1	2.0	1.8	1.7	1.6	1.6	1.5	1.9
한국	3.7	3.7	3.5	3.3	3.1	2.9	3.0	2.9	3.1	3.2
형평지수 (독일/미국)	0.53	0.48	0.42	0.44	0.44	0.45	0.46	0.47	0.47	0.46
형평지수 (한국/미국)	0.70	0.79	0.71	0.73	0.76	0.76	0.86	0.85	0.97	0.79

출처: SIPRI military expenditure database

맹을 적극적으로 활용할 수 있는 선택의 기회를 갖게 된 것이다. 따라서 독일은 통일 이후 개선된 안보환경 덕분에 자국의 국방예산을 줄이고 동맹을 통한 국제평화 유지 노력을 강화할 수 있게 되었다.

〈표 4〉는 탈냉전 이후 미국, 독일, 한국 3국의 GDP 대비 국방예산이 꾸준히 감소하고 있는 경향을 보여주고 있다. 미국은 1990년 5.3%에서 1995년에 4% 이하로 떨어졌으며, 1998년 현재 3.2%를 나타내고 있다. 독일은 1994년에 2% 이하로 떨어진 후 1998년 현재 1.5% 수준으로 감소하였다. 한국은 1990년 3.7%에서 1998년 3.1%로 떨어져 가장 낮은 감소율을 보이고 있다.

이 표에 의하면 독일의 GDP 대비 국방예산이 1990년대 전반에 걸쳐 미국의 절반 정도의 수준밖에 미치지 못한다는 것을 알 수 있다. 이 표에서 형평지수는 독일의 GDP 대비 국방예산을 미국의 수치로 나눈 값이다. 형평지수의 변화추이를 보게 되면 독일과 미국 간에는 상호간에 방위비 분담의 불형평성이 존재할 뿐만 아니라, 그것이 지속적으로 악화되고 있다. 1990년에 독일의 GDP 대비 국방예산이 미국의 53% 수준이었으나 1998년에는 47% 수준으로 떨어지는 것을 알 수 있다.

이와 달리 한국은 같은 기간 평균적으로 미국 국방예산의 79% 수준을 지출하고 있는 것으로 나타나고 있다. 그리고 방위비 분담 형평률도

〈표 5〉 미국, 독일, 한국의 GDP대비 해외원조액

(%)

	1990	1991	1992	1993	1994	1995	1996	1997	평균
미국	0.19	0.20	0.18	0.36	0.17	0.15	0.12	0.11	0.19
독일	0.42	0.39	0.37	0.35	0.33	0.31	0.32	0.28	0.35
독일/미국	2.21	1.95	2.01	0.97	1.94	2.07	2.67	2.55	1.84

출처: BMZ. ODA-Nettozahlungen und Gesamtleistungen der BR an Entwicklungslaender, 2000; U.S. Census Bureau. Statistical Abstract of the United States, 1999.

〈표 6〉 미국, 독일, 한국의 국제평화유지 활동지원(1994~1997)

		미국	독일	한국
1994	비용(백만달러)	1,078.0	255.4	2.5
	파견인원(명)	963	15	55
	1인당비용(천달러)	1,119.4	17,027	45.5
1995	비용(백만달러)	431.8	230.0	3.1
	파견인원(명)	2,499	29	255
	1인당비용(천달러)	172.8	7,931.0	12.1
1996	비용(백만달러)	288.2	104.7	1.3
	파견인원(명)	700	172	239
	1인당비용(천달러)	411.7	608.7	5.4
1997	비용(백만달러)	303.2	87.7	1.2
	파견인원(명)	637	190	27
	1인당비용(천달러)	476.0	461.6	44.4
계	비용(백만달러)	2,101.2	677.8	8.1
	파견인원(명)	5,332	596	608
	1인당비용(천달러)	394.1	1,137.2	13.3

출처: U.S. DoD. A Report to the United States Congress, March 1990.

1990년의 0.70에서 꾸준히 상승하였고 1998년에는 0.97에 도달하여 이제 한국과 미국은 거의 동일한 수준의 방위비 분담을 하고 있다. 한국이 1997년 IMF 사태 이후 재정정책적 여유가 줄어들어 방위비 수준을 낮추었으나, 미국과 독일이 탈냉전의 여파로 줄인 수준을 따라가지 못하고 있음을 알 수 있다.

독일의 경우 미국에 비해 상대적으로 감소된 재정적 자원이 예방적 방위목적으로 활용되고 있음을 〈표 5〉가 잘 보여주고 있다. 이 표에 의하면 90년대 초반 전반적으로 해외원조의 필요성이 높았다는 것을 알 수 있다. 이것은 특히 동구 체제전환 국가에 의한 소요인 것으로 보인다. 그 후 미국과 독일의 해외원조가 함께 감소하였으나 독일의 감소세가 미국에 비해 훨씬 안정적인 모습을 보이고 있다. 이 표에 의하면 독일은 탈냉전 이후 미국보다 평균적으로 GDP대비 해외원조를 1.84배 많이 하고 있다. 해외원조 수치액을 기준으로 할 때, 미국과 독일 간의 책임분담은 1993년 이후 독일이 더 빠른 속도로 많이 하고 있음을 알 수 있다.

동맹의 예방적 방위활동을 측정하는 또 다른 지표는 국제평화유지 활동에 대한 참여도이다. 〈표 6〉에 의하면 1994년에서 1997년까지 미국은 가장 많은 비용을 부담하고 인원을 파견하였다. 이 기간 동안 미국은 약 21억 달러를 지불하였고, 5,332명을 평화유지 목적으로 파견하였다. 독일은 7억 달러에 못미치는 평화유지 비용을 지불하였지만, 미국에 비해 1/10 정도밖에 되지 않은 인원을 파견하였다는 점에서 파견인원 1인당 지출액은 미국의 3배가 넘고 있다.

한국의 경우에는 독일보다 많은 인원을 파견하였음에도 불구하고 재정분담은 매우 미약하여 8백만 달러에 그치고, 1인당 지출액도 만 달러를 겨우 넘는 수준이다. 독일이 미국에 비하여 매우 높은 1인당 파견비용을 지출하는 이유는 소규모 인원이지만 모든 분쟁지역에 평화유지 인원을 보내고 있기 때문이다. 탈냉전 이후 독일은 미국과 함께 거의 모든 평화유지 활동에 참여하고 있다.

V. 결론

이 글에서는 공공재 모델과 결합재 모델에서 설명하는 방위비 분담 논의에 관하여 검토해 보았다. 이 두 모델은 동맹의 억지력이 감소하면 국방력 증대를 위하여 약소 동맹국이 자국의 방위비를 증가시키게 되고, 그로 인하여 방위비 분담의 형평성이 증가한다고 주장한다. 이러한 논리는 탈냉전하에서 집단안보동맹의 억지력이 그 의미를 상실하게 되면 동맹국의 자국 방위를 위한 국방예산의 증대와 방위비 분담의 형평성이 더욱 증가하게 되는 결과로 연결되어야 한다.

그러나 탈냉전하에서 동맹의 성격이 과거 억지능력의 제공에서 예방능력의 제공으로 변화하게 되면, 약소 동맹국의 외교안보정책 노선에 따라 국방예산의 증감이 이루어질 수 있는 것이다. 즉 동맹을 활용하여 예방적 방위에 참여할 경우에는 상대적으로 국방예산이 재정자원의 배분에서 우선순위가 떨어지게 되고, 그렇지 않은 경우에는 국방예산의 증가가 일어날 수 있다. 이것은 탈냉전하에서 동맹이 국방과 직결되지 않는 개별재 모델의 성격을 가지기 때문이다.

과거 동맹이 제공하는 억지력의 공급에 참여하는 것이 제한되었던 독일은 통일 이후 국제정치적 필요에 의해 동맹의 예방적 방위활동에 적극적으로 참여하고 있다. 이러한 외교안보 노선은 독일의 국방예산 수준이 미국보다 낮아지는 결과를 가져왔고, 그 대신에 독일은 개발도상국 지원과 국제평화 유지활동에 많은 재정적 부담을 짊어 질 수 있는 반사적 기회를 가지게 된 것이다.

한국이 향후 통일을 이룩하여 진정한 탈냉전 조류에 편승하게 되고, 국제체제에서 능동적인 행위자가 되기 위해서는 한반도 주변의 안정적 안보환경을 구축해야 하고, 예방적 방위에 동반할 수 있는 새로운 동맹기구를 필요로 한다. 이것은 통일 이후 한국이 미국과의 양자동맹을 발전시켜 지역적 다자동맹을 지향해야 할 필요성을 말해 주는 것이다. 통일 이후에도 한미동맹을 유일한 대안으로 생각하는 것은 통일과 탈냉전이 가져다 주는 안보환경의 변화를 우리의 국제정치적 위상강화를 위해 십분 활용하지 못하는 결과를 가져올 것이다.

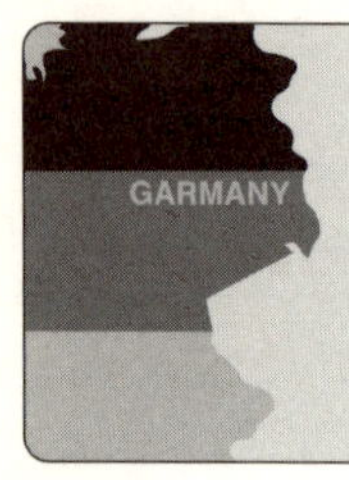

제9장

미군 주둔 비용의 분담 구조 – 한국과 독일의 비교 연구

I. 서론

한국 정부는 미국의 압력에 의해 1980년대 말부터 미군 주둔에 따른 비용의 분담 수준을 지속적으로 높여 왔다. 이에 따라 한국 측으로서는 협상력을 강화시킬 논리 개발이 시급히 요구되고 있다.

한국은 향후 미국이 제기하게 될 미군에 대한 지원 증대 요구에 대하여 원칙적인 입장을 마련해 두는 것이 절실히 필요하다. 이를 위해 미군이 주둔하고 있는 독일의 사례를 구체적으로 연구하는 것은 매우 큰 도움이 되리라고 본다.

이 글이 주독 미군을 주한 미군의 비교 대상으로 삼은 이유는 무엇보다도 독일은 과거 분단국으로서 한국과 유사한 안보상황에 처해 있었기 때문이다. 게다가, 통일된 독일에 주둔하고 있는 미군의 비용 분담 문제는 통일 한국에 대한 중요한 시사점을 제공할 것이다. 물론 보다 종합적인 연구를 위해서 다른 국가의 사례도 분석하는 것이 필요하다. 제한된 범위 때문에 비록 여기에서는 다루지 못하지만, 예를 들어 주일 미군에 대한 비용 분담 연구도 의미가 있다.

베를린에 주둔하였던 미군이 철수한 이후 독일은 미군에 대한 직접 지원을 거의 제공하고 있지 않다. 이에 반해 한국은 미군에 대한 직접 지원을 꾸준히 증대하여, 1998년 현재 거의 4억 달러에 달하는 직접 지원을 하고있다.

이 글은 독일과 달리 한국이 미군을 위하여 높은 수준의 비용 분담을 해야 하는 사실에 대해 문제를 제기한다. 그리하여, 과연 한국과 독일의 방위비 분담구조는 어떠한 차이를 보이고 있으며, 이러한 차이는 어디에서 연유하는가를 밝히고자 한다.

이 글은 한독 양국의 방위비 분담구조를 이론적으로 분석하는 것뿐만 아니라, 독일의 사례를 실제적으로 검토하여 한국이 현재 지불하고 있는 직접 지원을 현격히 줄일 수 있도록 정책적 제안을 하는 데에도 그 목적이 있다.

구성에 있어서는 서론에 이어 먼저 방위비 문제를 개념적으로 분류하고, 주둔군의 방위비 분담은 어느 유형에 속하는지 살펴본다. 그리고 독일과 한국에서의 미군에 대한 지원 실태를 분석한다. 마지막으로 독일의 사례에 비추어 한국의 지원정책이 안고 있는 문제점을 지적하고 그 대안을 제시한다.

독일 사례를 위한 실증적인 조사를 위해서 독일 국방부의 예산국 나토 담당실, 독일 재무부의 외국군 주둔비용 담당실, 그리고, 통일 이후 외국군의 철수에 따른 제반문제에 대처하기 위해 본에 설립된 "민수전환 국제센터"를 방문하였다. 나토 공동 예산에 대한 분담금 문제는 국방부에서 담당하고 있고, 독일에 주둔하고 있는 나토군의 비용 분담 문제는 재무부에서 담당하고 있다. 민수전환 국제센터는 무엇보다도 외국군의 철수 현황에 관한 상세한 자료를 보유하고 있다.

II. 방위비 분담의 개념

국가 방위를 자주적으로 추구하고자 하는 것은 모든 국가의 당위적인 목표이다. 그러나, 현실적으로 대부분의 나라들이 그렇지 못하고 군사 동맹을 맺는다. 군사 동맹이란 두 개 이상의 국가가 공동의 안보 이익을 보호하고 증진하기 위하여 맺는 것인데, 여기에 따르는 제반 부담을 나누는 것을 방위비 분담이라고 한다.

방위비 분담에는 크게 세 가지의 개념이 있다.[1] 가장 좁은 의미의 방위비 분담 개념은 비용 분담(Cost-Sharing)이다. 비용 분담은 두 가지의 유형이 있을 수 있는데 첫 번째 유형은 동맹국들이 함께 연합군을 조직하고 공동 예산을 편성하여 함께 분담하는 것이다. 나토군은 공동 예산에 의해 유지되고 있으며, 나토 동맹국들은 일정한 분담금을 지불한다.[2] 두 번째 유형은 동맹국의 군대가 주둔함으로써 발생하는 비용의 일부 또는 전부를 부담하는 것이다. 여기에는 조세의 감면과 같은 간접 지원이 있고, 현물 지원과 현금 지원 같은 직접 지원이 있다.

두 번째로 중간 범위의 개념은 부담 분담(Burden-Sharing)으로서, 동맹국들이 자국의 국방 예산을 상호 적절한 수준 이상으로 유지하는 의무를 말한다. 동맹관계에서 한 회원국이 군사적 침략을 당하는 것은 동시에 다른 회원국에게도 침략으로 간주되어 상호 원조의 의무가 발생한다. 따라서 군사 동맹의 공동 방위력이란 불가분의 크기로서, 각 회원국이 자국의 국방 예산의 크기만큼 나눠가질 수 없는 공공재로서의 성격을 가지는 것이다.[3] 그러므로, 동맹국 각자는 가능한 한 국방 예산을 서로 일정한 수준 이상으로 유지함으로써 동맹국 전체의 안보를 증대하는데 공동으로 기여해야 한다는 것이다. 부담 분담의 개념에 따라 동맹국

1) 현인택, 『한국의 방위비』 (서울: 한울, 1991), 16-77쪽.

2) NATO Office of Information and Press, *Handbook*(Brussels, 1995), p.94.

3) John R. Oneal, "The Theory of collective action and burden sharing in NATO," *International Organization*, vol. 44, no. 3(1990), p.39.

들은 서로 상대방 국방 예산의 증감에 대하여 감시와 견제를 하게 된다.

세 번째로 책임 분담(Responsibility-Sharing)이란 가장 넓은 의미의 방위비 분담 개념으로서 탈냉전 이후 특히 두드러지게 강조되고 있다. 이 개념에는 미국이 걸프전 당시 동맹국에게 지원을 요청한 것과 같은 역외 지역에 대한 군사비용의 분담이 해당될 뿐만 아니라, 더 나아가 경제 원조와 같은 비군사적인 비용까지도 포함되는 것이다. 과거의 방위 개념이 분쟁의 발발 후에 신속하고 효과적으로 대처하는 것이었다면, 탈냉전 이후의 방위 개념은 분쟁의 발발을 미연에 방지하는 적극적인 개념으로 변모하였다.

책임 분담이라는 개념하의 포괄적인 방위비에 속하는 것은 사실 경제 원조만이 아니다. 유엔 및 각종 국제기구의 운영을 위한 경비나 물적 지원, 자유무역체제를 확산시키기 위한 제반 부담, 최근에 확대되고 있는 유엔의 평화유지활동(PKO), 그리고 세계경제문제를 해결하기 위한 선진국 간의 협력 등이 모두 여기에 해당한다. 시장경제와 민주주의로의 길을 걷고 있는 구 사회주의 동구 국가와 각종 분쟁에 휩싸인 개발도상국에게 제공하는 선진국의 대외 지원은 새로운 안보 목표를 달성하기 위한 효과적인 수단으로 높이 평가되고 있다.[4]

이러한 개념 분류로 볼 때 한국과 독일에 주둔하고 있는 미군의 방위비 분담에 관한 연구는 위에서 논의한 세 가지 개념 중에서 가장 미시적 수준에 해당하는 비용 분담에 해당한다. 일반적으로 동맹관계는 비슷한 크기의 국가끼리 맺어지기보다는 크기가 서로 다른 국가 간에 맺어진다.[5] 그리하여, 대국의 군대가 안보의 위협을 받는 소국에 주둔하게

---

4) 성채기, "방위 및 책임분담의 이론과 결정요인 연구," 『국방논집』 제33호(1996), 208쪽.

5) Ilsuk Kim, "A Comparative Analysis of the Alliance Strategies of the United States towards the Republic of Korea and the Federal Republic of Germany: A Historical Perspective," in KIDAR and US DoA (ed.), *The 9th ROK-U.S. Defence Analysis Seminar Proceedings* (Oct. 1991), p.7.

된다. 이처럼 외국군이 주둔하게 되면 접수국은 안보 증대의 효과는 기대할 수 있지만, 주둔군의 편의를 위해 불가피하게 주권 행사를 부분적으로 유보할 수밖에 없고, 직접 혹은 간접적으로 주둔 비용을 분담하게 되는 것이다.

III. 독일의 미군 주둔 비용 분담 실태

1. 미군 주둔 및 지원의 법적 근거

2차 세계대전에서 승리한 서방 연합국인 미 · 영 · 불 3국은 1952년에 체결한 독일조약에서 베를린과 서독에 대한 승전국으로서의 지위를 계속적으로 보유한다고 천명하였다. 그리고 1954년 파리조약을 통하여 공식적으로 서독에 대한 점령을 종결지었다. 이에 따라 서독은 외교 및 안보 분야에서 전승국의 간섭을 받게 되는 조건을 제외하고는 완전한 주권을 회복하였다.

당시까지 서독에 주둔하고 있던 서방 연합군의 지위는 1954년에 체결된 "독일내 외국군 주둔에 관한 조약" 에 의해 새로이 규정되었다. 이듬해인 1955년에 독일이 나토 동맹에 가입하게 되면서, 베를린을 제외한 서독에 주둔하고 있던 점령군은 나토군이라는 새로운 법적 지위를 가지게 되었다.

1959년에 이르러 서독에 주둔하고 있던 외국군의 법적 지위를 보다 명확히 규정하기 위하여 "나토 주둔군 보충 협정" 이 체결되었다. 이 나토 보충 협정은 1951년에 나토 회원국 간에 체결되었던 "나토 주둔군 지위 협정" 을 독일 상황에 적합하게 보충하고 구체화한 것이다.

나토 보충 협정에 따르면 나토군이 독일에 주둔함으로써 발생하는 모든 비용은 원칙적으로 군대를 파견한 국가가 부담하기로 되어있다. 주둔 비용에는 군인과 군속의 급여와 숙식비뿐만 아니라 주둔군이 현지에서 고용하는 민간 고용인에 대한 임금도 포함된다.[6]

주둔군과 민간 고용인 간의 제반 관계는 독일 법에 의해 규정된다. 그리하여 현지 고용인의 근로 조건에는 독일의 노동법, 사회보장법, 상해보험법 등이 적용된다. 이들과 주둔군 당국간에 발생하는 법적 분규는 독일 법원의 소관 사항이다. 임금 체결에서도 실질적 고용주인 외국군 당국을 대신하여 독일 재무부가 노동조합과 협상하여 타결한다.

이미 밝힌 바와 같이 독일 정부는 주둔 비용을 지불하지 않으나, 주둔으로 발생하는 특정한 초래비용을 부담한다. 여기에 해당하는 주요 항목으로는 첫째, 주둔군의 이전이나 철수로 인하여 해고된 만 40세 이상의 민간 고용인에 대한 생활안정보조금이 있다. 독일의 사회보장제도는 실직자에게 처음 1년간은 봉급의 90%에 해당하는 금액을 지급한다. 그 다음해부터 실업 급여는 매년 10%씩 감소하게 된다. 그러나 외국군의 민간 고용인에게는 10%의 실업 급여가 생활안정보조금의 명목으로 추가 지급되는 것이다. 따라서 해고된 현지 고용인은 실업 첫 해에 봉급의 100%를 실업 급여로 받고, 그 다음 1년에야 일반인 수준인 90%를 받게 된다.

둘째, 주둔군의 작전이나 훈련 등으로 인하여 발생하는 손실에 대한 보상금이 있다. 외국군이 민간인에게 대물 및 대인 피해를 입혔을 경우에는 양자 간에 보상을 위한 합의 절차 내지는 민사 재판이 있게 된다. 이때에 독일의 감정사나 재판관이 자국민에 대하여 편파적인 판결을 할 수 있는 가능성을 완전히 배제할 수가 없다. 이에 대한 대책으로서 주둔군 당국은 심판 관할권을 독일에게 전적으로 양도하는 대신에 확

6) Zusatzabkommen zu dem Abkommen zwischen den Parteien des Nordatlantikvertrages über die Rechtsstellung ihrer Truppen hinsichtlich der in der Bundesrepublik Deutschland stationierten ausländischen Truppen (1959).

정된 보상금의 75%만을 지불하고 나머지 25%는 독일 정부가 부담한다.

셋째, 개인 소유 토지의 수용에 따른 비용, 군사 시설의 보호를 위한 조치, 군사 도로의 건설 등이 있다. 나토 보충 협정에 의하면 독일 측은 나토군에게 토지를 무상으로 제공할 의무가 있고, 연방이나 주 정부 소유의 토지를 제공하고 있다. 그렇지만, 개인 사유지의 경우에 주둔군 당국은 토지 임대료를 지불하여야 한다. 물론 이러한 경우에도 나토군이 건축용 대지로서 사유지를 사용할 경우에는 독일 측이 토지 임대료를 대신 지불한다.[7] 이것은 나토군의 건축 비용을 경감시켜 주기 위한 배려이다.

2. 미군 주둔 비용 지원의 규모와 구조

우리는 분단 독일과 분단 한국을 비교하면서 한국의 안보 상황이 훨씬 더 긴박한 것으로 여겨왔다. 그 근거로 동서독 간에는 교류와 화해가 이루어지고 있다는 것을 염두에 두었다. 그러나 외국군 주둔이라는 관점에서 본다면, 동서독은 세계에서 가장 긴장이 고조된 지역이었다. 〈표 1〉에서 보는 바와 같이 냉전시대에 약 40만 명 수준의 나토군이 서독에 상시 주둔하였다. 동독에 주둔하고 있었던 약 30만 명의 소련군과 합치면, 분단 독일에는 약 70만 명의 외국군이 대립하고 있었던 것이다.

서독에 주둔하고 있던 나토군 중에서 미군의 비율은 항상 절반을 약간 넘었다. 1989년 이후부터 외국군의 철수가 대대적으로 진행되었고, 1997년 9월 현재 12만 9,475명의 나토군이 주둔하고 있다. 이 중에서 미군은 7만 6,600명이며, 육군과 공군으로 구성되어 있으며, 해군은 주둔하고 있지 않다. 육군은 1군단 2개 사단으로 구성되어 총 6만 1,000명

7) NATO-Zusatzabkommen, Artikel 63.

〈표 1〉 독일 주둔 나토군의 현황

	1966년	1989년	1994년	1997년
벨기에	45,000	27,300	11,800	2,100
프랑스	67,000	47,000	24,000	18,000
영국	59,700	70,000	35,000	30,000
캐나다	10,500	7,900	100	100
네덜란드	6,000	8,000	5,700	2,625
미국	221,000	245,800	91,000	76,600
계	409,200	406,000	107,600	129,475

출처: *Presse-und Informationsamt der Bundesregierung, NATO-Truppen und multinationale Streitkräftestrukturen in Deutschland*, Bonn Sep. 1997, 5. 20.

이 39개 기지에 배치되어 있으며, 공군은 냉전 시대에 9개의 대규모 기지를 보유하였으나 현재는 2개의 공군 기지에 1만 5,600명이 근무하고 있다.

독일 재무부의 예산서를 살펴보면 주독 나토군에 대한 독일 정부의 지원 총액을 찾을 수 있다. 하지만, 각 파견 국가별 지원 금액은 분류되어 있지 않기 때문에, 지원 총액에서 곧바로 미군에 대한 지원액을 가려내는 것은 그리 쉬운 일이 아니다. 〈표 2〉는 독일 재무부의 예산서에 나타난 나토군 지원 금액이다. 이를 통하여 나토군 전체의 주둔 경비에 대한 독일의 분담 내역을 알 수 있다.

〈표 2〉의 총지출 중에서 첫 번째로 인건비 항목은 나토군이 현지 고용한 독일 민간인을 위하여 독일 정부가 지급하는 생활 안정 보조금이다. 이처럼 독일 근로자를 위해 지불하는 사회보장성 비용이 나토군 지원 금액의 30% 정도를 차지한다.

두 번째로 행정 비용이란 토지의 제공시 발생하는 제반 비용을 말하며, 나토군이 개인 사유지를 건축용 대지로 사용할 경우 독일 정부가 지주에게 지급하는 토지 임대료가 이에 포함된다. 또한 나토군이 민간 비

〈표 2〉 독일에 주둔한 나토군 관련 예산액

(단위: 마르크)

		1996년	1997년
총수입	행정 수입	24,500	19,500
	기타 수입	65,500	60,500
	소계	90,000	80,000
총지출	인건비	131,359	125,500
	행정 비용	65,230	60,830
	지원 및 보조금	102,295	8,750
	투자비	120,000	108,500
	소계	418,884	393,580
순지출		328,884	313,580

출처: Bundeshaushaltsplan 1991, Einzelplan 60. *Allgemeine Finanazverwaltung.* S. 74.

행장을 사용할 경우 독일 정부가 우선 지불하는 공항 사용료도 여기에 해당된다. 물론 나토군 당국이 차후에 공항 사용료에 해당하는 금액을 변제해주기 때문에, 〈표 2〉의 총수입 난에 행정 수입이라는 항목이 생긴다.

총지출의 세 번째 항목인 지원 및 보조금은 군사 시설의 보호를 위한 사업, 항공 소음에 대한 대책 사업 그리고 훈련 및 작전으로 인해 발생한 피해에 대한 보상금 등이다. 피해 보상의 경우에는 독일정부가 먼저 피해자에게 보상을 해주고 차후에 주둔군으로부터 75%의 금액을 받기 때문에 총수입 난에 기타 수입이 생기는 것이다.

네 번째 항목의 투자금이란 군사 시설의 이전이나 폐쇄로 인하여 독일 정부가 나토군에게 제공하는 대체 토지 및 시설의 구입비용이다. 그리고 군사 도로의 건설과 같은 기지 주변의 인프라 구조 건설 사업비도 여기에 해당한다.

이상에서 살펴본 바와 같이 독일 정부는 1997년 현재 약 13만 명에 이르는 나토군의 주둔을 위하여 약 3억 마르크의 직접 지원을 하고 있다. 이러한 총지원 규모에서 7만 6천 명의 주독 미군에 대한 방위비 분담을 병력수의 비율에 따라 단순 추정해 낸다면, 독일은 미군에 대해 1억 8천만 마르크의 직접 지원을 하고 있다고 볼 수 있고, 이것은 대략 1억 달러에 상당하는 액수이다.

IV. 한국의 미군 주둔 비용 분담 실태

1. 미군 주둔 및 지원의 법적 근거

미군이 한국에 주둔하게 된 법적인 근거는 한국 전쟁 직후인 1953년에 체결된 한미상호방위조약이다. 이 조약에 의하면 한국은 미군의 주둔을 허용하고 미국은 이를 수락하도록 되어있다.[8)]

주한 미군의 규모를 살펴보면, 한국 전쟁의 막바지에 육군 7개 사단과 해병 1개 사단으로 구성된 총 8개 사단 36만 명이 주둔하고 있었는데, 휴전이 되고 나서 1957년까지 약 5만 명의 병력이 남고 모두 철수하였다. 1960년대 접어들어 월남전이 확대되면서 추가 철군이 거론되었으나, 한국군이 월남전에 참전하여 미군을 돕는 조건과 긴장이 고조되는 당시 한반도의 안보 상황으로 인하여 1960년대에도 계속 5~6만 명의 수준이 유지되었다.[9)]

그러나 1969년 닉슨 독트린이 발표되고 1970년대 초반에 1개 사단 약 2만 명의 철군이 이루어져 주한 미군은 4만 명의 수준으로 감소하였

8) 대한민국과 미합중국 간의 상호방위조약, 제4조.
9) 이규대, "한미 안보협력 재조정에 관한 연구—방위비 분담을 중심으로," 연세대학교 행정대학원 석사논문 (1990), 20-22쪽.

다. 주한 미군의 철수를 선거 공약으로 내세운 카터 대통령이 당선되면서 다시 철군 문제가 검토되기 시작하였다. 그러나 소련이 아프가니스탄을 침공하여 동서 관계가 악화되었고, 미 국방부가 북한의 군사력을 재평가한 결과 그동안 북한의 군사력이 과소평가되어 왔다는 사실이 밝혀지면서, 당초의 전면적인 철수 계획은 3,400여 명의 부분적인 철군으로 수정되었다. 그리하여 1997년 현재 주한 미군의 규모는 약 36,000명의 수준이다.

한국이 주한 미군에게 어떠한 지원을 할 것인가를 규정한 최초의 법적인 근거는 1966년에 체결한 주둔군 지위협정(SOFA)이다. 미국은 1953년에 나토 주둔군 지위협정을, 그리고 1960년에 주일 미군 지위 협정을 체결한 후 한미 간에도 주둔군 지위협정의 필요성을 느꼈다. 주한 미군의 지위 협정에 의하면 한국은 토지와 시설 등의 부동산을 제공하고(SOFA 제2조) 그 이외의 미군 유지 경비는 전부 미국이 부담하도록 되어있어(SOFA 제5조 1항) 나토군 지위협정과 거의 유사하다.[10]

그러나 이러한 지원 조건은 미국이 닉슨 독트린의 선언과 함께 공동방위를 위한 비용 분담 압력을 한국에 가하면서 변화되었다. 그리하여 1974년부터 한국은 전쟁 예비 탄약 및 미군 전용 탄약의 저장 관리를 맡게 되었고, 전투력 증강에 필요한 군사 시설을 건설하는 연합방위증강사업에 대한 지원을 하게 되었다. 1976년부터는 합동 군사 업무단(JUSMAG-K)의 운영비도 직접 부담하게 되었다. 1980년대 초반부터는 한미연합사령부와 한미연합야전사의 운영비도 분담하게 되었다.

미국의 방위비 분담 압력은 1980년대 말에 미국이 쌍둥이 적자라는 경제적인 어려움을 겪으면서 본격화되었는데, 미 의회는 누적된 재정 적자를 해소하기 위하여 국방예산을 삭감하면서, 행정부에게 부족분의 예산을 미군이 주둔하고 있는 접수국에게 분담시켜서 벌충하도록 요구하였다. 동맹국에 대한 분담 압력을 체계적으로 실행하기 위하여 미 하

10) 대한민국과 미합중국 간의 주한 미합중국 군대의 지위에 관한 협정. 1966.

원은 1988년에 군사위원회 산하에 방위비 분담소위원회를 설치하여, 나토 동맹국과 일본 · 한국의 방위비 분담 문제를 담당하도록 하였다. 그리고 국무부는 1989년에 방위비 분담의 협상을 전담하는 대사직을 신설하였다.

이러한 배경하에 드디어 1991년에 한미 양국은 새로운 방위비 분담 원칙에 공동 합의하였고, 이것을 법적으로 명시하게 되었다. 원래 SOFA 협정 제5조 1항에 의하면 미군의 유지 경비는 미국 측이 모두 부담하기로 되어 있는데, 이 조항에 대한 특별협정이 체결된 것이다. 이 특별협정의 제1조는 현지 비용 발생의 분담원칙을 채택하여, 미군이 한국에서 원화로 지불하게 되는 지출 경비의 경우에는 한미 양국이 분담하기로 합의하였다. 이에 따라 한국은 토지와 시설을 제공하는 것 이외에 미군이 한국인 고용원에게 지불하는 인건비의 일부와 기타 다른 경비를 부담하게 되었다.[11]

체결 후 2년 만인 1993년에 SOFA 특별협정을 다시 연장하면서 한미 양국은 1995년까지 미군의 현지 발생 경비에 대한 한국의 분담률을 1/3 수준으로 올리기로 합의하였다. 1995년에 이르러 한미 양측은 현지 발생 경비의 분담에 있어서 인덱스 방식을 적용하여 1996년부터는 1995년도의 분담금 3억 달러에서 물가인상을 감안하여 매년 10%씩 증액하여 1998년까지 적용하기로 합의하였다.

2. 미군 주둔 비용 지원의 구조와 규모

주한 미군의 주둔 비용에 대한 한국의 직접 지원은 크게 4개의 분야로 나뉘어진다. 여기에는 첫째, 민간 고용인에 대한 인건비 지원, 둘째,

11) 대한민국과 미합중국의 시설과 구역 및 대한민국에서의 합중국 군대의 지위에 관한 협정 제5조에 대한 특별조치에 관한 대한민국과 미합중국 간의 협정. 1991.

〈표 3〉 주한 미군의 주둔 비용 지원 현황

(단위: 백만 달러)

	현금지원		현물 및 서비스 지원		총계
	인건비	군사 건설	연합방위 증강사업	군수 지원	
1995년	140	43	57	60	300
1996년	165	55	50	60	330
1997년	203	55	45	60	363
1998년	299		40	60	399

출처: 남창희, 「주한미군 지원추세 변화와 평가」, 한국국방연구원 정책토론회 자료(1997년 8월), 7-8쪽.

병영이나 후생 시설을 위한 군사적 건설(ROKFC), 셋째, 전투력 증강을 위한 시설이나 장비 개선을 위한 연합 방위 증강 사업, 그리고 넷째, 전쟁 예비 물자 관리, 장비 정비, 연합 방위 활동 등을 위한 군수 지원이 해당한다.

한국은 인건비와 군사 건설에 대해서는 현금으로, 연합 방위 증강 사업과 군수 지원은 현물 및 서비스로 지원하고 있는데, 현금 지원의 비율이 계속적으로 증대하여 〈표 3〉이 보여주는 바와 같이 1995년에 주한미군의 방위비 지원에서 현금지원이 61%를 차지하였으나, 1998년에는 75%에 달하게 된다. 이러한 경향은 인건비 지원의 급속한 증대가 주원인이다. 부가적인 원인을 지적한다면, 미군의 시설 사업에 대한 전체 지원 중에서 현금 지원의 형태인 군사 건설의 액수는 증가하는 반면에, 현물 지원의 형태인 연합 방위 증강 사업의 액수는 감소하고 있다.

한국의 미군 방위비 분담액에서 거의 절반을 차지하고 있는 인건비 지원의 내역을 자세히 살펴보게 되면, 〈표 4〉에서와 같이 1991년 한국이 처음으로 인건비를 지원하기 시작한 해에는 총 인건비의 약 14%를 부담하였으나, 1996년에는 약 45%에 달하는 급속한 증가를 보이고 있다.

하지만, 한국 정부는 민간 고용인의 인건비 중에서 거의 절반에 해당하는 액수를 지원하면서도, 미군 측으로부터 현지 고용인에 대한 인건

〈표 4〉 주한 미군 고용원의 인건비 지원현황

	1991년	1992년	1993년	1994년	1995년	1996년
고용원(명)	14,188	10,970	10,903	10,787	10,801	10,801
총 인건비(백만불)	310	305	290	322	335	309
분담금 지원(백만불)	43	58	80	120	140	165
한국의 분담비율(%)	13.8	19.0	27.6	37.3	41.8	44.7

출처: 남창희, 「주한미군 지원추세 변화와 평가」, 한국국방연구원 정책토론회 자료(1997년 8월), 7쪽.

〈표 5〉 독일과 한국의 주둔군 토지 사용 현황 비교

	주둔군 사용 면적	주둔군 1인당 사용 면적	접수국 국토 면적 대비
독일	1000 ㎢	7,692 ㎡	0.28 %
한국	265 ㎢	7,280 ㎡	0.26 %

출처: *NATO-Truppen und multinationale Streitkräftestrukturen in Deutschland*, Bonn, Sep. 1997, 5. 13; 남창희, 「주한미군 지원추세 변화와 평가」, 한국국방연구원 정책토론회 자료(1997년 8월) 17쪽.

비의 산정 및 지출 현황에 관한 결산 보고를 받지 못하고 있다. 게다가 달러화로 미군 측에 지급하기 때문에 환율 변동에 따른 환차손을 지급하기 위하여 예비비를 전용해야 하는 예산 집행상의 문제점이 있다.

마지막으로 토지 제공 현황을 보게 되면, 〈표 5〉에서와 같이 한국은 임시 사용 지역을 포함하여 총 265㎢를 제공하고 있고, 이것은 국토의 0.26%에 해당한다. 독일에 주둔하고 있는 나토군은 116개의 막사, 21개의 비행장, 88개의 훈련장이 들어서 있는 1,000㎢의 토지를 사용하고 있다. 이 규모를 냉전 말기인 1990년의 1,520㎢에 비교하면 해당 기간 동안 나토군은 사용토지의 1/3인 520㎢를 반납한 것을 알 수 있다.

〈표 5〉가 보여주는 것처럼 독일은 현재 한국에 비해 4배 정도의 토지를 나토군에게 제공하고 있으나, 양국에 있어서 주둔군 1인당 사용 면적과 국토 면적 대비율은 거의 엇비슷하게 나타난다.

V. 한국과 독일의 분담 구조 비교

독일과 한국의 미군 방위비 분담 문제를 비교하여 보면, 1997년에 독일은 7만 6천 명의 미군을 위해 약 1억 달러를 지원한 반면에, 한국은 주독 미군의 절반 규모인 3만 6천 명의 미군을 위해 독일보다 3배가 넘는 약 3억 6천만 달러를 직접 지원하였다. 이것은 한국이 미군의 방위비 분담에 있어서 독일보다 7배가 넘는 지원을 하고 있다는 것을 의미한다.

여기에 추가하여 한국은 독일과 달리 약 4,900명의 카투사 병력을 지원하고 그 경비를 전담하는 형태의 간접적인 지원을 한다는 사실을 감안한다면, 한국의 미군 방위비 분담은 독일에 비해 월등하게 높은 수준이라는 것을 알 수 있다.[12)]

이러한 결론에 대하여 한국의 안보 상황이 독일과 다르기 때문에 한국의 높은 분담률은 당연하다는 주장이 제기될 수가 있다. 냉전 시대에 독일에게는 소련의 군사적 위협이, 그리고 한국에게 북한의 위협이 가장 큰 안보 위협이었다. 이러한 유사성이 탈냉전 시대에 접어들면서 변화하게 되었다. 독일의 안보가 더 이상 러시아에 의해 직접적으로 위협받지 않게 되면서, 독일과 한국 간에 안보 위협의 수준 차이가 생겨났다.

이러한 차이가 발생했음에도 불구하고 미국의 입장에서 보는 한국과 독일의 전략적 가치는 거의 불변하다. 주독 미군은 유럽의 안정을 유지하는 것이 주 임무이다. 그리고 더 나아가, 독일 지역으로의 미군의 전진 배치는 동구, 중동, 북아프리카 등 유럽의 근거리 지역에 대한 미국의 영향력을 계속적으로 유지하는 데에 도움이 된다.[13)] 바르샤바 동맹의 붕괴와 함께 제기 되었던 나토 해체론에 대하여 미국이 펼친 반박 논

---

12) 미9군 한국군 지원단, 「카투사 지원 개선방안」, 한국국방연구원 정책토론회 자료 (1997년 8월), 1쪽.

13) Helga Haftendorn, *America and Europe in an Era of Change* (Boulder Colo.: Westview Pres, 1993), p.42.

리는 독일과 유럽이 동맹국으로서의 가치를 변함없이 지니고 있다는 것을 잘 말해주고 있다.[14)]

한국의 경우를 보면, 미군의 주둔은 동북아의 안정을 주목적으로 하고 있다. 그리고 한반도에 대한 미군의 전진 배치를 통하여 미국은 동아시아 지역에서의 영향력을 계속적으로 유지할 수 있다. 그러기에 미국은 한반도가 통일이 되고 북한의 위협이 사라지더라도 계속 주둔하기를 희망하고 있는 것이다.[15)]

한국이 독일보다 더 많은 방위비 분담을 하고 있고, 미국과의 분담 협상에서 독일보다 불리한 입장에 있는 것은 단순히 한국의 안보위협이 더 크기 때문이 아니라, 미군 철수라는 카드가 한국 측으로서는 극도의 안보 불안 심리를 불러 일으키기 때문이다. 〈표 6〉이 보여주는 것처럼 독일은 서유럽 연합, 나토, 유럽안보협력기구 등 중층적인 방위구조를 가지고 있는 데 비하여, 한국은 한미동맹이라는 일원적인 방위구조를 가지고 있다.[16)] 따라서, 한반도에서 전쟁 억지력으로서의 미군의 가치는 거의 절대적인 것이다.

한국이 독일보다 높은 방위비 분담을 하는 또 다른 이유는 바로 두 나라의 방위비 분담 구조가 상이하기 때문이다. 비용 분담, 부담 분담, 그리고 책임 분담이라는 세 가지 방위비 분담의 개념을 가지고 양국의 분담 구조를 살펴본다면, 한국의 경우에는 1979년에 미국과 GNP 6% 수준의 국방비 지출을 합의함으로써 당시 부담 분담에 적극성을 보였다.

그러나 80년대 후반에 접어들면서 GNP 6%라는 합의 사항은 점차 퇴색하게 되고, 1989년에는 한국의 국방비가 GNP 대비 4.4%까지 하락하

---

14) Jenonne Walker, "Keeping America in Europe," *Foreign Policy*, Summer 1991, p.128.

15) 백종천, "한미 안보협력 - 한미 연합방위체제의 발전방향," 『정세와 정책』 1997년 11월, 4쪽.

16) 유럽 안보 체제의 중층적 구조에 대한 보다 구체적인 설명은 고재남, "러시아의 대 NATO 정책과 유럽안보협력체의 장래," 『국방논집』 제33호, 1996년을 참조.

〈표 6〉 한국과 독일의 안보상황 비교

	한국	독일
안보 위협	북한의 위협	소련의 위협(냉전)/ 역외 지역 분쟁(탈냉전)
동맹국의 전략적 가치 (미국의 입장)	동북아 지역 안정 동아시아 지역 영향 유지	유럽 지역 안정 동구, 중동, 북아프리카지역에 대한 영향 유지
방위 구조	한미 군사 동맹	서유럽 연합(유로 군단) 나토 동맹 유럽안보 협력 기구

였다. 이에 대해 미국은 문제를 제기하는 대신 미국의 예산 부담의 경감을 목표로 미군 주둔 비용의 분담을 요구함에 따라 한국의 방위비 분담 구조는 비용 분담의 형태로 변화하였다. 여기에 추가하여 탈냉전의 여파로 한국은 걸프전 경비 등 역외 지역의 방위비 분담과 각종 비군사적 지원을 개시하였으며, 그 이후에는 유엔 평화유지활동, 대북 경수로 지원 등 책임 분담의 역할도 함께 증대하였다.[17)]

이에 반해서, 독일의 경우에는 나토군의 주둔 비용을 거의 부담하지 않고, 그 대신 브뤼셀의 나토 본부가 편성하는 나토 공동 예산을 위해 높은 분담금을 지불하고 있다. 〈표 7〉과 같이 1997년도 독일의 나토 분담금은 약 7억 마르크에 달한다. 이 금액은 독일이 자국에 주둔하고 있는 13만 나토군에게 직접 지원하는 금액의 두 배가 훨씬 넘는 것이다.

이와 같이 독일은 비용 분담에 있어서 주둔 경비의 지원보다는 거의 불변적인 분담률에 의거해서 지불하는 나토 공동 예산의 분담에 보다 큰 기여를 함으로써 나토의 연합 방위력을 증대하는 데 주력하고 있다.

---

17) 성채기, "방위 및 책임분담의 이론과 결정요인 연구," 『국방논집』 1996년 봄, 제33호, 200-201쪽.

〈표 7〉 독일 나토 예산 분담금 (1997년)

	분담금액(백만 마르크)	분담률(%)
민간예산	42.6	15.54
군사예산	149.4	18.07
군사기반시설	347.6	25.48
조기경보체제(AWACS)	161.8	28.14
합계	701.4	

출처: *NATO-Haushaltsplan 1997*, Ministerium der Verteidigung H II 2, Sep. 1997.

이에따라 탈냉전 이후 GNP대비 국방비는 지속적으로 감소하여 1996년 독일의 국방비는 나토의 통계기준에 따르면 GNP의 1.67%이다.[18] 같은 해에 한국의 GNP 대비 국방비는 3,12%로서, 이것은 독일에 비해 거의 두 배에 달하는 수준이다.[19]

독일의 낮은 방위비 분담 수준에 비판적인 미국에 대하여 독일은 책임 분담을 증대하고 있다고 주장한다. 독일은 1990년에서 1994년까지 1,000억 마르크에 달하는 차관을 러시아를 비롯한 독립국가연합에 공여하였고, 또한 동구 국가에 대하여 약 460억 마르크를 지원하여 이 지역의 민주화와 시장개혁에 기여하였으며, 개도국을 위해서 총 1,850억 마르크를 지원하였다. 그리고 유엔에서 세 번째로, 유럽연합에서는 가장 많은 분담금을 지불하고 있다. 그 이외에 구 동독 지역에서의 러시아군 철수와 구 동독 지역의 부흥을 위한 재정적인 부담도 안고 있다.[20]

---

18) *Verteidigungsausgaben nach NATO-Kriterien 1996*, Bundesministerium der Verteidigung H II 2, Feb. 1997.

19) 정출일, 「방위비분담정책의 변화요인」, 한국국방연구원 정책토론회 자료 (1997년 8월), 6쪽.

20) 1997년 10월 통독 7주년 기념식에서 콜 총리는 그동안 구 동독의 부흥을 위하여 9,000억 마르크의 비용이 소요되었다고 발표하였다.

VI. 결론

미국은 동북아의 지역 안정을 일차적인 목표로 미군을 한국에 주둔시키고 있고, 한국은 미군의 주둔으로 대북 군사 억지 효과라는 이익을 누리고 있다. 이러한 구조하에서 한국은 북한의 노골적인 남침 의도 때문에 미국의 방위비 분담 요구에 강력히 대응할 수 없는 입장에 있다.

북한 남침의 우려 때문에 한국이 미군의 주둔 경비를 지불하는 형태의 방위비 분담은 분단 시대적 성격을 가지고 있다. 왜냐하면, 그와 같은 일종의 "주한 미군의 용병화"는 통일과 함께 그 필요성이 상실되기 때문이다. 그러한 분담 형태는 현재의 한미동맹 관계에 바람직하지 못한 것일 뿐만 아니라, 통일 후에도 한반도에 계속 주둔하고자 하는 미국의 이익에도 전혀 부합하지 않는다.

따라서 미국과 한국의 안보 이익이 장기적으로 상호 보호되고 유지되려면 주한 미군에도 주독 미군과 동일한 방위비 분담의 원칙이 적용되어야 할 것이다. 이를 위해서는 무엇보다도 한국의 방위 구조를 중층화 할 필요가 있다. 그리하여 한국과 미국은 양자적 동맹관계를 한반도에서 동북아 그리고 동아시아로 확대하여 양국의 안보 이익이 보다 일치하도록 하여야 할 것이다.[21)]

이것은 바로 한국이 한미동맹에서 경험하고 있는 일방적인 지원자와 피지원자의 관계에서 상호보완적인 동반자 관계로 발전할 수 있는 계기가 되는 것이다. 그리고 한국의 방위비 분담구조를 변화시키는 기틀이 될 것이다. 그리하여 한국은 주둔 비용의 지원보다는 한미 연합 방위력 증강을 위한 지원이나, 한국군의 현대화를 위하여 국방 예산을 적정 수준에서 유지하는 데에 노력해야 될 것이며, 통일대비 기금마련, KEDO 비용 분담과 대북 쌀 지원, 그리고 유엔 안보리 진출을 계기로

21) 김유남, "한반도와 다자안보론에 관하여," 『두 개의 한국과 주변국들』 (서울, 1996), 참조.

보다 증대되고 있는 국제적인 역할의 증대라는 과제를 보다 적극적으로 수행해야 할 것이다.

기존의 한미간 방위비 분담 구조를 개선하는 것은 한국으로 하여금 안보 주체성을 회복하게 만들고 미국과 함께 한반도에서의 전쟁 억지뿐만 아니라 동북아 지역안정에 기여한다는 인식을 가지게 할 것이다. 향후 미국과의 방위비 분담 협상에 대비하기 위하여 한국이 취해야 할 기본적인 대응책을 장기와 단기의 두 가지 과제로 나눌 수 있을 것이다.

첫째, 장기적으로 한국은 한반도의 안보를 위해 중층적인 방위 구조를 만들어야 한다. 따라서 한반도에서의 전쟁 발발을 원치 않는 주변 국가들을 끌어들여 집단 안보 체제를 구성하는 작업이 필요하다. 둘째, 한미 간의 방위비 분담에 있어서 비용 분담보다는 부담 분담이나 책임 분담으로 무게 중심을 옮기는 노력이 요구된다.

단기적으로는 첫째, 미군의 주둔 경비를 부담하는 현행 방식에 있어서 인건비 지원보다는 연합 방위력을 증강하는 사업에 더 많은 지원을 하여야 할 것이다. 둘째, 한반도 안보 위협의 변동을 방위비 분담률과 연계할 것이 아니라, 주한 미군의 규모와 연계하도록 한다. 그리하여 주한 미군의 증강과 감축을 통하여 북한의 위협에 탄력적으로 대응해야 할 것이며, 이를 위해서는 일정한 규모의 미군을 기간 병력으로 유지하고 카투사의 지원 규모를 탄력적으로 운용함으로써 해결할 수 있을 것이다.

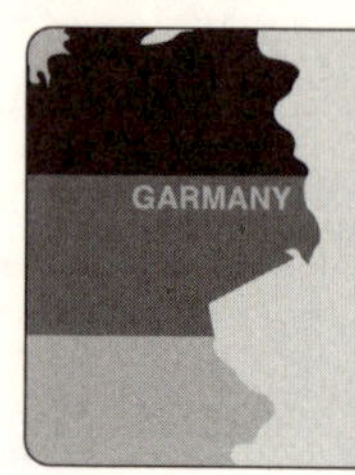

제10장 미국의 군사적 리더십에 대한 도전 – 탈냉전 유럽의 안보정책

I. 서론

국제사회에서 강대국 간의 세력관계가 냉전의 종식과 함께 크게 변화하였다. 구 소련의 붕괴로 양극주의는 사라지고 미국의 준 일국주의가 도래하였다. 미국의 부시 대통령은 1992년 연두교서에서 "공산주의는 사라지고, 미국은 냉전에서 승리하였다. 두 개의 적대진영이 사라지고 미국이라는 하나의 초강대국만이 남았다. 미국은 서방의 주도국에서 세계의 주도국이 되었으며, 이제 미국의 지도력은 타의 추종을 불허하게 되었다."라고 말하였다.

오늘날 미국은 군사부문에서 뚜렷한 우위를 보이고 있다. 냉전시대에 미국과 군비경쟁을 벌였던 러시아는 이미 페레스트로이카 후반기인 1989년부터 방위산업에 대한 투자를 대폭 감축하였으며, 1992년의 경제개혁 이후 매년 방위예산을 감축하고 있다.[1] 반면에 중국은 고도 경제성장에 힘입어 군사 현대화라는 목표하에 지속적으로 방위예산을 증대하고 있지만 아직 전략적인 능력을 보유하는 수준에는 도달하지 못하고 있는 실정이다.

미국의 준 일극주의로 특징지어지는 이러한 세력 관계가 과연 얼마나 지속될 것인가? 탈냉전 이후의 국제질서는 어떠한 방향으로 발전할 것인가? 패권을 지닌 강대한 국가가 존재함으로써 국제질서가 유지될 수 있다고 보는 패권안정론자 중에서 순환론의 관점을 대표하는 모델스키는 장주기론을 주장하면서 세계적인 주도권이 100년의 주기를 가지고 이동한다고 보았다.

그에 따르면 세계대국이란 국제 공공재 공급을 통하여 세계질서유지의 역할을 독점적으로 행하는 국가이다. 세계대국화의 시기에 세계적인 주도권을 잡는 국가는 국제체제의 안보와 질서를 마련하지만, 일정 기간이 지나면 패권국의 정당성은 점차 상실되고 국제적 힘의 분산이 이루어진다. 세계대국의 지위가 동요되고 도전국이 대두하게 되면 패권다툼이 일어나고, 새로이 등장하게 되는 세계대국은 국제질서를 재편성하게 된다. 그런데 패권은 반드시 적대국에게 이전되는 것이 아니라, 2차대전 후 영국의 패권이 미국으로 넘어가듯이, 도전하는 혁신적 동맹국에게 이전될 수도 있다.[2)]

헌팅턴은 유럽이 정치적으로 결속하게 될 경우 인구, 경제적 부, 과학기술 그리고 군사력에 있어서 초강대국으로 부상할 수 있을 것으로 보았다. 그리고 유럽은 민주적 복지국가라는 이념적 매력을 바탕으로 정치 문화적인 영향력을 행사하고 있으므로 향후 새로운 세계질서를 수립할 때에 매우 유효하게 활용할 수 있을 것이다. 이러한 이유에서 헌팅턴은 만약 21세기가 미국의 세기가 아니라면 유럽의 세기가 될 것이라고 주장하였다.[3)]

이 글은 헌팅턴의 예측처럼 유럽이 향후 미국에 필적하는 초강대국

---

1) 고상두, "러시아 군수산업의 민수전환," 『슬라브학보』 제12권 1호 (1997).
2) George Modelski, "The Long Cycle of Global Politics and the Nation State," *Comparative Studies in Society and History*, vol. 20 (1978), p.220.

이 될 수 있는지를 살펴보고자 한다. 유럽은 경제통합의 성공으로 1993년 1월에 거대한 단일시장을 완성하였고, 1999년 1월에 단일화폐의 도입을 시작하였다.

유로의 출범은 유럽연합 회원국들의 경제정책이 수렴되는 결과를 초래하여 경제통합이 한층 심화될 것이다. 그뿐 아니라 세계최대의 교역권을 형성하고 있는 유럽연합은 달러화로부터의 의존도를 획기적으로 줄일 수 있는 계기를 얻게 된 것이다. 앞으로 유럽연합과 밀접한 관계에 있는 동구, 지중해 연안국가, 아프리카 등으로 유로 통용지역이 확장되면 유로는 달러의 경쟁화폐로서 국제통화시스템의 안정을 유지하는 기축통화로 자리잡게 될 것이다.[4]

경제적 통합으로 인하여 강대해지고 있는 유럽이 과연 군사적으로 미국에 필적할 수 있는지에 관해서는 조금 신중한 판단이 필요하다. 그러므로 이 글에서는 "탈냉전 유럽의 안보정책이 준 일국주의적 패권을 유지하고 있는 미국의 군사적 리더십에 얼마만큼의 도전이 되고 있는가?"라는 문제를 다루고자 한다. 즉 "유럽이 미국과의 군사적 세력균형을 이룩하기 위해 어느 정도 노력하고 있는가?"라는 것이다.

이 글의 구성은 다음과 같다. 먼저 냉전이 종식되고 난 후 오늘날 포스트 양극시대를 특징짓고 있는 두 가지 영향요인으로서 패권주의와 세력균형에 관해 개념적으로 다룬다. 그리고 탈냉전 이후 미국의 준 일국주의에 관하여 알아보고, 여타 강대국들과 미국의 관계에 대한 전망을 살펴본다. 마지막으로 탈냉전 유럽의 안보정책을 통하여 유럽이 미국의 군사적 패권에 대하여 어떠한 대응노력을 하고 있는지 알아본다.

---

3) Samuel P. Huntington, "The U.S.-Decline or Renewal?" *Foreign Affairs*, vol. 67 (1988/89), p.93.

4) 장훙, 『유럽연합의 새로운 이해』(서울: 고원, 1998), 138쪽.

II. 포스트 양극시대: 패권주의와 세력균형

패권의 전제조건은 힘의 불균등한 분배이다. 힘은 자신의 목적이나 목표를 달성할 수 있는 능력이며, 남을 지배할 수 있는 능력이다. 남을 지배할 수 있기 위해서는 일정한 수단을 보유하여야 하며, 여기에 해당하는 가장 대표적인 것으로서 군사력과 경제력이 있다. 힘의 행사 수단이 무엇인가에 따라 패권은 두 가지 유형으로 분류될 수 있다. 냉전시대 미국은 경제적 패권을 군사적 패권에 비해 종속적인 것으로 취급하였다. 이는 미국의 세력전략 개념이 고위정치 영역에서 이루어졌고, 소련과의 대결이 주된 관심사였기 때문이다.[5] 그러나 1980년대 말 이후 미국은 안보문제에 있어서 군사적 위협보다 경제적 위협에 상대적으로 더 큰 관심을 기울이고 있다.

힘을 어떻게 행사하는가에 따라 패권은 강압적 패권과 유화적 패권 두 가지로 나뉘어진다. 냉전시대 미국은 주로 힘의 우위를 바탕으로 자국의 의지를 타국에 강요하는 지배의 방식을 통하여 패권을 행사하였다. 과거 미국의 패권은 정치, 군사, 경제 등 모든 분야에서의 압도적인 힘에 근거한 지배적 패권이었다.[6]

미국의 지배적 패권은 베트남 전쟁 종식 이후 유화적 패권으로 변모하였고, 탈냉전 시대에 접어들면서 세계문제의 해결이나 공동의 이익 추구에 있어서 동맹국의 동의와 협력을 구하고 패권 행사에 따른 비용부담을 공동으로 분담하려는 태도를 뚜렷이 보이고 있다. 미국의 이러한 행태는 걸프전 수행을 위한 동맹국과의 관계에서 그대로 드러났다. 이와 같이 미국은 힘의 비대칭적 관계 속에서 영향력을 직접적으로 행사하는 지배적 패권에서 점차 공동이익의 추구를 강조하면서 타국이

---

5) 조제프 S. 나이,『21세기 미국 파워』(서울: 한국경제신문사, 1991), p.92.
6) 최종철, "미국의 동북아 안보정책: 지배와 리더십의 이중주," 정진위 외,『새로운 동북아 질서와 한반도』(서울: 법문사, 1998), 104쪽.

협조하도록 설득하는 리더십 패권으로 변화하는 모습을 보이고 있다.

리더십은 한 국가가 원하는 바를 타국이 더불어 원하게 만드는 힘으로서, 상호주의 원칙을 존중하는 행위이다. 이러한 간접적 힘의 사용을 통하여 패권국은 추종집단이 수용할 행위패턴을 결정하며, 광범위한 동의를 바탕으로 질서를 수립한다. 19세기에 팍스 브리타니아, 20세기에 팍스 아메리카나가 실효를 거둘 수 있었던 중요한 이유는 영국과 미국이 조성한 자유주의적 국제경제질서가 다수의 국가들에 의해 보편적 유익성을 가지는 것으로 평가되고 널리 수용되었기 때문이다.[7)]

이상에서와 같이 미국이 냉전시대에는 주로 군사적 힘을 바탕으로 지배적 패권을 행사하였다면, 탈냉전 이후에는 시장경제와 민주주의라는 이념을 앞세운 리더십 패권에 더 큰 비중을 두고 있다. 이러한 변화의 배경에는 무엇보다도 첫째, 미국의 군사력 해외투사능력의 감소, 둘째, 군사적 안보보다 경제 경쟁이 더욱 중요시되는 국제환경의 변화, 셋째, 탈냉전 이후 직접적인 전쟁 위협의 감소로 인하여 군사동맹의 유효성이 떨어지고 다자안보협력 대화의 필요성이 증가하고 있는 현상 등이 중요하게 작용하였다.[8)]

물론 현재 미국은 지배와 리더십이라는 두 가지 경로를 통하여 패권을 유지하고 있으며, 지역과 사안에 따라 지배와 리더십의 사용을 달리하고 있다. 아시아에서 미국이 지배적 패권을 주로 행사하고 있다면, 유럽지역에서 미국은 리더십 패권을 우선적으로 적용하고 있다. 그런데 미국이 향후 유럽에 대하여 지속적으로 리더십 패권을 유지하고 발전시킬 수 있는가 하는 문제는 유럽의 주요국가들이 미국의 리더십 패권에 어느 정도 동의하고 협력하는가에 의해 좌우된다고 할 것이다.

그 어떤 강대국도 경쟁국가가 패권을 추구하는 노력을 선의로 바라

7) Robert W. Cox, *Production, Power, and World Order* (New York: Columbia Univ. Press, 1987), p.7.

8) 최종철(1998), 108쪽.

보기만 하지 않으며, 패권을 추구하는 경쟁국에 대하여 세력균형정책을 취하기 마련이다. 미국의 패권주의에 대하여 유럽은 지역통합으로 대응하여 왔다. 두 번에 걸친 전쟁을 경험한 유럽은 지역통합을 통하여 두 가지 차원에서 패권에 대응하는 능력을 키웠다. 첫째, 지역내 패권국의 등장을 저지하는데 성공하였다. 독일이 유럽에서 패권국으로 대두하는 것을 막기 위하여 유럽 국가들은 연합하였다. 그들은 독일을 통합과정에 참여시킴으로써 독일에 대하여 적대적인 세력균형정책이 아닌 통합적인 세력균형정책을 추진해 온 것이다. 둘째, 유럽은 지역통합에 의해 경제 및 군사적으로 강대해졌고, 외부의 다른 강대국의 패권을 견제할 수 있는 능력을 키우게 되었다. 특히 소련이 붕괴한 이후 미국에 필적할 수 있는 국가로서 유럽의 위상이 더욱 커지고 있다.[9]

이와 같이 유럽이 내부적으로 패권국이 등장하는 것을 성공적으로 방지하였고, 외부적으로 패권을 견제하는 능력을 키웠지만, 현재 유럽이 눈에 띄게 미국의 준 일국주의를 바꾸려는 노력을 취하고 있는 것처럼 보이지 않는다. 왜냐하면 세력균형정책의 적극적 추진여부는 외부위협의 현존성에 비례하기 때문이다. 탈냉전 상황에서 미국과 유럽이 과거 냉전시대와 달리 정치, 경제적인 이슈에서 마찰을 일으키고 있는 것은 사실이지만, 분명히 미국은 유럽의 안보를 위협하는 존재가 아니며, 유럽에 대하여 유화적인 리더십 패권을 행사하고 있을 뿐이다. 따라서 유럽은 미국의 패권에 대하여 협조적 세력균형정책을 추구하면서, 기본적으로 미국과 경쟁적 협조관계를 유지하고 있다.[10]

즉 미국의 패권에 대한 유럽의 견제는 점진적이고 장기적인 관점에서 수행되고 있다고 할 수 있다. 정도의 차이는 있지만 탈냉전 이후 미국의 패권에 대한 러시아와 중국의 태도에서도 유럽의 경우와 유사한

---

9) Andrew Hurrel, "Explaining the Resurgence of Regionalism in World Politics," *Review of International Studies*, vol. 21 (1995), p.332.

10) Werner Link, *Die Neuordnung der Weltpolitik* (München: C. H. Beck, 1998), p.127.

협조적 세력균형정책이 나타나고 있다. 이것은 이들 국가들도 미국의 패권으로부터 직접적 위협을 느끼는 것은 아니기 때문이다.

III. 탈냉전 미국의 준 일국주의

미국의 외교정책사는 조지 워싱턴의 중립화 선언에서 클린턴 대통령의 일국주의에 이르기까지 고립에서 개입이라는 방향으로 서서히 변화되어 왔다. 특히 이차대전 직후 트루먼 대통령이 적극적인 개입정책을 추진한 이래 대통령에 따라 조금씩 형태의 변화는 있었지만 미국은 본질적으로 초강대국 외교정책을 추진하여 왔다. 미국의 개입노선은 걸프전에서 부시 대통령이 신세계질서를 주창하면서 그 극에 달하였다. 부시 대통령이 주창한 팍스 아메리카나는 타국의 이익추구를 제한하고, 국제사회가 미국의 이익추구에 봉사하도록 하는 이념이라고 할 수 있다.[11]

클린턴 대통령은 미국외교정책의 우선 순위를 군사에서 경제로 옮기는 정책적 패러다임의 변화를 시도하였다. 그는 21세기에 적합한 미국의 외교정책 노선을 경제우선주의로 간주하였고, 세계전략군을 유지하는데 필요한 군사비용을 절약하기 위해서 다자적 안보체제를 강화하여 군사동맹을 보완할 것을 역설하였다. 하지만 1994년 여름 이후 클린턴 대통령은 군사적 패권정책으로 다시 회귀하는 모습을 보였다. 포용 및 확대전략을 발표하면서 클린턴은 유일한 초강대국으로서 세계 지도국의 책임을 떠맡아야 할 나라는 미국뿐이라고 말하였다. 이로써 그가 집권초기에 주장하였던 경제우선주의 및 다자주의는 군사적 일국주의로

11) Christian Hacke, "Die nationalen Interessen der Bundesrepublik Deutschland an der Schwelle zum 21. Jahrhundert," *Aussenpolitik*, no. 2 (1998), p.5.

〈그림 1〉 탈냉전 시대의 국제적 세력관계

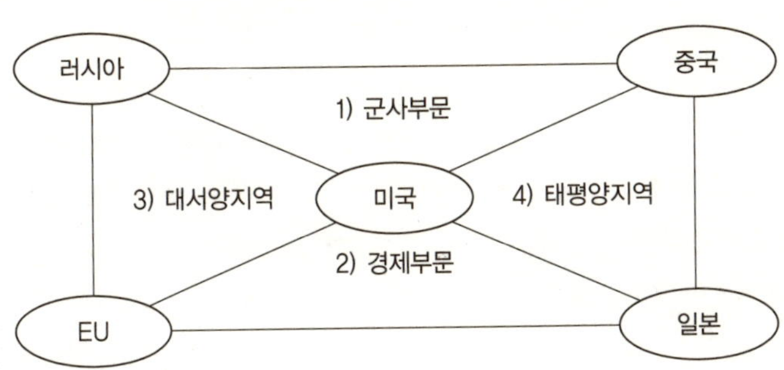

출처: Werner Link, *Die Neuordnung der Weltpolitik* (München: Verlag C. H. Beck, 1998), p. 131. 링크의 국제세력관계 모델을 필자가 발전시켰음.

복귀하였다.

클린턴 외교정책의 전환점이 된 것은 클린턴 대통령이 보수파의 요구를 수용하여 세계평화를 위한다는 명목으로 미국의 주권을 국제기구에 부분적으로 양도하는 행위를 반대하였던 일이다. 클린턴 대통령은 세계 121개국이 서명한 대인지뢰금지법에 미국이 서명하는 것을 거부하였고, 국제형사재판소의 창설에 대해서도 반대하는 입장을 표명하였다.[12)]

브레진스키는 현재 미국이 역사상 그 유례를 찾아 볼 수 없는 초강대국 지위를 가지고 있다고 평가하였다. 그에 의하면 미국이야말로 글로벌 강대국이 가져야 할 네 가지 힘, 즉 범세계적 수준의 군사력 투사능력, 최대 규모의 경제력, 최고 수준의 과학기술, 문화적 주도력을 모두 가지고 있는 나라라는 것이다. 하지만 브레진스키의 주장은 지나치게 단기적인 시각에서 미국을 평가하고 있다는 문제점을 안고 있다.

〈그림 1〉은 현재 주요 강대국들이 함께 구성하고 있는 다극적 세계

---

12) Franz Nuscheler, "Eine neue Weltpolitik. Multilateralismus statt Pax Americana," *Internationale Politik*, no. 11 (1998), p.11.

체제의 모습을 나타내고 있다. 여기에서 미국은 1)군사부문과 2)경제부문에서 그리고 3)대서양 지역과 4)태평양 지역이라는 네 가지의 모든 삼각 피라미드에서 한 극을 차지하면서, 다극적 국제관계의 중심에 위치하고 있다. 특히 1)군사부문에서 미국은 러시아와 중국에 대하여 뚜렷한 우위를 점하고 있으며, 유럽과 아시아 지역에 군사력을 전진 배치함으로써 두 지역의 핵심 세력으로 활약하고 있다.

이러한 힘의 우위는 군사적 측면에서 바라본 미국의 일국주의이며, 〈그림 1〉의 경우 1)군사부문의 삼각형에서 나타나는 현상이다. 경제적인 측면에서 미국의 힘을 살펴보면 다른 결론이 내려진다. 세계 경제력은 미국, EU, 일본의 삼극에 의해 균형을 이루고 있다. 따라서 2)경제부문의 삼극체제에서 미국은 유럽연합, 일본과 함께 비교적 균등한 힘을 가지고 있다. 게다가 중국이 향후 20년 이내에 경제대국으로 부상할 것이라는 관측을 감안한다면 향후 경제부문의 세력관계는 2)와 4)의 삼각형이 합해진 4극체제로 변모하게 될 것이다. 그렇게 본다면 미국은 오늘날의 국제세력관계에서 군사적으로는 일국주의이고, 경제적으로는 다극주의적 위치에 있기 때문에 총체적으로 준 일국주의적 위치에 있다고 규정할 수 있을 것이다.

중국의 경제적 성장은 미국의 준 일극주의를 경제적 측면뿐만 아니라 군사적 측면에서도 위협하는 요인이 되고 있다. 게다가 유럽이 정치적 통합을 가속화하여 유럽의 공동안보정책을 실현하고, 점차 미국으로부터 안보적 독자성을 회복하게 되면 군사부문에서 1)의 삼각형이 3)과 합해져 4극체제가 이루어지게 될 것이다. 이러한 전망에 근거하여 미국의 준 일국주의는 향후 10년 내지 20년 정도밖에 지속하지 못할 것이라는 예측이 제기되고 있다.[13)]

향후 미래 전망에 대하여 우려를 나타내고 있는 미국은 범지구적 수

13) Charles Kupchan, "Vom Friedensstifter zum Partner. Amerika, Europa und die atlantische Sicherheit," *Internationale Politik*, no. 7 (1998), p.22.

준의 군사력 투사능력을 계속 유지하기 위하여 유럽이 추구하는 독자적 안보정책을 견제하는 태도를 보이고 있다. 이러한 입장은 미국의 나토정책에서 두드러지게 드러난다. 미국은 방위기획지침(Defense Planning Guidance for Fiscal Years 1994 to 1999)에서 "유럽의 통합을 지지하지만, 나토의 연합 지휘구조를 와해시킬 수 있는 순수한 유럽안보기구가 생겨나는 것은 막아야 한다"고 선언하고 있다.

미군의 유럽주둔은 본질적으로 미국의 국가 이익을 위한 것이다. 이것은 미국으로서는 당연한 것이고, 추가적인 안보 장치를 얻게 되는 유럽으로서는 편리한 것이다. 냉전시대에 유럽은 미국이라는 강자 편에 합세하여 안보 이득을 취하였다. 그러나 강자영합의 대가로 약자는 외교 안보적인 독자성을 침해당하기 마련이고, 유럽은 미국의 군사적 패권을 수용하여 왔다. 이제 소련의 군사적 위협이 사라진 탈냉전 상황에서 유럽은 미국에 대한 안보 의존도를 점차 감소하는 방향으로 안보정책을 추진할 수 있는 국제환경을 맞이한 것이다.

IV. 탈냉전 유럽의 안보정책

이상에서 살펴본 바와 같이 오늘날 미국은 다극체제하의 강대국들 중에서 유일하게 초강대국의 지위를 가지고 있다. 이미 지적한 바와 같이 미국의 초강대국 지위는 경제적인 측면에서 위협을 받고 있다. 미국의 군사적 힘의 우위 또한 얼마나 오랫동안 지속될 것인가 하는 점은 미국의 가장 강대한 경쟁국인 유럽의 안보정책을 통해서 살펴볼 수 있을 것이다.

1. 유럽과 미국 간의 방위 분담

미국은 구소련의 팽창주의로부터 유럽을 보호하기 위하여 1949년에 북대서양조약기구를 출범시켰다. 나토동맹에 의한 미국의 대 유럽 안보공약은 크게 세 가지 차원에서 이루어졌다. 첫째, 미군의 유럽주둔, 둘째, 나토공동예산의 분담, 셋째, 나토 회원국 간에 합의된 일정한 수준 이상의 국방비 지출이 그것이다.

첫 번째로 미국은 2차 대전 이후 종래의 고립주의적 외교정책을 버리고 나치 독일과의 전쟁을 위해 유럽대륙에 파병한 미군들을 계속 주둔시켜 오고 있다. 미국은 2차 대전 이전까지 두 차례에 걸쳐 유럽에서 침략전쟁이 발생한 연후에 개입하던 정책에서 2차 대전 이후에는 전쟁을 억지하기 위하여 군사력을 직접 주둔시키는 좀더 예방적인 방위 정책으로 전환하였다.[14] 그리하여 냉전시기 동안에 미국은 유럽에 약 30만 명의 미군을 나토군의 일원으로 배치하였으며, 그중 80%에 해당하는 약 24만 명을 동서냉전의 최전선에 해당하는 독일에 전진 배치시켰다.[15]

탈냉전 이후 소련의 직접적인 위협이 사라진 1998년 현재 유럽주둔 미군의 규모는 육군 6만 5천 명, 공군 3만 4천 명, 해군 만 명, 해병대 50 명 등 모두 합해 총 10만 9천여 명의 규모로서 1989년 주둔병력의 1/3 수준으로 축소되었다. 그 결과 육군은 총 64개 여단에서 19개 여단으로 줄었고, 공군은 유럽 내 공군기지의 67%를 폐쇄하였다.[16]

유럽주둔 미군이 양적으로 냉전시대 규모의 1/3 수준으로 감소된 데에 반해 그들의 관할지역은 탈냉전 이후 오히려 확대되었다. 1998년 10월에 미군유럽사령부의 책임지역(AOR: Area of Responsibility)은 기존

---

14) Ashton B. Carter and William J. Perry, *Preventive Defense. A New Security Strategy for America* (Washington, D.C.: Brookings Institution Press, 1999), p.9.

15) BICC Bonn International Conversion Center, *Restructuring the US Military Bases in Germany: Scope, Impacts, and Opportunities* (Bonn, June 1955), p.4.

16) http://www.usafe.af.mil/info.htm

〈표 1〉 1997년 나토 공동예산 분담률 및 분담금액

(단위: %, 백만 마르크)

	나토민간예산		나토군사예산		나토기반시설		AWACS 구매		AWACS 운영	
	분담률	금액	분담률	금액	분담률	금액	분담률	금액	분담률	금액
미국	23.35	63.9	28.04	231.8	26.50	361.5	41.5272	88.9	41.5272	150.0
영국	18.82	51.5	20.44	169.0	11.60	158.3	—	—	—	—
프랑스	16.50	45.2	5.97	49.4	4.51	61.5	—	—	—	—
독일	15.54	42.6	18.07	149.4	25.48	347.6	28.1360	60.2	28.1360	101.6
이탈리아	5.75	15.7	6.86	56.7	8.93	121.8	8.3457	17.9	7.2649	26.2
캐나다	5.60	15.3	6.51	53.8	3.06	41.8	8.3457	17.9	9.4265	34.0
스페인	3.50	9.6	1.02	8.4	0.21	2.9	—	—	—	—
벨기에	2.76	7.6	3.31	27.4	4.71	64.3	3.3871	7.2	3.3871	12.2
네덜란드	2.75	7.5	3.30	27.3	5.22	71.2	3.7479	8.0	3.7479	13.5
덴마크	1.59	4.4	1.96	16.2	3.76	51.3	2.0090	4.3	2.0090	7.3
터키	1.59	4.4	1.84	15.2	1.14	15.6	1.6261	3.5	1.6261	5.9
노르웨이	1.11	3.0	1.35	11.2	3.22	43.9	1.4594	3.1	1.4594	5.3
포르투갈	0.63	1.7	0.73	6.0	0.39	5.3	0.6970	1.5	0.6970	2.5
그리스	0.38	1.0	0.44	3.6	1.05	14.3	0.6191	1.3	0.6191	2.2
룩셈부르크	0.80	0.2	0.10	0.8	0.22	3.0	0.1078	0.2	0.1079	0.4
아이슬란드	0.50	0.2	0.60	0.5	—	—	—	—	—	—
합계	100.00	273.8	100.00	826.7	100.00	1364.3	100.00	214.0	100.00	361.1

출처: Bundesministerium der Verteidigung, H II, 2, Sep. 1997.

의 유럽 44개국에 아프리카 국가들이 추가되어 모두 89개국으로 늘어났고, 관심지역(AOI: Area of Interest)은 러시아를 비롯한 독립국가연합 6개국에 아프리카 3개국이 추가되었다.[17] 이와같이 탈냉전 이후 유럽주둔 미군의 담당 관할지역이 유럽 역외지역으로까지 확대됨으로써

17) http://www.eucom.mil/europe/index.htm

유럽에 대한 미군의 의미가 상대적으로 약화되었다.

물론 미군주둔의 의미가 완전히 상실되어 가고 있는 것은 아니라고 해야 할 것이다. 미국의 유럽개입은 이원적 보장기능을 하여왔다. 소련/러시아에 대한 견제와 독일에 대한 견제이다. 냉전시대에는 소련의 패권주의에 대한 견제가 중요하였고, 탈냉전 이후에는 통일독일의 잠재적 패권주의에 대한 견제가 더 중요시되고 있다. 통일독일에 대한 나토의 견제기능은 특히 동유럽 국가에 의해 크게 환영받고 있으며, 폴란드, 헝가리, 체코, 슬로바키아 등 나토의 동구확대로 새 회원국이 된 국가들은 나토가입의 전제조건으로 미국이 나토동맹을 계속 주도해 줄 것을 요구하였다.[18]

미국은 유럽에 대한 안보공약의 두 번째 실천사항으로서 나토의 공동방위예산을 유럽과 분담하고 있다. 비용 분담(cost sharing)이라는 개념하에 NATO 회원국들은 다국적 연합지휘체계를 유지하기 위한 비용을 상호 합의한 방위비 분담률에 따라 공동으로 분담하고 있다. 북대서양위원회, 사무국, 방위계획위원회, 핵전략위원회, 23개의 전문위원회 등 나토 내 민간조직을 운영하는 데 필요한 비용은 나토 민간예산에 의해 충당하며, 〈표 1〉과 같이 16개 회원국이 모두 함께 분담한다. 나토 민간예산에서 미국은 23.35%를 분담하고 있다.

나토의 군사조직으로는 벨기에의 몬스에 있는 유럽연합사령부와 미국 버지니아의 노폭에 있는 대서양연합사령부 및 산하 각급 지휘부가 있는데, 이들 조직을 운영하는 데 필요한 경비는 나토 군사예산에서 충당한다. 프랑스는 1966년에 나토 군사조직을 탈퇴하였고, 스페인은 1986년의 국민투표 결과 군사조직에 참여하지 않는 조건으로 나토에 가입하게 되었기 때문에, 양국은 나토 군사예산에서 교육 및 통신 등 극히 제한적인 부문에서 분담하고 있으며, 미국이 독일과 함께 상대적으로 높은 부담을 하고 있다.[19] 나토군사예산에서 미국이 차지하고 있는

---

18) Link(1998), p.134.

분담률은 28.04%이다.

나토 기반시설예산은 나토군의 작전과 훈련을 위해 필요한 비행장, 벙커, 통신시설 등의 사업에 필요한 비용을 충당하는 데 사용되며, 민간예산과 군사예산을 합친 금액보다 훨씬 많다. 그리고 미국과 독일이 각각 26.5%와 25.48%의 부담을 떠맡아, 함께 절반이상을 분담하고 있는데, 과거 동서냉전의 대결장이었던 독일 지역에 대부분의 군사기반시설이 건설되었기 때문에 독일의 분담률이 높게 책정되었다.

조기경보기(AWACS) 구매 및 운영예산에서 미국의 분담률은 두드러지게 많은 41.53%를 나타내고 있다. 독일도 28.13%라는 높은 분담률을 보이고 있는데 이는 독일의 갈렌키르헨에 조기경보기 기지가 운영되고 있기 때문이다. 영국은 자체적으로 7대의 조기경보기를 운용하고 있기 때문에 나토의 예산에 참여하고 있지 않으며, 이것은 상대적으로 미국과 독일의 분담률이 높아지는 요인으로 작용하고 있다.

나토공동예산의 분담률은 지금까지 거의 불변적으로 지속되어 왔다. 그러나 1966년에 프랑스의 드골이 군사조직을 탈퇴하면서 독일이 상당부분을 떠맡았고, 탈냉전후 캐나다가 자국의 분담률을 축소해 줄 것을 요구하여 이태리가 그 부담을 떠 안았다.[20] 그리고 향후 프랑스가 군사조직에 복귀하게 되면, 현재 미국이 부담하고 있는 약25%내외 수준의 총 분담률은 다소 감소하게 될 것으로 보인다.

세 번째로 나토 동맹국 간의 방위분담 개념에서 비용분담보다 한 단계 더 포괄적인 개념으로 사용되는 것은 부담 분담(burden sharing)이다. 이것은 동맹국들의 국방예산을 상호 적절한 수준에서 유지하는 것을 의미한다. 이 개념은 상호자동개입의 의무가 있는 동맹 내에서 한 회원국의 방위력 증대는 동맹전체의 방위능력을 증대하는 결과를 가져온다는 시각에 그 바탕을 두고 있다. 따라서 집단행위에서 흔히 발생하는

19) 고상두, "나토 방위비 분담연구," 『국방학술논총』 제12집 (1998), 319쪽.
20) 고상두(1998), 314쪽.

〈그림 2〉 나토 회원국의 국방예산 누적 그래프

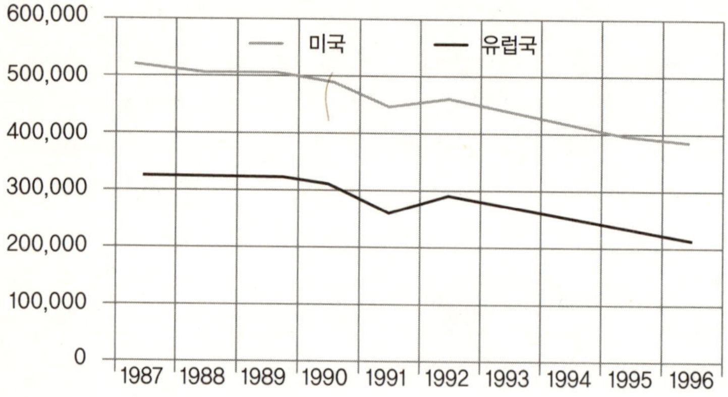

출처: SIPRI, Yearbook 1997, p. 195.

무임승차의 부작용을 방지하기 위하여 모든 동맹국들은 일정 수준이상의 국방비를 지출하여야 하는 것이며, 이에 따라 나토 회원국들은 국방예산을 적정한 수준에서 유지하고 있는지 서로 감독하고 조정한다.

〈그림 2〉는 나토동맹 내에서 미국과 유럽 간의 부담 분담의 관계가 그동안 어떻게 변화했는지를 보여주고 있다. 1987년에 미국은 3,312억 달러의 국방예산을 지출하였고, 유럽동맹국은 1,867억 달러를 지출하였다. 그런데 1996년에 미국의 국방예산은 2,264억 달러이며, 유럽국은 1,598억 달러이다. 이것은 미국이 나토 유럽 회원국에 비해 훨씬 많은 방위비를 삭감하였다는 것을 말해주는 것이다. 그 결과 나토 회원국의 국방예산 총액에서 1987년에 유럽국가가 총액의 35%를, 미국이 62%를 각각 차지하였는데, 10년 후인 1996년에 유럽과 미국 간의 국방비 지출 격차는 40% : 57% 로 줄어들었다. 1985년에 그 비율이 26% : 72% 라는 점을 감안한다면 그동안 나토동맹 내에서 부담 분담의 무게중심이 미국에서 유럽으로 서서히 이동하고 있음을 알 수 있다.

지금까지 유럽과 미국 간의 방위 분담이라는 관점에서 살펴본 바에 의하면, 미국은 유럽지역에 주둔하였던 군사력의 2/3를 감축하였으며, 방위비 지출에 있어서 지난 10여 년간 나토 회원국의 총 국방예산에서 미국의 국방예산이 차지하는 비율이 72%에서 57%로 감소하였음을 알 수 있다. 또한 나토의 공동방위예산에서 현재 미국은 약 25%의 분담률을 보이고 있으나 향후 프랑스가 나토 군사조직에 다시 가입하게 되면 감소하게 될 전망이다.

2. 유럽의 공동 외교안보정책

유럽국가들은 이미 1970년에 유럽공동체 내에 유럽정치협력(EPC)이라는 기구를 창설하여 그 제도적 틀 속에서 외교안보에 관한 사안을 서로 협의하고 조정하였다. 그 당시 유럽정치협력은 유럽공동체의 공식기관이 아닌 정부간 기구였고, 공동체 조약과 무관하게 존립하여 오다가 1986년에 체결된 단일유럽의정서에 의하여 조약상의 근거를 갖게 되었다. 그 후 1993년 마스트리히트 조약이 발효됨으로써 유럽연합(EU)은 유럽정치협력의 틀 속에서 이루어지던 협의와 조정의 기능을 넘어서 외교안보적 사안에 대하여 공동정책을 수행할 수 있는 권한을 부여받게 되었다. 1997년에 암스테르담 정상회담에서 합의된 신유럽연합조약은 공동외교안보정책을 결정할 때 적용되었던 만장일치제를 제한하여 유럽이사회가 사전에 공동전략으로 결정한 문제에 한해서 가중다수결 원칙에 따라 의결할 수 있게 하였다.[21)]

이와 같이 유럽연합의 출범은 유럽국가들이 경제통합에서 정치통합으로 가일층 발전할 수 있는 계기를 제공하였으며, 서로 보다 긴밀하게 공동외교안보정책을 추진할 수 있는 전환점을 마련해 주었다. 물론 경제통합에서 이룩된 수준이 외교안보 부문에서도 달성되기 위해서는 많

21) 한종수, 『유럽연합과 한국』 (서울: 동성사, 1998), 78-9쪽.

은 시일이 필요할 것이다. 그러나 결국 EU 회원국들의 정치적 통합이 성공적으로 이루어진다면, 유럽은 상당한 수준의 안보능력을 갖추게 될 것이다.

아직 정치적 통합이 완성되지 않은 상태에서 유럽연합 회원국의 개별적인 안보능력은 괄목할 만하다. 1997년 현재 프랑스와 영국은 각각 449개와 260개의 핵탄두를 보유하고 있으며, 두 나라 모두 유엔안보리 상임이사국으로 있다.[22] 유럽국가들은 총량적으로 이미 상당한 수준의 방위능력과 위협능력을 보유하고 있는 것이다. 다만 아직 외교안보적 사안에 공동으로 대응하기 위해서는 상호 조정과 합의라는 복잡한 절차를 거쳐야 하는 어려움이 존재하고 있다.

유럽의 정치통합과 안보통합에 매우 고무적으로 작용하고 있는 사실은 EU의 핵심국가라고 할 수 있는 독일과 프랑스가 상호 긴밀한 외교안보 협력의 자세를 보여주고 있다는 점이다. 이들 양대 유럽국은 이미 1987년에 독불여단을 창설할 것을 상호 협의하였으며, 독불여단은 유로군단으로 확대 개편되었다.[23] 또한 1998년 3월 양국의 정상은 함께 모스크바를 방문하여 러시아와 외교안보 문제를 공동으로 논의하는 등 외교안보적 사안에 대하여 적극적으로 공동보조를 취하고 있다. 독일과 프랑스가 취하고 있는 외교안보적 협력에 영국이 참여하게 된다면, 유럽의 "삼두마차"는 안보통합을 추진하는 원동력이 될 수 있을 것이다.

프랑스는 전통적으로 일국주의 외교노선을 추진하였으나, 그러한 노선을 뒷받침할 역량이 갈수록 부족하다는 사실을 현실적으로 절감하여 왔다. 따라서 프랑스로서는 유럽통합에 의해 유럽국가들의 경제적, 군사적 힘이 축적되고 있다는 사실에 커다란 기대를 걸고 있다. 프랑스의 시각에서 볼 때 유럽연합은 단일국가로서 프랑스가 달성하지 못하였던 범지구적 행위자의 지위를 제공해 주는 토대로 성장하고 있는 것이다. 그

---

22) SIPRI, *Yearbook 1997*, pp.398-9.

23) 이종광, "프랑스의 유럽통합정책," 이호재 편, 『유럽통합과 국제정치』 (서울: 법문사, 1996), 57쪽.

러므로 프랑스는 유럽이 보다 긴밀한 공동외교안보정책을 취한다면, 유럽이 국제적으로 주도적인 목소리를 낼 수 있을 것으로 기대하고 있다.[24)]

1990년대에 접어들어 이미 유럽은 외교안보문제에 있어서 미국과 수차례에 걸쳐 마찰을 일으켰다. 90년대 초에 유럽과 미국은 "불량국가"에 대한 조처방식을 두고 이견이 있었던 바, 미국 측은 매우 강경한 대응책의 필요성을 주장한데 반해, 유럽은 대체로 온건한 입장을 취하였다. 이러한 입장 차이가 생긴 이유는 글로벌 행위자로서 미국은 범지구적 안보에 대한 관심이 큰 반면에, 유럽은 지역안보에 치중된 관심을 가지고 있기 때문이다. 불량국가에 대한 대응을 둘러싸고 미국과 유럽 간에 벌어졌던 마찰은 다음과 같은 세 가지 주요사례를 통해 이해할 수 있을 것이다.

첫째, 미국의 대 이라크 규제정책에 대하여 유럽에서는 미국과 전통적으로 친밀한 영국을 제외한 대다수 국가들이 미온적인 태도를 보였다. 특히 프랑스는 석유금수 조치가 해제될 경우 이라크로부터 석유를 수입할 것을 내용으로 하는 석유도입 계약을 이라크와 체결하였다. 유럽국가들의 이러한 외교행위는 서방의 전체이익을 대변하기 위해 늘 자기 희생을 무릅쓰고 앞장서 왔다고 생각하는 미국의 감정을 자극하기에 충분하였다.[25)]

둘째, 이란과 리비아에 대한 제재의 일환으로 미 의회는 1996년에 "이란 · 리비아 규제법"을 통과시켜 2천만 달러 이상의 규모로 이란과 리비아의 에너지 산업에 투자하는 모든 외국 기업에 미국 대통령이 적절한 제재조치를 취할 것을 의무화했다. 이에 대하여 유럽은 부정적인 반응을 보였다. 영국마저도 미국이 자국법을 초국가적으로 적용하여 외국기업의 경제활동을 간섭하려고 한다고 비판할 정도였다.[26)]

---

24) Jean-Pierre Froehly, "Der neue deutsch-französische Dialog. Abstimmung in der europäischen Au*β*enpolitik," *Internationale Politik*, no. 9 (1998), p.27.

25) Stephan Bierling, "Amerika führt—Europa folgt? Eine Beziehung sucht ihren Zweck," *Internationale Politik*, no. 2 (1998), p.13.

셋째, 쿠바에 대한 제재를 둘러싸고 유럽과 미국의 마찰이 그 극에 달하였다. 카스트로 체제가 개혁, 개방을 통하여 당면한 경제위기를 돌파하고자 하는 노력에 대응하여 미국은 1996년에 "헬름스-버튼법"을 제정하여 쿠바혁명으로 인하여 재산을 몰수당했던 미국 시민은 자신의 재산이 외국기업에 의해 이용될 경우 해당기업에 손해배상을 청구할 수 있도록 하였고, 미 행정부에게는 해당기업 임직원의 미국입국을 거부할 수 있는 권한을 부여하였다. 이에 대한 유럽의 반발은 1997년 유엔 총회에 상정된 쿠바 경제제재조치 해제요구 결의안에 대한 표결에서 나타났다. 과거 동일한 안건에 대하여 항상 기권표를 던졌던 유럽연합 회원국들이 모두 쿠바를 지지하는 찬성표를 던진 것이다.[27)]

유럽의 공동외교안보정책이 단순히 유럽연합 회원국 정부간의 의견조율이나 정책협의로 그치는 것이 아니라, 공동으로 결정된 안보정책이 보다 구체적으로 실천될 수 있도록 뒷받침하는 조직이 서유럽연합(WEU)이다. 독일과 프랑스는 유럽연합과 서유럽연합의 유기적 통합을 주장하고 있다. 서유럽연합이 유럽연합의 산하 군사조직으로서 활성화된다면, 대서양동맹은 명실공히 미국축과 유럽축 위에 균형적으로 건설된 안보가교를 형성할 수 있을 것이다.

1954년에 출범한 서유럽연합은 냉전시기에는 나토에 가려 빛을 보지 못하였고, 80년대 중반 이후 미소화해의 물결에 편승하여 독자적인 목소리를 내려고 시도한 적이 있었다. 서유럽연합이 본격적으로 세인의 주목을 받게 된 것은 동구 사회주의권이 붕괴한 이후 탈냉전 시대에 들어서면서 유럽이 유럽인에 의한 독자적 방위가 현실적으로 가능하게 되면서였다.[28)] 특히 마스트리히트 조약 체결 이후 유럽연합이 공동외교안보정책을 추구하게 되면서 나토와 달리 유럽국가들만이 회원국으로 되어 있는 서유럽연합은 유럽연합의 군사기구로 부상하기 시작하였다.

---

26) Bierling(1998), p.13.
27) Bierling(1998), p.14.
28) 한종수(1998), 78쪽.

〈표 2〉 15개 유럽연합 회원국의 서유럽연합 가입여부

서유럽연합 회원국	서유럽연합 옵서버 국가
벨기에, 프랑스, 독일, 그리스, 이탈리아, 룩셈부르크, 네덜란드, 포르투갈, 스페인, 영국 (10개국)	오스트리아, 덴마크, 핀란드, 아일랜드, 스웨덴 (5개국)

출처: Presse- und Informationsamt der Bundesregierung. *Die neue NATO*, p. 18-9.

그동안 NATO, EU, WEU는 회원국이 서로 복잡하게 중첩된 기구였으나, 〈표 2〉가 보여주는 바와 같이 이제 유럽연합 회원국과 서유럽연합 회원국이 일치해 가고 있음을 알 수 있으며, 완전 일치가 이루어지는 시점이 되면 서유럽연합은 유럽연합의 명실상부한 방위기구로 발전하게 될 것으로 보인다.[29)]

3. 유럽의 독자적 안보정책

냉전의 종식과 더불어 급격히 변화한 유럽안보환경에 능동적으로 대처하기 위하여 나토는 1991년 로마에서 정상회담을 개최하여 과거 소련의 위협을 억지하던 전략으로부터 전환하여 지역분쟁과 같은 위기를 관리하는 것을 주목적으로 하는 신전략개념을 채택하였다. 이 개념에 따라 나토는 한편으로는 조직의 효율성 증대를 통하여 비용을 절감하는 효과를 얻고, 다른 한편으로는 안보정책에 있어서 유럽의 자율성을 확대하기 위한 근본적인 구조조정을 단행하였다.

탈냉전 나토의 구조개혁은 크게 3가지 범주에서 이루어지고 있다. 첫째, 군사지휘구조를 축소 개편하였다. 그리하여 65개에 달하던 주요 사령부를 20개로 감축하였다. 새로운 군사지휘구조에는 유럽지역과 대서

---

29) Hans Arnold, "Sicherheitsoptionen für Europa," *Aussenpolitik*, no. 1 (1997), p.48.

양지역을 관할하는 두 개의 전략사령부가 있고, 그 산하에 각각 2개와 3개의 지역 사령부를 두었다.[30]

둘째, 다국적 합동군의 창설이다. 이것은 보스니아에 파견하였던 나토 평화유지군의 경험을 발전시켜 제도화한 것이다. 과거의 나토군은 대규모 전쟁에 대한 억지력을 창출하기 위하여 회원국들에게 일정한 부대규모를 할당하였던 정적인 군사력의 성격을 지녔다. 그 반면에 오늘날의 나토군은 신전략개념에서 제시된 나토의 새로운 임무, 즉 평화유지, 난민보호 등의 위기관리 임무를 수행하기 위해 융통성 있게 활용될 수 있는 병력에 의해 구성되었다.[31] 최소한 2개국 이상의 군 병력으로 이루어진 다국적 합동군은 역내 혹은 역외지역에서 특정 임무를 수행하게 되는 경우 손쉽게 나토군으로부터 분리 가능하도록 되어 있는 조직이다.[32]

셋째, 나토 내 유럽 회원국만으로 나토의 임무활동을 수행할 수 있도록 하기 위하여 나토내에 유럽안보방위조직(ESDI: European Security and Defense Identity)이라는 공식 기구가 창설되었다. 유럽안보방위조직의 창설은 1994년 브뤼셀 정상회담에서 미국이 나토 군사조직 내에 편입된 유럽 회원국 병력은 서유럽연합군과 나토군이라는 두 가지 지위를 동시에 가지도록 하자는 유럽측 제안에 찬성함으로써 가능하게 된 것이다.

이에따라 유럽연합 회원국들은 공동외교안보정책을 실행하기 위하여 서유럽연합을 가동할 때에 나토 내에 편입되어 있는 유럽국의 병력과 장비를 사용할 수 있게 된 것이다. 이것은 법적인 관점에서 볼 때 유럽연합이 유럽안보라는 목적을 위하여 나토의 병력과 장비를 사용할

---

30) Klaus Naumann, "NATO's New Military Command Structure," *NATO Review*, no. 1 (1998), p.10.

31) 이수형, "NATO의 다국적 합동수행병력과 집단안보," 『국제지역연구』 제8권 1호 (1999), 96쪽.

32) NATO, *Basic Fact Sheet*, no. 3 (March 1996), p.4.

수 있다는 것을 의미한다. 특히 다국적 합동군의 창설로 인하여 서유럽연합은 유럽 회원국의 병력으로 구성된 다국적 합동군을 활용할 수 있게 된 것이다. 이것은 유럽연합이 나토 군사조직의 일정부분을 서유럽연합의 지휘하에 독자적으로 사용할 수 있게 되었다는 것을 말한다.[33)]

나토 내 유럽의 안보 독자성이 점차 구현되기 시작하면서 1995년 이후 프랑스는 나토 군사조직으로 복귀하려는 노력을 적극적으로 경주하고 있다. 프랑스는 복귀를 위한 전제조건으로서 나토 내 유럽방위조직을 더욱 강화해야 한다고 요구하였고, 이러한 요구는 1996년 베를린 각료회담에서 독일로부터 적극적인 지지를 받았다.

프랑스가 나토 복귀를 위한 노력을 구체화하고 있는데 반해, 미국은 유럽에 대한 군사적 리더십을 계속 유지하려는 입장에서 그리 쉽게 물러서지 않고 있다. 프랑스는 유럽연합군 사령관이 미군장성이므로 산하 남부와 북부 2개 지역사령관은 유럽군 장성이 맡아야 한다고 주장하였지만, 미국은 남부 지역사령관을 유럽군 장성으로 임명하는 것을 거부하였고, 이에 따라 프랑스는 여전히 나토 군사조직으로 복귀하지 않고 있다. 그 대신 프랑스는 다국적 합동군의 참모부에 군사대표를 파견하고 있는 상태이다.[34)]

나토 사령관직의 임명문제 이외에도 미국은 나토 내에 유럽안보방위조직의 창설을 허용하는 대신에 유럽연합이 나토의 다국적 합동군을 사용할 때에 미국이 비토권을 행사할 수 있도록 함으로써 유럽의 독자적 안보노선을 제한할 수 있는 여지를 남겨 놓았다.

---

33) Frank Boland, "Force Planning in the New NATO," *NATO Review*, no. 3 (1998), p.4.
34) Gilles Andreani, "Den Fuß in der Tür. Frankreich und das Atlantische Bündnis," *Internationale Politik*, no. 7 (1998).

V. 결론

러시아, 중국, 일본, 유럽연합이라는 강대국과 미국이라는 초강대국이 형성하고 있는 탈냉전 국제관계는 다극적 성격을 띠고 있으면서 미국에 의한 준 일극주의라는 특징을 가지고 있다. 미국은 군사적으로 다른 강대국에 비해 상대적 우위에 있는 반면에, 경제적으로는 다른 강대국과 비슷한 세력을 가지고 있다는 점에서 준 일극주의적 입장에 있는 것이다. 따라서 미국의 준 일극주의는 미국의 군사적 우위가 퇴조하게 되면 바뀌게 되는 운명인 것이다. 이 글은 미국의 군사적 패권이 유럽에 의해 서서히 도전받고 있다는 사실을 밝혔다. 그리하여 미국의 군사적 리더십이 유럽국가들에 의해 얼마만큼 도전받고 있는지를 세 가지 측면에서 살펴 보았다.

첫째, 유럽과 미국 간의 방위분담이란 시각에서 유럽에 주둔하고 있는 미군의 규모가 탈냉전 이후 1/3 수준으로 축소되었고, 나토 유럽 회원국에 비해 미국의 국방예산이 상대적으로 더 많이 감소되었으며, 나토공동예산에서 미국이 부담하고 있는 분담률이 향후 감소될 가능성이 크다는 점이다.

둘째, 유럽연합은 마스트리히트 조약을 계기로 공동외교안보정책을 취할 수 있는 법적 근거를 마련하였으며, 암스테르담 조약을 계기로 유럽연합의 안보정책은 만장일치제가 아닌 다수결에 의해 결정될 수 있게 되었으며, 서유럽연합이 유럽연합의 군사조직으로 자리잡아 가고 있다.

셋째, 나토 내에 유럽안보방위조직이 생겨나면서 유럽국가들이 나토군을 유럽의 이익을 위하여 사용할 수 있는 권한을 얻게 되었고, 나토 내 유럽의 안보 독자성이 확대되면서, 프랑스의 나토 복귀가 기대되고 있다.

냉전시대의 양극체제는 소련의 붕괴와 함께 오늘날 미국의 준 일극체제로 접어들었다. 미국의 보수주의자들은 준 일극체제가 일시적인 것이 아니라 앞으로 공고화될 것이라고 보고 있지만, 이 글에서 밝힌 바와 같이 미국의 동맹국인 유럽마저 미국의 군사적 리더십에 도전하고 있다. 게다가 러시아, 중국의 견제노력을 더불어 고려한다면 미국의 군사적 일극주의가 과연 앞으로 얼마나 유지될 것인지는 더욱 불투명하다.

1997년 3월 옐친 대통령은 클린턴 대통령과의 헬싱키 회담에서 다극적 국제질서의 필요성을 강조하였고, 미국의 패권을 견제하기 위하여 중국과 긴밀히 협조하고 있다. 1997년 4월 장쩌민 주석은 모스크바를 방문하여 행한 국가두마 연설에서 양국 간의 전략적 동반자 관계를 재확인하였다. 1997년 5월에 시라크 대통령과 장쩌민 주석은 정상회담 후 공동성명에서 다극체제가 양국의 공동목표라고 선언하였다.

탈냉전 이후의 팍스 아메리카나는 불안정한 과도기적 평화질서라고 할 수 있다. 첫째, 미국은 장기간 범세계적으로 군사력을 투사하고 질서를 유지하는 데에 점차 그 능력의 한계를 보이고 있다. 둘째, 팍스 아메리카나는 세계각지에서 반미주의를 유발하고 있고, 경쟁국가들의 끊임없는 도전과 견제를 불러일으키고 있다. 셋째, 폴 케네디의 경고처럼 강한 군사력의 유지를 전제로 하는 미국의 패권주의는 장기적으로 미국 국가 내부의 약화를 초래하게 될 것이다.

냉전시대 미국과 유럽은 군사적으로는 동맹관계였고, 경제적으로는 경쟁관계였다. 당시의 경제 경쟁은 소련이라는 외부의 군사적 위협 때문에 마찰이나 분쟁으로 발전하지 않았다. 하지만 이제 양자가 협력한다는 것은 더 이상 당연한 일이 아니다. 특히 유럽의 통합이 심화될수록 미국과 유럽 간의 갈등은 더욱 더 커지기 마련이다.

현재의 국제적 세력관계를 규정짓는 주요 특징이라고 할 수 있는 군사적 일극주의와 경제적 다극주의는 미국의 군사적 패권에 대한 유럽의 장기적인 도전으로 인하여 명실상부한 다극체제로 변화하게 될 것이다. 유럽의 안보정책에서 그러한 과정은 이미 목격되고 있음을 알 수 있다. 새로운 국제체제가 언제 도래할 것인지는 유럽의 정치통합 일정에 의해 크게 좌우될 것이다.

참고문헌

고상두. "분단국 외교정책." 김달중 편. 『한국의 외교정책』. 서울: 오름, 1998.

______. "나토 방위비 분담연구." 『국방학술논총』 제12집. 1998.

______. "독일의 정당통합와 그 시사점." 『통일경제』 8월호. 1997.

______. "동구 민주화 과정에서 시민사회의 역할에 대한 비판적 고찰." 『슬라브학보』 제13권 1호. 1998.

______. "러시아 군수산업의 민수전환." 『슬라브학보』 제12권 1호. 1997.

______. "신사회 운동과 운등정치의 형성." 『동서연구』 제9권 2호. 1998.

고상두 · 남창희. "일본과 독일의 주둔군 비용분담." 『국가전략』 1999년 제5권 1호. 1999.

고일동. "내독경제관계 발전의 기본요소와 남북한 경협의 추진방향." 『통일문제연구』 5월호. 1993.

고재남. "러시아의 대 NATO 정책과 유럽안보협력체의 장래." 『국방논집』 제33호. 1996.

김규륜 · 전동진. 『동북아 다자간 안보협력체 구성전망과 남북한 관계』. 서울: 민족통일연구원, 1993.

김영윤. "통일전 동서독의 경제교류: 내독교역이 남북한 교류 · 협력에 주는 시사점." 『통일연구논총』 제4권 2호. 1995.
김유남. 『두 개의 한국과 주변국들』. 서울, 1996.
김태현. "주한미군과 한·미 군사협력의 장래." 백종천·김태현·이대우 공저. 『한·미군사협력: 현재와 미래』. 세종연구소 연구총서 98-10. 1998.
나 이, 조제프 S. 『21세기 미국 파워』. 서울: 한국경제신문사, 1991.
남창희. 『주한미군 지원추세 변화와 평가』. 한국국방연구원 정책토론회 자료. 1997. 8.
「대한민국과 미합중국간의 상호방위조약」. 1953.
「대한민국과 미합중국의 시설과 구역 및 대한민국에서의 합중국 군대의 지위에 관한 협정 제5조에 대한 특별조치에 관한 대한민국과 미합중국간의 협정」. 1991.
「대한민국과 미합중국간의 주한 미합중국 군대의 지위에 관한 협정」. 1966.
미국 국방성. "미국의 동아시아·태평양 지역 안보전략." 『국가전략』 제5권 1호. 1999.
미8군 한국군 지원단. 『카투사 지원 개선방안』. 한국국방연구원 정책토론회 자료. 1997. 8.
박광작. "구 동서독의 경제협력과 한국에 대한 시사점." 『통일경제』 12월호. 1996.
박채복. "탈냉전시대 유럽 안보질서의 변화와 전망." 『세계지역학회보』 19집. 2002.
배진수. "IMF 시대의 군 방위력 개선방향." 『한국군사』 제7호. 1998.
백종천. "한미 연합지휘체제의 발전방향." 백종천·김태현·이대우 공저. 『한·미군사협력: 현재와 미래』. 세종연구소 연구총서 98-10. 1998.
_____. "한미 안보협력—한미 연합방위체제의 발전방향." 『정세와 정책』. 1997. 11.
성채기. "방위 및 책임분담의 이론과 결정요인 연구." 『국방논집』 1996년 봄, 제33호. 1996.

신 율. "정치문화와 사회운동." 한독정치연구회 편. 『현대정치이론과 체제변동』. 서울: 전예원, 1996.

양호민 외. 『남과북 어떻게 하나가 되나. 한반도 통일의 현실과 전망』. 서울: 나남, 1992.

연세대 사회과학연구소. 98년 범국민 안보의식조사. 1998.

이규대. 『한미 안보협력 재조정에 관한 연구—방위비 분담을 중심으로』. 연세대학교 행정대학원 석사논문. 1990.

이기호. 「한국의 민주화 과정과 사회운동네트워크: 1987-1996」. 연세대학교 박사학위 논문. 1996.

______. "미국의 군사적 리더십에 대한 도전: 탈냉전 유럽의 안보정책." 『평화논총』 3권 2호. 1999.

______. "탈냉전 이후 동맹관계의 변화: 한국과 독일의 비교연구." 『국제정치논총』 35집 2호. 2001.

이상균. "유럽통합의 안보적 고찰." 『국제정치논총』 제35집 2호. 1995.

이수형. "NATO의 다국적 합동수행병력과 집단안보." 『국제지역연구』 제8권 1호. 1999.

______. "북대서양조약기구의 전략개념 변화에 관한 역사적 · 이론적 고찰." 『국제정치논총』 41집 3호. 2001.

이종광. "프랑스의 유럽통합정책." 이호재 편. 『유럽통합과 국제정치』. 서울: 법문사, 1996.

장노순. "교환동맹모델의 교환성: 비대칭 한미안보동맹." 『국제정치논총』 제36집 1호. 1996.

장 홍. 『유럽연합의 새로운 이해』. 서울: 고원, 1998.

정춘일. 『방위비분담정책의 변화요인』. 한국국방연구원 정책토론회 자료. 1997. 8.

최종철. "미국의 동북아 안보정책: 지배와 리더십의 이중주." 정진위 외. 『새로운 동북아 질서와 한반도』. 서울: 법문사, 1998.

통일부. 『98 통일백서』. 서울: 통일부 통일정책실, 1999.

______. 『남북교류협력 및 인도적 사업 동향』 제98호. 1999.

한국 통일원. 『동서독 교류협력 사례집』. 1993.

한종수. "동독의 붕괴와 독일통일." 한독정치연구회 편. 『현대정치이론과 체제변동』. 서울: 전예원, 1997.

______. 『유럽연합과 한국』. 서울: 동성사, 1998.

______. "독일통일과 유럽연합." 『유럽통합과 국제정치』. 서울: 법문사, 1996.

함택영. 『국가안보의 정치경제학』. 서울: 법문사, 1998.

현인택. 『한국의 방위비: 새로운 지평을 위하여』. 서울: 한울, 1991.

『조선일보』 2000. 10. 3.

『한겨레』 2000. 7. 18.

황병덕. "동서독간 정치통합연구." 서울: 민족통일연구원, 1996.

______. "독일통일이 한반도 통일에 주는 시사점: 서독의 신동방정책을 중심으로." 아태평화재단 학술회의 논문집. 1999. 10. 18.

Altmann, Franz-Lothar. "The Framework for Inner-German Trade and Travel." In Dalchoong Kim et al., ed. *Divided Nations and East-West Relations on the Threshold of the 1990s.* Seoul: Yonsei Univ., 1990.

Ammer, Thomas. "Die Parteien in der DDR und in den neuen Bundesländern." In Alf Mintzel, Heinrich Oberreuter (Hg.). *Parteien in der Bundesrepublik Deutschland.* Bonn: Bundeszcntrale für politische Bildung, 1992.

Andreani, Gilles. "Den Fu*β* in der Tür. Frankreich und das Atlantische Bündnis." *Internationale Politik,* no. 7. 1998.

Arnold, Hans. "Sicherheitsoptionen für Europa." *Aussenpolitik,* no. 1. 1997.

Baumann, Michael. "Der innerdeutsche Handel: Grundlagen, Probleme, Perspektiven." *Deutschland Archiv,* Sonderheft, 1989.

BICC Bonn International Conversion Center. *Restructuring the US Military Bases in Germany: Scope, Impacts, and Opportunities.* Bonn, June 1995.

Bierling, Stephan. "Amerika führt - Europa folgt? Eine Beziehung sucht ihren Zweck." *Internationale Politik,* no. 2. 1998.

BMZ. ODA-Nettozahlungen und Gesamtleistungen der BR an Entwicklungslaender. 2000.

Boland, Frank. "Force Planning in the New NATO." *NATO Review,* no. 3. 1998.

Bühl, Walter L. "Grundlagen." In Karl Kaiser und Hanns Maull (Hg.). *Deuschlands neue Aussenpolitik.* Muechen: Oldenbourg, 1994.

Carter, B. Ashton, and William Perry. *Preventive Defense: A New Security Strategy for America.* Washington, D.C.: Brookings Institution Press, 1999.

Cox, W. Robert. *Production, Power, and World Order.* New York: Columbia Univ. Press, 1987.

Czempiel, Ernst-Otto. "Die neue Souvränität ein Anachronismus? Regieren zwischen nationaler Souveränität, europäischer Integration und weltweiten Verflechtungen." In Hartwich, Hans-Hermann und Goettrik Wewer (Hg.). *Regieren in der Bundesrepublik.* Opladen: Leske+Budrich, 1993.

Der Spiegel. 1999. 4. 19.

______. 1999. 6. 21.

______. 2002. 5. 16.

______. 2002. 5. 23.

Die Welt. 1999. 4. 13.

Die Zeit. 1993. 1. 22.

______. 1992. 7. 31.

Duke, Simon. *The Burden Sharing Debate.* London: Macmillian Press, 1993.

Enquete-Kommission: Anträge Debatten Bericht. Frankfurt a.M., 1995.

Eppelmann, Rainer. "Anmerkungen zu Geschichte und Folgen der SED-Diktatur in Deutschland: Rückblick und Konsequenz." *German Studies Review,* Fall 1994.

Feuerbach, Bernd. "Die Diskussion über Phasen und Probleme der Deutschlandpolitik 1945-1990." In Ingrun Drechsler (Hg.). *Gertrennte Vergangenheit, gemeinsame Zukunft.* München: dtv, 1997.

Fechner, Wolfgang. "Deutscher Beitrag zur Befreiung Kuweits: Über 17 Milliarden DM." *Europäische Sicherheit,* 40-4. 1991.

Freitag. 1993. 8. 20.

Frenkler, Ulf. "Germany at Maastricht: power politics or Civilian Power?" In Sebastina Harnisch and Hanns Maull, eds. *Germany as a Civilian Power? The foreign policy of the Berlin Republic.* Manchester: Manchester Univ. Press, 2001.

Fricke, Karl Wilhelm. "Merkwürdige Schluβstrich-Diskussion." *Deutschland Archiv,* 28. Jg., Feb. 1995.

Froehly, Jean-Pierre. "Der neue deutsch-französische Dialog. Abstimmung in der europäischen Auβenpolitik." *Internationale Politik,* no. 9. 1998.

Gauck, Joachim. *Das Erbe der Stasi-Akten.* Berlin, 1994.

Grasemann, Hans-Jürgen. "Der Schieβbefehl: Kein Verbrechen ohne Schuld." *Politische Studien,* H. 324, 43. Jg., Juli/Aug. 1992.

Grünbaum, Robert. "Aufarbeitung der SED-Diktatur. Die Enquete-Kommission des Deutschen Bundestages zwischen Politik und Wissenschaft." *Deutsche Studien,* H. 130, 28. Jg., Juni 1996.

Gundegesetz für die Bundesrepublik Deutschland. Bonn, 1994.

Haendcke-Hoppe-Arndt, Maria. "Interzonenhandel / Innerdeutscher Handel." In Deutsche Bundestag (Hg.). *Deutschlandpolitik, innerdeutsche Beziehungen und internationale Rahmenbedingungen.* Frankfurt a. M.: Nomos Verlag, 1995.

Haftendorn, Helga. "Guilliver in der Mitte Europas: Internationale Verflechtung und nationale Handlungsmoeglichkeiten." In Karl Kaiser und Hanns Maull (Hg.). *Deuschlands neue Aussenpolitik.* Muechen: Oldenbourg, 1994.

______. *America and Europe in an era of change.* Boulder Colo.: Westview Press, 1993.

Hansen, Dirk. "Zur Arbeit der Enquete-Kommission `Aufarbeitung von Geschichte und Folgen der SED-Diktatur in Deutschland' des Deutschen Bundestages." *Deutsche Studien,* H.125, 22. Jg., 1995.

Hellmann, Gunther. "Machtbalance und Vormachtdenken sind überholt: Zum außenpolitischen Diskurs im vereinigten Deutschland." In Monika Medick-Krakau (Hg.). *Außenpolitischer Wandel in theoretischer und vergleichender Perspektive: Die USA und die Bundesrepublik Deutschland.* Baden-Baden, 1999.

Heuer, Uwe-Jens, und Michael Schumann, "Das Dilemma der politischen Justiz." In *Blätter für deutsche und internationale Politik,* H. 5, 1994.

Heumann, Hans-Dieter. *Deutsche Außenpolitk jenseits von Idealismus und Realismus.* München: Olzog Verlag, 2001.

Homann, Fritz. "Zur Zukunft des innerdeutschen Handels." *Deutschland-Archiv,* Nr. 10, 1986.

Horn, Hannelore. "Die deutsche Revolution-ein Sonderfall der Transformation." In August Pradetto (Hg.). *Die Rekonstruktion Ostmitteleuropas.* Opladen: Westdeutscher Verlag, 1994.

Hummel, Hartwig. "Global Governance und die deutsche UN-Politik." In Monika Medick-Krakau (Hg.). *Außenpolitischer Wandel in theoretischer und vergleichender Perspektive: Die USA und die*

Bundesrepublik Deutschland. Baden-Baden, 1999.

Huntington, P. Samuel. "The U.S.-Decline or Renewal?" *Foreign Affairs*, vol. 67. Winter 1988/89.

Hurd, Douglas. "Developing the Common Foreign and Security Policy." *International Affairs*, 70-3. 1994.

Hurrel, Andrew. "Explaining the Resurgence of Regionalism in World Politics." *Review of International Studies*, vol. 21. 1995.

Jacobsen, Hanns-Dieter. "Aktueller Stand der Entwicklungsmöglichkeiten des Ost-West-Handels." In Ostkolleg der BPB (Hg.). *Rat für gegenseitige Wirtschaftshilfe.* Köln, 1987.

______. "Die amerikanischen Exportkontrollen als bündnispolitisches Problem." *Osteuropa Wirtschaft*, Nr. 3. 1986.

Jesse, Eckhard. *Die Demokratie der Bundesrepublik Deutschland.* Berlin: Colloquium Verlag, 1986.

______. "Vergangenheitsbewältigung nach totalitärer Herrschaft." *German Review, Special Issue*, Fall 1994.

Jopp, Mathias, Jan Reckmann, Elfriede Regelsberger. "Ansatzpunkte und Optionen zur institutionellen Weiterentwicklung von GASP und ESVP." *Integration*, 25-3. 2002.

Jung, Matthias. "Drei Jahre SED- und Stasi-Aufarbeitung." *Politische Studien*, H. 324, 43. Jg. Juli/Aug. 1992.

Kaiser, Karl, und Hanns Maull. "Die Suche nach Kontinuitaeten in einer Welt des Wandels." In Karl Kaiser und Hanns Maull (Hg.). *Deuschla-nds neue Aussenpolitik.* Muechen: Oldenbourg, 1994.

Keindienst, Willi. "Abwicklung und Praxis der Handelsbeziehungen zur DDR." In Erik Böttcher (Hg.). *Wirtschaftsbeziehungen mit dem Osten.* Stuttgart, 1971.

Kim, Dae-Jung. "Lehren aus der deutschen Wiedervereinigung und Fragen auf der koreanischen Halbinsel." *Rede des Präsidenten der Republik Korea Kim Dae-Jung.* 2000. 3. 9.

Kim, Ilsuk. "A Comparative Analysis of the Alliance Strategies of the United States towards the Republic of Korea and the Federal Republic of Germany: A Historical Perspective." In KIDAR and US DoA, eds. *The 9th ROK-U.S. Defences Analysis Seminar Proceedings.* Oct. 1997.

Kittlaus, Manfred. "Regierungs-, Funktionärs- und Vereinigungskriminalität." *Politische Studien.* Sonderheft , 44. Jg., Dez. 1993.

Klenner, Hermann. "Zur Gerechtigkeit des Rechtsstaates." *Berliner Debatte INITIAL,* H.4. 1996.

Knabe, Hubertus. "Die Geburtshelfer der Revolution." In Hubertus Knabe (Hg.). *Aufbruch in eine andere DDR.* Reinbeck, 1990.

Korte, Karl-Rudolf. *Deutschlandpolitik in Helmut Kohls Kanzlerschaft.* Stuttgart: Dt. Verlag, 1998.

Koschyk, Hartmut. "Ist die DDR-Vergangenheit bereits bewältigt?" *Politische Studien.* Sonderheft 10, 44 Jg, Dez. 1993.

Krippendorff, Ekkehart. *Kritik der Aussenpolitik.* Frankfurt. a.M.: Suhrkamp, 2000.

Kupchan, Charles. "Vom Friedensstifter zum Partner. Amerika, Europa und die atlantische Sicherheit." *Internationale Politik,* no. 7. 1998.

Kühn, Detlef. "Agreement and Implementation between East and West Germany." In Dalchoong Kim, et al., eds. *East-West Relations and Divided Nation Problems in the Gorbachev Era.* Seoul: Yonsei University, 1988.

Lehmann, Hans G. *Deutschland-Chronik 1945 bis 1995.* Bonn: Bundeszentrale für politische Bildung, 1996.

Lintner, Eduard. "Politische Probleme bei der Bewältigung der Regierungs- und Vereinigungskriminalität." *Politische Studien,* H.324, 43. Jg.,

Juli/Aug. 1992.

Link, Werner. "Europa-Integration und Kooperation." *Die Politische Meinung*, 40. 1995.

_____. *Die Neuordnung der Weltpolitik*. München: Verlag Beck, 1998.

Lutz, Dieter S. "Für eine europäische Sicherheitsgemeinschaft. Europa zwischen Protektorat und Eigenständigkeit." *Internationale Politik*, no. 7. 1998.

Maclean's. 2003. 3. 10.

Maull, Hanns. "Germany' s foreign policy, post-Kosovo: still a Civilian Power?" In Sebastian Harnisch and Hanns Maull, eds. *Germany as a Civilian Power? The foreign policy of the Berlin Republic*. Manchester: Manchester Univ. Press, 2001.

_____. *Die verhinderte Großmacht*. Opladen: Leske+Budrich, 1997.

McCarthy, John D., and Mayer N. Zald. "Resource Mobilization and Social Movement: A Partial Theory." *American Journal of Sociology*, vol. 82, no. 6. May 1977.

Mearsheimer, John. "Back to the Future: Instability in Europe After the Cold War." *International Security*, 15. 1990.

Meckel, Markus. "Konsequenzen aus den Erfahrungen der Oppositionszeit." In D. Dowe (Hg.). *Von der Bürgerbewegung zur Partei. Die Gründung der Sozialdemokratie in der DDR*. Bonn, 1993.

Meiers, Franz-Josef. "Der europaeische Sicherhietspfeiler." *Internationale Politik*, 3. 2000.

Meuschel, Sigrid. *Legitimation und Parteiherrschaft in der DDR*. Frankfurt a. M.: Suhrkamp, 1992.

Mitter, Armin, Stefan Wolfe. *Befehle und Lagerberichte des MfS*. Berlin: BasisDruck, 1990.

Modelski, George. "The Long Cycle of Global Politics and the Nation State."

Comparative Studies in Society and History, vol. 20. April 1978.
National Review. 2002. 11. 11.
NATO *Basic Fact Sheet*, no. 3. March 1996.
NATO Office of Information and Press. *Handbook*. Brussels, 1995.
NATO-Haushaltsplan 1997. Ministerium der Verteidigung H II 2. Sep. 1997.
Naumann, Klaus. "NATO' s New Military Command Structure." *NATO Review*, no. 1. 1998.
Nawrocki, Joachim. *Die Beziehungen zwischen den beiden Staaten in Deutschland*. Berlin: Verlag Gebr. Holzapfel, 1988.
Neues Deutschland. 1987. 9. 10.
Nitz, Jürgen. "Wirtschaftsbeziehungen DDR-BRD Bestimmungsfaktoren, Tendenzen, Probleme und Perspektiven." *Aus Politik und Zeitgeschichte*, B. 10. 1989.
Nuscheler, Franz. "Eine neue Weltpolitik. Multilateralismus statt Pax Americana." *Internationale Politik*, no. 11. 1998.
Olson, Mancur, and Richard Zeckhauser. "An Economic Theory of Alliances." *Review of Economics and Statistics*, vol. 48, no. 3. 1966.
Oneal, John R. "The Theory of collective action and burden sharing in NATO." *International Organization*, vol. 44, no. 3. 1990.
Otte, Max. *A Rising Middle Power? German Foreign Policy in Transformation, 1989-1999*. New York: St. Martin' s Press, 2000.
Paul, Schaefer. "Machtpolitik im Schatten der internationalen Institutionen-Neue Tendenzen deutscher Politik in EU, OSZE, UNO und NATO." In Monika Medick-Krakau (Hg.). *Aussenpolitischer Wandel in theoretischer und vergleichender Perspektive: Die USA und die Bundesrepublik Deutschland*. Baden-Baden, 1999.
Peters, Dirk. "The debate about a new German foreign policy after

unification." In Volker Rittberger, ed. *Foreign Policy of the New Germany. Theories and Case Studies.* Manchester: Manchester Univ. Press, 2001.

Philippi, Nina. "Civilian Power and war: the German debate about out-of-area operations 1990-99." In Sebastina Harnisch and Hanns Maull, eds. *Germany as a Civilian Power? The foreign policy of the Berlin Republic.* Manchester: Manchester Univ. Press, 2001.

Pollack, Detlef. "Was ist aus den Bürgerbewegungen und Oppooitionsgruppen der DDR geworden?" *Aus Politik und Zeitgeschichte*, B. 40-41. 1995.

Presse-und Informationsamt der Bundesregierung. *NATO-Truppen und multinationale Streitkräftestrukturen in Deutschland.* Bonn, 1997.

_____. *Der deutsche Verteidigungsbeitrag in der NATO.* Bonn, Jan. 1998.

Richter, Claus. "Wir sind das Volk." In Ulrich Wickert (Hg.). *Angst vor Deutschland.* Hamburg, 1990.

Rucht, Dieter. *German Unification, Democratization and the Role of Social Movements: A Missed Opportunity.* Berlin: Wissenschaftszentrum Berlin für Sozialforschung, 1995.

Rummel, Reinhardt. "Die ESVP-Instrument autonomen Handelns?" *EU Magazin*, 9. 2002.

Sandler, T. "On the Economic Theory of Alliance." *Journal of Conflict Resolution*, vol. 19. 1975.

Schroeder, Friedrich-Christian. "Die Ahndung des SED-Unrechts durch den Rechtsstaat." *Aus Politik und Zeitgeschichte*, B.38. 1995.

_____. "Die Enquetekommission des Deutschen Bundestages `Aufarbeitung von Geschichte und von Folgen der SED-Diktatur in Deutschland." *Politische Studien*, H.324, 43. Jg., Juli/Aug. 1992.

Schöllgen, Gregor. *Angst vor der Macht. die Deutschen und ihre Außenpolitik.* Berlin: Ullstein, 1993.

Schwarz, Hans-Peter. *Die zentralmacht Europas: Deutschlands Rückkehr auf die Weltbühne.* Berlin: Siedler, 1994.

Segert, Dieter. "Ostdeutschland-institutionelle Integration und kulturelle Eigenständigkeit." In Dieter Segert, Csilla Machos (Hg.). *Parteien in Osteuropa.* Opladen: Westdeutscher Verlag, 1995.

Senghaas, Dieter. "Deutschland ist ein Handelsstaat: Internationale Verflechtung bestimmt auβenpolitische Interessen." *Eichholz Brief,* 31. 1994.

SIPRI Data Base 2000.

SIPRI *Yearbook* 1997.

SIPRI military expenditure database.

Smith, Helmut W. "Socialism and Nationalism in the East German Revolution, 1989-1990." *East European Politics and Societies,* vol. 5, no. 2. 1991.

Smith, Steve, and John Baylis. *The Globalization of World Politics.* Oxford: Oxford Univ. Press, 2001.

Spiegel. 1990. 2. 26.

______, Nr.27. 1995.

Staritz, Dietrich. "Doppelherrschaft." *Der Fisher Weltalmanach. Sonderband DDR.* Frankfurt a. M., 1990.

Statistisches Jahrbuch der DDR. 1990.

Süddeutsche Zeitung. 1998. 10. 17.

Tarrow, Sidney. *Struggling to Reform Social Movements and Policy Channge during Cycles of Protest.* Ithaca, NY: Cornell University Press, 1983.

Thalheim, Karl C. *Die wirtschaftliche Entwicklung der beiden Staaten in Deutschland.* Berlin: Landeszentrale für politische Bildungsarbeit, 1988.

Thaysen, Uwe. *Der Runde Tisch oder: Wo Bleibt das Volk?* Opladen:

Westdeutscher Verlag, 1990.

Tiemann, Heinrich, Josef Schmid, Frank Löbler. "Gewerkschaften und Sozialdemokratie in den neuen Bundesländern." *Deutschland Archiv*, 26. Jg. Jan. 1993, Nr. 1.

Turkle, S. "Women, and Computer Programming: A Different Approach." *Technology Review*, vol. 87, no. 7. 1984.

Tuschhoff, Christian. "Die politischen Folgen der Streitkräfte-Reform der NATO." *Aus Politik und Zeitgeschichte*, B. 15-16. 1993.

U.S. Census Bureau. *Statistical Abstract of the United States*. 1999.

______. *Statistical Abstract of the United States*. 2000.

U.S. DoD. *A Report to the United States Congress*, March 1990.

______. *Report in Overseas Basing-Environmental Security. Report to the Senate and House Armed Services Committees*. Washington DC, March 1994.

Verteidigungsausgaben nach NATO-Kriterien. 1996. Bundesministerium der Verteidigung H II 2. Feb. 1997.

Volze, Armin. "Geld und Politik in den innerdeutschen Beziehungen 1970-1989." *Deutschland Archiv*. Mürz, 1990.

Walker, Jenonne. "Keeping America in Europe." *Foreign Policy*. Summer 1991.

Weber, Hermann. *Die DDR 1945-1990*. München, 1993.

Wei ß, Johannes. "Akteure und Agenten-Über Selbstbestimmung, Fremdbestimmung und Stellvertretung im Vereinigungsproze ß ." In R. Kollmorgen, R. Reißig, J. Weiß (Hg.). *Sozialer Wandel und Akteure in Ostdeutschland*. Opladen: Leske+Budrich, 1996.

Wolff, Friedrich. "Geschichtsbewältigung durch Strafrecht?" *Deutsche Richterzeitung*, 74. Jg., H.3, März, 1996.

Yoon, Suk Bum. "East and West German Economic Relations: A Korean

Perspective." In Dalchoong Kim et al., ed. *East-West Relations and Divided Nation Problems in the Gorbachev Era.* Seoul: Yonsei University, 1988.

Zusatzabkommen zu dem Abkommen zwischen den Parteien des Nordatlantikvertrages über die Rechtsstellung ihrer Truppen hinsichtlich der in der Bundesrepublik Deutschland stationierten ausländischen Truppen.

http://www.eucom,mil/europe/index.htm

http://www.usafe.af.mil/info.htm

http://www.unikorea.go.kr/kr/load/c31/c3126htm

색인

| ㄱ |

| ㄴ |

| ㄷ |

| ㅅ |

| ㅇ |

| ㅈ |

| ㅊ |

| ㅋ |

| ㅌ |

| ㅍ |

| ㅎ |

통일독일의 정치적 쟁점

초판 1쇄 발행: 2007년 10월 15일
초판 2쇄 발행: 2008년 8월 14일

지은이 고상두
발행인 부성옥
발행처 도서출판 오름
등록번호 제2-1548호 (1993. 5. 11)

서울특별시 서초구 서초동 1420-6 통일시대연구소빌딩 301호
전화 (02)585-9122, 9123 팩스 (02)584-7952
E-mail oruem@oruem.co.kr
URL http://www.oruem.co.kr

ISBN 978-89-7778-288-4 93340 값 13,000원